Grönland

Sabine Barth

D1726997

Reise-Taschenbuch

Inhalt

Schnellüberblick 6

Sehnsuchtsland Grönland 8

Lieblingsorte 10

Reiseinfos, Adressen, Websites

Informationsquellen 14
Wetter und Reisezeit 16
Rundreisen planen 19
Anreise und Verkehrsmittel 22
Übernachten 24
Essen und Trinken 27
Aktivurlaub und Sport 28
Feste und Unterhaltung 32
Reiseinfos von A bis Z 34

Panorama – Daten, Essays, Hintergründe

Steckbrief Grönland 40
Geschichte im Überblick 42
Das ewige Eis taut – Klimawandel in der Arktis 46
Grönlands Schätze unter dem Eis 49
Leben in der Kälte – die arktische Tier- und Pflanzenwelt 51
Die nordischen Siedler – erste Klimagewinner und -verlierer 56
Expeditionsziel für Forscher und Abenteurer 58
Wandel im Zeitraffer – von der Jägerkultur zur Industrienation 60
Grönlands Jäger müssen schon lange umdenken 64
Mit Paddel und Hunden mobil – traditionelle Transportmittel 66
Die Entdeckung der Langsamkeit – reisen mit dem Kreuzfahrtschiff 69

Mythos, Magie und Mode – Kunst und
   Kunsthandwerk   71
Der Trommeltanz –»The beat of the heart is
   the beat of the drum«   74
Die junge Kunstszene – grönländisch global   75

Unterwegs in Grönland

Nuuk und Umgebung   80
Nuuk   82
Der Kolonialhafen   84
Das moderne Zentrum   91
Touren und Orte in der Umgebung   102

Südgrönland   106
Sagaland   108
Narsarsuaq   108
Qassiarsuk   114
Igaliku   119
Narsaq   122
Qaqortoq und Umgebung   127
Upernaviarsuk   132
Hvalsø   133
Alluitsup Paa   137
Nanortalik und Umgebung   138
Südwesten   145
Paamiut   145
Arsuk   147
Ivittuut und Kangilinnguit   147

Westgrönland   150
Kangerlussuaq und Umgebung   152
Von Kangerlussuaq zum Inlandeis   160
Auf dem Arctic Circle Trail nach
   Sisimiut   161
Sisimiut und Umgebung   165
Itilleq und Sarfannguit   173
Maniitsoq   174
Sommerskigebiet Apussuit   179
Kangaamiut   179
Kagerlussuatsiaq   179

Inhalt

Disko-Bucht 180
Kangaatsiaq 182
Aasiaat 184
Qasigiannguit und Umgebung 190
Ilulissat und Umgebung 195
Eisfjord Kangia 206
Qeqertaq und Saqqaq 207
Qeqertarsuaq – Disko-Insel 210

Nordgrönland 218
Qullissat 220
Uummannaq und Umgebung 222
Halbinsel Nuussuaq 229
Maarmorilik und der ›Schwarze Engel‹ 230
Ukkusissat 231
Upernavik und Siedlungen 232
Kullorsuaq 236
Pituffik – Thule 237
Qaanaaq und Siedlungen 241
Savissik und Siorapaluk 245

Ostgrönland 246
Kulusuk 249
Tasiilaq und Siedlungen 251
Kuummiut 261
Sermiligaaq 263
Tiniteqilaaq und Isortoq 264
Ittoqqortoormiit 265
Constable Point – Nerlerit Inaat 268
Nationalpark 269
Sirius-Patrouille 269

Auf Entdeckungstour

Die Mumien von Qilakitsoq im Nationalmuseum 86
Mit dem Linienbus in die Neustadt von Nuuk 96
Die Siedlung Eriks des Roten – Brattahlid 116
Schafe und Gewächshäuser in Upernaviarsuk 134
Das zivile Erbe der US-Armee – der Flughafen
Kangerlussuaq 156
Winterabenteuer – Hundeschlittenfahrt in
Kangerlussuaq 162
Von Ilulissat zum Eisfjord Kangia 208

Thule – die verlassene, aber nicht vergessene
Siedlung 238
Das Thule-Museum in Qaanaaq 242
Was blüht denn da? – von Tasiilaq ins Tal der
Blumen 258

Karten und Pläne

Nuuk 88
Nuuk und Umgebung 103
Südgrönland – Sagaland 121
Nanortalik und Umgebung 139
Kangerlussuaq und Umgebung 154
Sisimiut und Umgebung 170
Ilulissat und Umgebung 198
Qeqertarsuaq – Disko-Insel 211
Uummannaq und Umgebung 225
Tasiilaq und Umgebung 252

▶ Dieses Symbol im Buch verweist auf die
Extra-Reisekarte Grönland

Das Klima im Blick

atmosfair

Reisen bereichert und verbindet Menschen und Kulturen. Wer reist, erzeugt auch CO_2. Der Flugverkehr trägt mit einem Anteil von bis zu 10 % zur globalen Erwärmung bei. Wer das Klima schützen will, sollte sich für eine schonendere Reiseform (z. B. die Bahn) entscheiden – oder die Projekte von *atmosfair* unterstützen. *Atmosfair* ist eine gemeinnützige Klimaschutzorganisation. Die Idee: Flugpassagiere spenden einen kilometerabhängigen Beitrag für die von ihnen verursachten Emissionen und finanzieren damit Projekte in Entwicklungsländern, die dort den Ausstoß von Klimagasen verringern helfen. Dazu berechnet man mit dem Emissionsrechner auf *www.atmosfair.de,* wie viel CO_2 der Flug produziert und was es kostet, eine vergleichbare Menge Klimagase einzusparen (z. B. Berlin – London – Berlin 13 €). *Atmosfair* garantiert die sorgfältige Verwendung Ihres Beitrags. Klar – auch der DuMont Reiseverlag fliegt mit *atmosfair!*

Schnellüberblick

Nordgrönland

Vielleicht die ursprünglichste Region – ein Land aus Eis, Wasser und Felsen. Inmitten der herben Schönheit liegen die kleinen Städte und Siedlungen wie Uummannaq, Upernavik oder Qaanaaq. Hier befindet sich auch Thule, Knud Rasmussens ehemalige Handelsstation. S. 218

Disko-Bucht

Das touristische Herz des Landes. Hier treiben die bizarren Eisgiganten, die aus dem Eisfjord Kangia bei Ilulissat stammen. Bei dem Gletscher Eqi kann man die hohe Eiskante bestaunen und auf der Disko-Insel die Vielfalt der Vegetation. S. 180

Westgrönland

An dieser Stelle erstreckt sich die größte eisfreie Region an der Westküste. Schier endlos lange Fjorde durchziehen das Land, hohe Gebirge mit Sommerskigebieten und eine abwechslungsreiche Landschaft laden zu sportlichen Aktivitäten ein. S. 150

Nuuk

Die Hauptstadt Grönlands wächst und blüht. Aus dem einstigen Stiefkind des Landes ist eine ansehnliche Stadt mit reizvollem Hinterland geworden. Hier sitzt nicht nur die Regierung, sondern hier erlebt man auch eine lebendige junge Kulturszene. S. 80

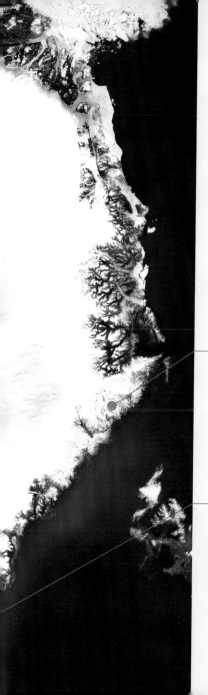

Ostgrönland

Der eisumschlungene Osten ist mit den steilen Bergen, den zerklüfteten Küsten und der überwältigend schönen Gletscherwelt ein ideales Ziel für Wanderer und Alpinisten. Eine riesige Region, in deren Norden der größte Nationalpark der Welt liegt. S. 246

Südgrönland

Der Süden ist der Landstrich, dem Grönland seinen Namen verdankt – das grüne Land mit Wiesen, kleinen Wäldern, Schafzucht und beginnendem Gemüseanbau. Die Gebirgswelt bei Nanortalik ist beliebt bei Bergsteigern, und Wanderer finden schöne Routen auf den Halbinseln. Die hübschen Orte wie Narsaq und Qaqortoq lohnen einen mehrtägigen Aufenthalt. S. 106

Mit Sabine Barth unterwegs
Jede Reise nach Grönland ist für Sabine Barth eine Entdeckung, ob in der überwältigenden Schönheit der Natur oder bei den faszinierenden Begegnungen mit den Menschen. In diesem riesigen Land findet man fast alles: sanftes Grün und schroffe Gebirge, heiße Quellen und Eishöhlen, blühende Wiesen und zahllose Tiere, vor allem aber die schönsten und kunstvollsten Skulpturen: Eisberge. Was sie an den Eisgiganten besonders begeistert, ist ihre Vielfalt in Form und Farbe, am liebsten im roten Licht der Mitternachtssonne.

Sehnsuchtsland Grönland

Beim Blick aus dem Flugzeug ragen an Grönlands Ostküste noch einige Berggipfel grauschwarz empor, dahinter erstreckt sich nichts anderes als weiße Weite und intensives Blau. Fast eine Stunde dauert der Flug über die Eisfläche, dann schimmern wieder braungraue Flecken durch das Weiß. Sanft sieht es aus, dieses raue Land mit seinen Granitmassen. Die ältesten Berge der Welt, Urgestein.

Kalaallit Nunaat – Land der Menschen

Seit Jahrtausenden leben die Inuit in dieser für Mitteleuropäer so unwirtlichen Region. Ihre Jagdtechniken, Kleidung und Bauweisen ließen sie nicht nur in der Natur überleben, sondern mit ihr leben. Nach Jahrzehnten des Umbruchs und der radikalen gesellschaftlichen Veränderungen integrieren sie ihre Traditionen wieder in ihre Gegenwart und Zukunft.

Der Reisende findet im ›Land der Menschen‹ – so die Übersetzung des grönländischen Landesnamens Kalaallit Nunaat – Natur pur, die sich auf vielfältige Weise entdecken lässt: mit dem Boot oder Kajak entlang der Küste, im Helikopter über die riesigen Gletschern, mit dem Hundeschlitten im Frühjahr über die weiten Eis- und Schneeflächen oder zu Fuß über Berge und Höhen mit Blick auf die Eisberge in den Fjorden.

Abwechslungsreich – der Süden und Westen

Grönlands Landschaften sind so faszinierend wie abwechslungsreich. Im klimatisch milderen Süden findet man neben der Schafzucht einige erfolgreiche Landwirtschaftsunternehmen und auch kleine Wälder. Auf den bunten Wiesen leuchten die gelben Butterblumen und an den kieseligen Flussläufen die pinkfarbenen Weidenröschen, Grönlands Nationalblume *niviarsiaq*. Hier siedelte Eirík raudi, Erik der Rote, der dem Land den verheißungsvollen Namen Grönland, ›Grünland‹, gab.

Zahlreiche Ruinen der nordischen Siedler kann man auf wunderbaren Wanderungen zwischen den Orten Narsaq und Qaqortoq entdecken.

Westgrönland ist mit seiner Hauptstadt Nuuk das politische, kulturelle und wirtschaftliche Zentrum des Landes, in dem die meisten Grönländer leben. Eine lebendige Kulturszene, aber auch die Bewahrung der Traditionen kennzeichnet das Leben in der stetig wachsenden ›Metropole‹. Das touristische Highlight des Landes ist der Eisfjord Kangia bei der Stadt Ilulissat. Hier ist die Geburtsstätte der bizarren und gigantischen Eisberge. Sie schimmern in leuchtenden Blautönen von Azur bis Türkis. An verhangenen Tagen wirken sie geradezu geheimnisvoll, und das Licht der Mitternachtssonne taucht sie in ein goldenes Strahlen.

Ultima Thule – der Norden

Je weiter man nach Norden gelangt, umso einsamer und eisiger wird es. Nur noch wenige kleine Siedlungen liegen entlang der Küste. Die Zahl der Gletscher, die bis ins Meer reichen, nimmt zu, das kalte Weiß wird unterbrochen vom grauen Granit mit einigen grünen Farbtupfern. Auf den zahlreichen, langsam dahingleitenden Eisbergen liegen hin und wieder Robben, neugierig beäugen sie Eindringlinge in ihr Revier. Und wer ein besonders gutes Auge hat, der entdeckt schon einmal einen Eisbären. Hier oben ist das Reich der Jäger.

Ultima Thule – der äußerste Norden ist das Land der Verheißung und des Mythos. Vielleicht waren es diese Assoziationen, die Knud Rasmussen und Peter Freuchen bewogen, ihre Handelsstation am Kap York ›Thule‹ zu nennen. Ein Paradies für die Jäger war das rund 8000 km² große Gebiet auf jeden Fall, mit Fjorden, Küsten und Landstrichen reich an Füchsen, Walrossen, Eisbären, Robben und Vögeln.

Thule, der ehemalige Sehnsuchtsort, ist heute auch eine Mahnung an die ungewisse Zukunft der Jäger des Nordens. Viele junge Leute bleiben nach ihrer Ausbildung im Süden des Landes, der neue Sehnsuchtsort in Grönland heißt Nuuk. Doch auch in Nuuk bleibt ein Teil der grönländischen Seele immer Jäger.

9

Steingewordener Mythos – die Mutter
des Meeres in Nuuk, S. 92

Fürs Fotoalbum – Blick vom
Aussichtsstein in Nanortalik, S. 140

Lieblingsorte!

Bei Udo & Inga zu Gast – das Restaurant
H8 in Oqaatsut, S. 202

Aussicht zum Träumen – die
Hotelterrasse in Uummannaq, S. 226

Einsamer Wächter – der Kamin des alten Krankenhauses in Narsarsuaq, S. 112

Kunsthalle – Per Kirkeby im Versammlungshaus von Aasiaat, S. 188

Die Reiseführer von DuMont werden von Autoren geschrieben, die ihr Buch ständig aktualisieren und daher immer wieder dieselben Orte besuchen. Irgendwann entdeckt dabei jede Autorin und jeder Autor seine ganz persönlichen Lieblingsorte. Dörfer, die abseits des touristischen Mainstream liegen, eine ganz besondere Strandbucht, Plätze, die zum Entspannen einladen, ein Stückchen ursprünglicher Natur – eben Wohlfühlorte, an die man immer wieder zurückkehren möchte.

Ruhestätte im Farbenrausch – der Friedhof von Upernavik, S. 234

Dem Himmel nahe – die neue Kirche von Tasiilaq, S. 256

Reiseinfos, Adressen, Websites

Warmer Pool vor reizvoller Eisbergkulisse – die heißen Quellen von Uunartoq

Informationsquellen

Infos im Internet

In der Regel sind grönländische Websites auf Dänisch und Grönländisch, viele beinhalten auch eine englische Version. Die allerwenigsten haben allerdings eine deutsche Übersetzung.

www.greenland.com

Die offizielle Website des grönländischen Fremdenverkehrsamtes bietet hervorragende Informationen auch auf Deutsch. Ein idealer Einstieg für die Reisevorbereitung. Deutsche Reiseanbieter können dort erfragt werden. Wer direkt auf die deutschen Seiten möchte, benutzt die Webadresse www.visitgreenland.de.

www.geo-reisecommunity.de/ reisen/nordamerika/gronland/ uebersicht

Hier erhält man einige Informationen – kurz und allgemein – und auch etliche Reiseberichte. Interessant sind die weiterführenden Links.

http://uk.nanok.gl

Das ist die englische Ausgabe der Regierungswebsite. Wichtige Informationen für längere Aufenthalte findet man hier, ebenso Infos zur Wirtschaft und zum Land. Leider nicht so umfangreich wie die dänische Seite.

www.stat.gl

Das statistische Amt bietet die Zahlen auf Englisch an, außerdem kann man sich ein kleines Booklet mit den wichtigsten Fakten herunterladen.

www.sermitsiaq.gl

Internetseite der grönländischen Zeitung, die auch Nachrichten auf Englisch bereithält.

www.groenland-forum.de

Alle Fragen zu Grönland und speziell zum Reisen nach und in Grönland können auf dieser Seite gestellt werden. Hier gibt es immer jemanden, der wirklich Bescheid weiß.

www.groenlandinfo.de

Neben einigen einführenden Informationen zu Grönland kann man hier Kreuzfahrten in Grönland buchen.

www.ratlos.com/groenland

Website mit Reiseberichten zu Wanderungen, Kajaktouren oder Kurztrips. Wer keine tiefschürfenden Erkenntnisse sucht, sondern etwas vom Gefühl einer Reise in Grönland erfahren möchte, ist hier richtig.

Fremdenverkehrsämter

... in Dänemark

Das zentrale Fremdenverkehrsamt für Grönland sitzt in Kopenhagen, Dänemark, Dependancen im deutschsprachigen Raum gibt es nicht. Die Verkehrssprache ist Dänisch, ansonsten Englisch.

Greenland Tourism and Business Council
P.O. Box 1139, Strandgade 91
DK–1010 København K
Tel. 0045 32 83 38 80
info@greenland.com
www.greenland.com

... in Grönland

Die wichtigste Tourismusinformationsstelle befindet sich in Nuuk. Die im Reiseteil angegebenen Tourismusinformationen betreuen die jeweiligen Regionen. Dort trifft man immer sehr informierte Mitarbeiter an und die Leiter sprechen auch Englisch. Touren in den dortigen Regionen bucht man vor Ort.

Greenland Tourism and Business Council
P.O. Box 1615, Hans Egedesvej 29
DK–3900 Nuuk
Tel. 00299 34 28 20
www.greenland.com

Lesetipps

Fred Bruemmer: Mein Leben mit den Inuit, München 1995. Der Reporter und Fotograf schildert mit einer großen Faszination das Leben im Norden in den letzten 30 Jahren.

Klaus Böldl: Studie in Kristallbildung, Frankfurt 1997. Ein Roman über einen Deutschen in Tasiilaq, Ostgrönland, der im Hotel arbeitet. Einige sehr interessante Beschreibungen des Ortes.

Eskimo-Märchen: Frankfurt 1996. Die Märchen wurden der Rasmussen-Sammlung entnommen und vermitteln viel über das traditionelle Denken und die alte Welt der Inuit.

John Griesemer: Niemand denkt an Grönland, Hamburg 2004. Schauplatz ist das ehemalige Hospital in Narsarsuaq. Griesemer greift die »Gerüchte« darüber auf und hat daraus ein spannendes Buch gemacht.

Peter Høeg: Fräulein Smillas Gespür für Schnee, München 1994. Der Roman, der die Existenz Grönlands bei vielen ins Bewusstsein rückte, auch wenn er überwiegend in Kopenhagen und auf dem Meereis spielt.

Aqqaluk Lynge: Inuit – the story of the Inuit Circumpolar Conference, Nuuk 1993, Englisch/Französisch/Grönländisch. Der Kampf um die Eigenständigkeit und für die Rechte der Inuit sowie ihre Probleme mit der westlichen Welt und der ehemaligen Sowjetunion werden hier gut dargestellt.

Grönlandmagazin für zu Hause

Das vierteljährlich erscheinende Magazin **»Greenland today«** wird von der Grönländerin Aviaq Nordlund Mørch herausgegeben. Die Themen zeigen das moderne Grönland in allen Facetten von Gesellschaft, Klima, Kultur bis zu Reisen. Die Texte sind auf Dänisch und Englisch. Infos und Abonnement unter www.greenlandtoday.com.

Jørn Riel: Der Raub der Stammesmutter – Die Grönland-Saga, Teil 1, Zürich 2010. Schon 2006 erschien der gesamte mehrteilige Roman über die Wanderung der Inuit von Kanada nach Grönland, ihr Leben, die Jagd und die Mythen als Hardcover. Ein faszinierendes und poetisches Buch des dänischen Autors, der in Grönland gelebt hat.

Ivars Silis: Frozen Horizons – The world's largest National Park, Nuuk 1995, Englisch. Einer der besten Fotografen und Kenner Grönlands, dessen Bilder die Kälte fühlbar machen.

Jane Smiley: Die Grönland Saga, Frankfurt 1992. So könnte das Leben der Wikinger in den letzten 100 Jahren ihrer Anwesenheit in Grönland ausgesehen haben. Ein spannender Roman im Stil der alten Sagas.

Märta Tikkanen: Der große Fänger, Reinbek bei Hamburg 1990. Tikkanens Roman schildert ihre Lesereise durch Südgrönland und eine Liebesbeziehung. Schöne, poetische und treffende Beschreibungen Grönlands. Nur noch über das Internet erhältlich.

Nunarput Ullumi: Greenland Today, Hrsg. V. Benedikte Thorsteinsson. Nuuk 2006, Grönländisch/Englisch. Bild- und vor allem Essayband über das Leben der Grönländer heute, ihre Geschichte und Kultur, politische und ökonomische Veränderungen sowie die unterschiedlichen Landschaften.

Wetter und Reisezeit

Klima

In Grönland herrscht arktisches Klima, dessen Jahresdurchschnittstemperatur selbst in den wärmsten Monaten 10 °C nicht überschreitet. Dennoch lassen sich regionale Unterschiede ausmachen, und zwar nicht nur zwischen Süden und Norden, sondern auch zwischen den Inlandregionen und den Küstengebieten, besonders denen, wo das Meer auch während des Winters eisfrei bleibt. Im Sommer kühlt das Meer die Luft, und im Winter erwärmt es sie. In den Orten südlich des Polarkreises fallen die Temperaturen im Winter selten unter −10 °C, im Norden und in Kangerlussuaq (Inlandregion) werden auch schon mal −30 °C, in Nordgrönland bis zu −40 °C erreicht. Die niedrige Luftfeuchtigkeit sorgt dafür, dass man diese Temperaturen meistens als nicht so kalt empfindet. Die relativ gleichförmigen Temperaturen während der Sommermonate in ganz Grönland hängen mit der intensiven Sonneneinstrahlung zusammen. Das Phänomen der Mitternachtssonne sieht man aber nur nördlich des Polarkreises. Je weiter man nach Norden fährt, umso länger dauert die Phase, in der im Sommer die Sonne nicht untergeht. In Ilulissat z. B. kann man die Mitternachtssonne zwei, in Qaanaaq sogar vier Monate lang genießen. Entsprechend lange halten im Winter die Polarnächte an – in Qaanaaq vier und in Ilulissat zwei Monate. Südlich des Polarkreises verschwindet die Sonne auch im Sommer hinter dem Horizont – allerdings nur für wenige Stunden.

Weitere klimabestimmende Faktoren sind die Meeresströmungen. Der kalte Ostgrönlandstrom führt meterdickes Packeis mit sich, das die Ostküste während der Wintermonate einschließt. In den Sommermonaten treibt die Strömung das Packeis nach Süden um Kap Farvel und weiter entlang der Westküste bis nach Paamiut. Der warme Irmingerstrom, ein Arm des Golfstroms, folgt dem gleichen Weg. Diese beiden Ströme unterscheiden sich in Stärke und Tiefe jedes Jahr, und so kann es passieren, dass, wenn die Wärme des Irmingerstroms nicht ausreicht, der von Norden dazustoßende Labradorstrom Eismassen bis in den Süden transportiert. Doch in der Regel ist die Küste zwischen Paamiut und Sisimiut ganzjährig eisfrei.

Niederschläge und Stürme
Auch hinsichtlich der Niederschläge besteht ein deutliches Nord-Süd-Gefälle, im Süden liegt die durchschnittliche Jahresniederschlagsmenge zwischen 800 und 1400 mm, im Norden bei 200 mm. Für Reisende bedeutet das,

Klimadiagramm Nuuk

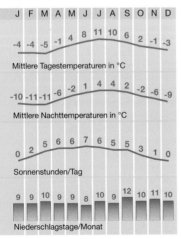

	J	F	M	A	M	J	J	A	S	O	N	D
Mittlere Tagestemperaturen in °C	−4	−4	−5	−1	4	8	11	10	6	2	−1	−3
Mittlere Nachttemperaturen in °C	−10	−11	−11	−6	−2	1	4	4	2	−2	−6	−9
Sonnenstunden/Tag	0	2	5	6	6	7	6	5	5	3	1	0
Niederschlagstage/Monat	9	9	10	9	9	8	10	9	12	10	11	10

Winterliches Spektakel: Polarlicht über der Unser-Erlöser-Kirche in Nuuk

dass man sich vor allem im Süden auch auf Regen einstellen muss, aber wie in anderen arktischen Gebieten wechselt das Wetter sehr schnell.

Ein weiteres Wetterphänomen sind die Stürme. An der West- und Südwestküste strömt warme Luft über das Inlandeis und das Gebirge zur Küste und trifft dort auf kalte Luftmassen. Dieser sehr warme Sturm kündigt sich mit den typischen Föhnwolken an und kann Geschwindigkeiten von mehr als 180 km/h erreichen. An der Ostküste tritt dagegen häufig ein kalter, katabatischer Sturm auf. Kalte Luftströmungen fließen über Inlandeis und Gebirge und stürzen einem Wasserfall vergleichbar zur Küste hinab. Die Verwirbelung von warmer und kalter Luft führt zu Stürmen mit Geschwindigkeiten von bis zu 250 km/h. Die Verwüstungen, vor allem in der Region Ammassalik, sind nicht selten dramatisch.

Linsenförmige Wolken in höher liegenden Luftschichten können ein Zeichen für einen nahenden Sturm sein.

Polarlicht

Ein spektakuläres und farbenprächtiges Naturschauspiel ist während der Wintermonate in ganz Grönland zu sehen: das Nordlicht, Aurora Borealis, grönländisch *arsarnerit*. Es entsteht durch ionisierte Teilchen, die regelmäßig von der Sonne abgestoßen werden und die um die magnetischen Pole in die Erdatmosphäre eindringen. Beim Aufeinanderprallen bringen die Teilchen des Sonnenwinds die Atome der Luft zum Leuchten. Doch die Inuit erklären das Nordlicht viel poetischer: Die einen sehen darin ein Ballspiel der verstorbenen Seelen, andere deuten es als die Seelen tot geborener Kinder, die mit ihren Nabelschnüren tanzen und Fußball spielen.

17

Reisezeit

Frühling

Im März und April bieten sich in verzauberten Schneelandschaften atemberaubende Ausflüge auf Skiern, Hundeschlitten oder Schneescootern bei klarem Sonnenschein und relativ niedrigen Temperaturen an. Es ist die ideale Zeit für Wintersportler und für alle, die Grönland so erleben möchten, wie man es sich gemeinhin vorstellt: groß, weit, weiß.

Sommer

Der Sommer ist die Hauptreisezeit mit dem breitesten Tourenangebot von Wanderungen über Bootsfahrten bis hin zu Tierbeobachtungen. Botanisch Interessierte finden besonders im Süden eine fast üppige Flora. Die Transportmöglichkeiten sind zahlreicher, aber auch die Grönländer nutzen den Sommer gern für ihre eigenen Reisen im Land. Von Juni bis August herrscht nördlich des Polarkreises die Mitternachtssonne. Ein kleines Manko hat der Sommer, und das sind die Mücken.

Herbst

Im September und Oktober ist das Wetter häufig stabil, und die Nächte sind klar, sodass man die Nordlichter gut beobachten kann. Für Outdoor-Aktivitäten wird es nachts meist schon zu frostig, doch Tagestouren kann man noch gut im Süden und Westen unternehmen, dann auch völlig mückenfrei. Einige Kreuzfahrtunternehmen bieten auch noch Touren in den Norden an.

Winter

Als Reisezeit ist der Winter nur bedingt geeignet. Nördlich des Polarkreises ist es dann fast 24 Stunden am Tag dunkel, auch wenn Mond und Sterne durch die Reflektion im Eis und Schnee etwas natürliche Helligkeit bieten. Wer diese Stimmung erleben möchte, findet reichlich Gelegenheit. Um Weihnachten ist Nuuk wunderbar erleuchtet, auch das lohnt einen Besuch.

Kleidung und Ausrüstung

Wichtig ist regenfeste, windundurchlässige und strapazierfähige Kleidung, die man in den Sommermonaten am besten nach dem Zwiebelprinzip trägt, denn es können sowohl Temperaturen über 20 °C als auch Nachtfröste auftreten. Der Reisende, der überwiegend mit dem Schiff und nur in Orten unterwegs ist, kommt mit festen, halbhohen Schuhen zurecht. Wer Wanderungen unternehmen will, muss schon sehr feste Wanderschuhe mitnehmen. Unbedingt ins Reisegepäck gehören: Mütze oder Stirnband, Handschuhe, Schal, Sonnenbrille und Sonnenschutz mit hohem Lichtschutzfaktor sowie Regensachen. Im Sommer ist Mückenschutz unentbehrlich, entweder besorgt man sich Mückennetze, es gibt auch entsprechende Handschuhe, oder ein Mückenmittel. Die in Grönland angebotenen Produkte sind erfahrungsgemäß am wirkungsvollsten.

Für Winterreisen alles einpacken, was wärmt, z. B. Daunen- oder Skianzüge. Bei Hundeschlittentouren wird in der Regel entsprechende Fellkleidung verliehen (vorher erkundigen!). Unbedingt eine Gletscherbrille mitnehmen.

Für Wanderungen und Kajaktouren in Grönland ist die beste Ausrüstung gerade gut genug! Wegen der erwähnten Stürme sollte das Zelt schon äußerst stabil sein. Hilfreich ist die Packliste in der Broschüre »Wandern in Grönland«, die man von der Internetseite www.greenland.com herunterladen kann.

Rundreisen planen

Grönland gehört zu den Ländern, die man nicht auf einer Rundreise kennenlernen kann. Die Größe des Landes macht es schon notwendig, sich auf Regionen zu beschränken. Wer nicht organisiert reist, sollte vorab planen und entsprechende Flüge und Bootsfahrten buchen. Die folgenden Reisen decken unterschiedliche Gebiete ab und bieten auch Wanderern Anregungen. Für jede Rundreise gilt, dass man Eisberge sehen und garantiert anregende Begegnungen mit den Menschen haben wird.

Von Kangerlussuaq in die Disko-Region (7–8 Tage)

Verkehrsmittel: Flugzeug, Helikopter und Regionalboot
Reisezeit: Sommer und Winter
Strecke: 1000 km

Wenn man in **Kangerlussuaq** landet, hat man das **Inlandeis** schon gequert und sicher ist man begierig, es näher kennenzulernen. Am besten gleich in den Bus steigen und eine Tour dorthin starten – vorbei am **Russels-Gletscher** und als Höhepunkt ein kleiner Gang aufs Eis.

Am nächsten Tag geht es mit dem Flugzeug nach **Ilulissat.** Der **Eisfjord Kangia** ist natürlich das Hauptziel, und es lohnt sich auf jeden Fall eine mehrstündige Wanderung und auch eine abendliche Bootsfahrt einzuplanen. Um diese Zauberwelt auf sich wirken zu lassen, bleibt man zwei Tage im Ort, der mit seinen Restaurants und den beiden Museen auch Abwechslung bietet.

Von Ilulissat aus gibt es Bootsverbindungen zur **Disko-Insel,** ansonsten fliegt man mit dem Helikopter. Nicht nur, um im Sommer eine Hundeschlittentour zu unternehmen, sondern auch um die landschaftliche Schönheit mit ihren Tafelbergen, ihrer reichen Flora und der schönen Küste zu genießen, lohnt dieser Ausflug. Einen Tag braucht man für die Wanderung auf den Gletscher **Lyngmarksbræn** zu den Schlittenhunden, einen weiteren Tag verbringt man mit anregenden Wanderungen in der Umgebung.

Zurück in Ilulissat besteigt man das Küstenschiff in den Süden nach **Sisimiut.** Grönlands zweitgrößte Stadt bietet neben reizvollen Bergen auch ein sehr interessantes Museum im alten Kolonialteil. Nette Cafés lassen hier wenig Langeweile aufkommen, außerdem macht es einfach Spaß,

Von Kangerlussuaq in die Disko-Region

durch die Straßen zu spazieren oder den Künstlern zuzuschauen, wie sie Schmuck oder Figuren schnitzen.

Mit dem Helikopter geht es zurück nach **Kangerlussuaq,** wo man den Flug nach Kopenhagen erreicht.

Die obigen Ziele sind ebenso reizvoll im **Winter,** vor allem steht die Reise dann im Zeichen der Hundeschlittentouren und der Polarlichter. Zwei Tage verbringt man in Kangerlussuaq mit Touren und Spaziergängen, vier Tage in Ilulissat mit einer mehrtägigen Hundeschlittenfahrt, z. B. nach Oqaasut.

Wanderungen in Südgrönland (14 Tage)

Verkehrsmittel: Boot
Reisezeit: Sommer
Strecke: 200–300 km

Nach der Ankunft in **Narsarsuaq** kann man noch gut zum **Inlandeis** wandern. Am nächsten Tag geht es mit dem Boot nach **Qassiarsuk,** wo man auf den Spuren Erik des Roten wandelt. Rund 1,5 Stunden braucht man bis zur Schaffarm Inneruulalik, wo man noch ein-

Wanderungen in Südgrönland

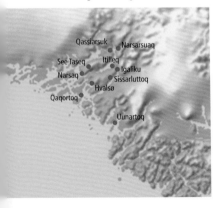

mal gut im Bett nächtigen kann. Die nächsten Tage verbringt man im Zelt. Die zweite Etappe ist zunächst einfach, man folgt der Jeepspur bis nach Sillisit, von dort dann in südwestlicher Richtung auf das hügelige und bergige Plateau Erik den Rødes Land. Für die weitere Strecke gibt es zwei Varianten: Bei der ersten bleibt man weiterhin in den Bergen, bei der zweiten wandert man wieder Richtung Küste zur Schaffarm Ipiutaq. Wer dort nicht übernachten möchte, bleibt nördlich des Berges Nunasarnaq. Kurz vor dem See, der in die Bucht Ilua mündet, gibt es Watstellen. Am See findet man auch schöne Zeltplätze. Nachdem man See und Bucht hinter sich gelassen hat, geht es auf den Punkt 686 zu und dann zum **See Taseq.** Von der Nordseite erreicht man **Narsaq,** die Jeepspur führt bis in den Ort. Für die Wanderung braucht man 4–6 Tage.

Von Narsaq, wo man zwei Tage bleiben kann, fährt man mit dem Boot nach **Qaqortoq.** Entweder macht man von hier aus einige Ausflüge, z. B. zu den warmen Quellen von **Uunartoq,** oder man wandert nach Igaliku. Als Ausgangspunkt kann man **Hvalsø** nehmen, verbunden mit einem Bootsausflug dorthin. Von hier wandert man in östlicher Richtung vorbei an dem Hof Tasiusaq, der Fluss, der in die gleichnamige Bucht mündet, lässt sich nicht weit der Mündung furten. Auf der anschließenden Strecke, die an zwei Seen vorbeiführt, überwindet man rund 300–400 Höhenmeter. Wer Zeit hat, kann noch einen Abstecher nach **Sissarluttoq** machen, wo weitere Ruinen der Nordmänner gut zu erkennen sind. Von hier dann in nördlicher Richtung über die hügelige Hochebene Qaqortoq Halvø bis zum See Tasersuasik. Man folgt dem nordöstlichen Flusslauf mit zwei kleinen Seen – vielleicht noch mit einem Abstecher zu dem Wasserfall –, ansonsten geht man westlich des Bergs Nuuluk hinunter nach **Igaliku** mit guten Unterkünften und den sehenswerten Ruinen des ehemaligen Bischofssitzes. Mit dem Boot von **Itilleq** reist man zurück nach **Narsarsuaq.**

Von Kagerlussuaq nach Thule (14 Tage)

Verkehrsmittel: Kreuzfahrtschiff
Reisezeit: Sommer
Strecke: 4500–4800 km

Etliche Kreuzfahrtanbieter haben die fantastische Strecke im Programm. Man lernt zahlreiche Städte und kleine Siedlungen kennen, erlebt das Eis in seiner unendlichen Vielfalt und kann zudem viele Tiere beobachten. Je nach Veranstalter kommt man in Kontakt mit Grönländern und erfährt viel über das Leben in diesem riesigen Land. Eine einfachere Möglichkeit, in den äußersten Norden zu gelangen, gibt es nicht.

In **Kangerlussuaq** hat man Gelegenheit, das **Inlandeis** zu betreten, und schon am nächsten Tag durchstreift man **Sisimiut** mit seinen hübschen, alten Häusern aus der Kolonialzeit. Weiter geht die Fahrt nach **Qeqertarsuaq** auf der Disko-Insel und weiter nach Norden bis **Uummannaq** mit dem markanten Herzberg. Als kleinere Siedlungen werden gern **Ukkusissat** oder auch **Kullorsuaq** auf dem Weg nach Norden angelaufen. Ein Höhepunkt der Reise ist der Besuch der alten Handelsstation **Thule,** um anschließend die nördlichste Siedlung, **Siorapaluk,** anzusteuern. Spätestens ab hier sind die Chancen, Eisbären zu sehen, gegeben.

Je nach Zeit und Packeis geht es weiter in den **Smith Sund** und anschließend langsam wieder gen Süden. In **Qaanaaq** lohnt der Besuch des Muse-

Von Kangerlussuaq nach Thule

ums und häufig gibt es eine Vorstellung des Chores, der zu diesem Anlass die Nationaltracht trägt. Das malerisch am Hang gelegene **Upernavik** und manchmal auch die ehemalige große Minenstadt **Qullissat** sind weitere Stopps, bevor man den **Eisfjord Kangia** bei **Ilulissat** erreicht. Hier hat man Gelegenheit zu wandern, Bootsfahrten oder Helikopterausflüge zu machen. Egal welche Ausflugsform man wählt, der Anblick des Fjords mit seinen Eisriesen ist einfach überwältigend.

Bevor es dann zurück nach **Kangerlussuaq** durch den großen Fjord geht, lernt man noch einige Gletscher in Seitenarmen des Ewigkeitsfjords kennen.

Anreise und Verkehrsmittel

Einreisebestimmungen

Grönland ist nicht dem Schengen-Abkommen beigetreten. Generell können Touristen aus den nordischen Ländern ohne Passkontrolle einreisen, Reisende aus Deutschland, Österreich oder der Schweiz benötigen aber einen Reisepass oder einen Personalausweis, der noch mindestens drei Monate gültig sein muss. In der Regel muss man ihn vorzeigen. Reisen in den Nordost-Grönland-Nationalpark bedürfen einer speziellen Genehmigung seitens des grönländischen Ministeriums für Natur und Umwelt (s. S. 29 oder www.nanoq.gl/expeditions).

Wer in Grönland dauerhaft bleiben und arbeiten möchte, braucht eine Genehmigung der Dänischen Einwanderungsbehörde:

The Danish Immigration Service
Ryesgade 53, DK-2100 København Ø
Tel. 0045 35 36 66 00
udlst@udlst.dk, www.udlst.dk

Zollbestimmungen

Grönland ist kein EU-Land und hat entsprechende Zollbestimmungen. Die jeweils aktuellen Bestimmungen kann man bei der dänischen Botschaft oder an den Flughäfen erfragen. Eingeführt werden dürfen: 200 Zigaretten, 1 l Spirituosen, 2,25 l Tischwein, 2 l Bier und 50 g Parfüm. Ansonsten dürfen Kosmetika und Toilettenartikel bis zu einem Wert von 1000 DKK mitgebracht werden, außerdem bis zu 2 kg Schokolade, Lakritz oder Ähnliches und 5 kg Fleischwaren sowie Artikel zum persönlichen Gebrauch.

Waffen

Nur wer an einer Jagd teilnimmt, die von einem anerkannten Veranstalter arrangiert wird, darf Waffen mit sich führen. Ansonsten ist die Einfuhr von Pistolen sowie voll- und halbautomatischen Waffen verboten. Das Gleiche gilt für Rauschgift und lebende Tiere, darunter auch Haustiere und Vögel jeglicher Art, davon ausgenommen sind nur Blindenhunde!

Anreise und Ankunft

... mit dem Flugzeug

Flüge nach Grönland führen über Kopenhagen, wenn man mit Air Greenland fliegt. Im Sommer gibt es täglich, während des restlichen Jahres dreimal wöchentlich Flüge nach Kangerlussuaq. Narsarsuaq wird im Sommer dreimal, im Winter einmal angeflogen. Die Abflüge in Kopenhagen erfolgen morgens, sodass man Anschlussflüge in Grönland noch am selben Tag erreichen kann. Infos und Buchungen:

Air Greenland, P.O. Box 1012
DK–3900 Nuuk
Tel. 00299 34 34 34
www.airgreenland.com

Von Reykjavík, Island, kann man im Sommer regelmäßig nach Kulusuk und Nerlerit Inaat an der Ostküste sowie nach Narsarsuaq, Nuuk und im Sommer nach Ilulissat direkt fliegen. Infos und Buchungen:

Air Iceland, Reykjavík Airport
IS-101 Reykjavík
Tel. 00354 570 30 30
www.airiceland.is

... mit dem Schiff

Schiffspassagen von Europa nach Grönland werden nicht über Reisebüros angeboten. Wer die Möglichkeit einer Mitfahrgelegenheit auf einem Frachtschiff sucht, sollte sich mit dem

international tätigen grönländischen Schifffahrtsunternehmen Royal Artic Line in Verbindung setzen:
Royal Artic Line a/s, Head Office P.O. Box 1580, DK–3900 Nuuk, Tel. 00299 34 91 00, info@ral.dk www.ral.dk.
Kreuzfahrten nach Grönland, einige in Kombination mit Island und Kanada, starten meist in dem Land, das man entsprechend anfliegt. Diese Reise bucht man über die entsprechenden Veranstalter.

Verkehrsmittel im Land

Flugzeug und Helikopter

Der Inlandflugverkehr in Grönland erfolgt mit den Flugzeugen und Hubschraubern von Air Greenland, die das ganze Jahr über sämtliche Städte sowie zahlreiche Siedlungen anfliegen. Die jeweiligen Anschlussflüge sind so aufeinander abgestimmt, dass man die Zielorte immer am selben Tag erreicht. Bei schlechtem Wetter können sich Flüge verspäten oder ausfallen, deshalb möglichst am Abend vor dem Flug eine Bestätigung einholen. Da die Grönländer im Sommer selbst viel im Land reisen, sollte man rechtzeitig buchen. Wer nicht auf einen genauen Tag fixiert ist, kann sich auf Wartelisten setzen lassen, sofern das Ticket es erlaubt. Air Greenland bietet auch Charterflüge an. Infos: www.airgreenland.com.

Schiff

Die Schiffsverbindungen zwischen den grönländischen Städten und Siedlungen sind gut ausgebaut und werden von der Artic Umiaq Line a/s befahren, die in allen Orten Ticketbüros hat. An der Westküste wird die Strecke von Qaqortoq bis nach Uummannaq im Sommer bedient. Auch sollte man sich in der warmen Jahreszeit über die Treib-

eissituation informieren, da diese oft Ursache für Verspätungen ist oder sogar dazu führt, dass die Verbindungen nicht aufrechterhalten werden können. Auch im Osten kann es wegen des Packeises manches Jahr Juli werden, bis das erste Schiff aus Dänemark landen kann. Entsprechend schwierig ist es dann auch für die Regionalboote, die Siedlungen zu erreichen. Insgesamt gilt für die Schiffsverbindungen, je weiter man in den Norden kommt, desto später im Sommer sind die Gewässer zu passieren. Da das Meer im Winterhalbjahr im Norden von Eis bedeckt ist, ist das Reisen mit dem Schiff in dieser Jahreszeit hier nicht möglich. Eine Schiffsverbindung von West- nach Ostgrönland besteht ebenso wenig wie nach Qaanaaq im Norden.

Da die Schiffspassagen auch für die Bevölkerung sehr wichtig und somit schnell ausgebucht sind, empfiehlt sich rechtzeitiges Reservieren, vor allem wenn man einen Kabinenplatz wünscht. Infos und Buchungen:
Artic Umiaq Line a/s, Head Office Aqqusinersuaq 52, P.O. Box 1580 DK–3900 Nuuk, Tel. 00299 34 91 90 Fax 00299 32 34 50, www.aul.gl

Regional- und Privatboote

Von zentralen oder größeren Siedlungen aus besteht jeweils ein Netz von Verbindungen zu den umliegenden kleineren Orten oder Ansiedlungen. Diese werden von den Versorgungsbooten der Royal Arctic Line angefahren, die in der Regel auch einige Passagierplätze haben. Informationen unter www.ral.gl.

Es ist durchaus möglich, mit Bewohnern vor Ort Transporte zu vereinbaren, im Sommer mit kleineren offenen Booten und im Winter mit Schneemobilen und Hundeschlitten. Dafür wendet man sich am besten an die jeweiligen Touristeninformationen.

Übernachten

Das Übernachtungsangebot in Grönland ist recht gut, und in den Haupttourismusorten wie Ilulissat kann man unter etlichen Möglichkeiten wählen. Die meisten Städte verfügen auch über Hotels, mit Ausnahme der Orte Ittoqqortoormiit, Kangaatsiaq und Upernavik. Die Preise haben dänisches Niveau und gelten meist ganzjährig. Vielleicht ist mancher überrascht von der Höhe, doch muss man immer bedenken, dass in diesem riesigen Land nur wenige Menschen leben und alles per Schiff oder Flugzeug transportiert werden muss. Soweit vorhanden, sind die jeweiligen Websites erwähnt, und man kann entsprechend vorab buchen.

Hotels

Die großen Hotels in den Städten sind fast alle in den letzten 20 Jahren gebaut, etliche auch erst in den letzten fünf Jahren renoviert worden und verfügen über einen recht hohen Standard, der mit dem neuen Klassifizierungssystem noch gehoben wurde. Einige der Hotels bieten zudem ausge-

Keine Raumstation, sondern Komfortunterkunft: das Hotel Arctic in Ilulissat

zeichnete Konferenzmöglichkeiten. Diese Hotels sind in der Regel teuer, aber einige verfügen noch über einen Anbau mit preiswerteren Zimmern. Zu den Häusern gehört auch immer ein Restaurant.

Ältere oder nicht klassifizierte Hotels weisen eine einfachere Ausstattung auf, z.B. bieten sie oft Zimmer ohne eigenes Bad. Diese Häuser sind dennoch zu empfehlen und meist preiswerter. Zu den Hotels zählen auch die Seemannsheime in Aasiaat, Nuuk, Qaqortoq und Sisimiut. Ursprünglich wurden sie als preiswerte und einfache Übernachtungsmöglichkeiten vor allem von Seeleuten genutzt, aber in den vergangenen Jahren modernisiert,

sodass sie heute durchaus Hotelstandard haben. Sie verfügen alle über eine Cafeteria, in der man sich das Tagesmenü oder eine Tasse Kaffee mit selbstgebackenem Kuchen schmecken lassen kann. Hier empfiehlt sich eine vorherige Anmeldung, denn die Häuser sind sehr beliebt. Bei Hotelübernachtungen in Grönland ist das Frühstück stets im Preis enthalten.

Internationale Hotelketten gibt es in Grönland nicht, lediglich einige Besitzer haben mehrere Häuser, häufig in unterschiedlichen Orten. Im Verbund werden z.B. die beiden Flughafenhotels in Kangerlussuaq und Narsarsuaq betrieben, die auch über entsprechend preiswerte, einfacher ausgestattete Zimmer verfügen.

Kleine Hotels und Hochschulen

Einige Unterkünfte nennen sich zwar Hotel, haben aber eher den Standard eines Gästehauses. Die Zimmer sind meist einfach ausgestattet, und Badezimmer werden gemeinschaftlich genutzt. In manchen Häusern gibt es auch nur Chemietoiletten bzw. sogenannte Trockentoiletten.

In Sisimiut und Qaqortoq sind es Volkshochschulen, in denen während der Sommermonate Seminare angeboten werden und die auch Zimmer vermieten, je nach Bedarf mit oder ohne Bettzeug. Die Räume sind geräumig, und da sie während des übrigen Jahres als Internatszimmer genutzt werden, teilweise mit sehr praktischen Möbeln, wie z.B. einem Schreibtisch mit Stuhl, ausgestattet. Auch hier gibt es unterschiedliche Kategorien, von der Einrichtung wie in einem Hotel bis zur einfacheren Ausführung mit Etagenbett. Das Preis-Leistungs-Verhältnis ist recht gut.

Privatunterkünfte

In den größeren Orten vermitteln die Touristeninformationen Bed-&-Breakfast-Unterkünfte, wobei man bei einer grönländischen Familie wohnt und einen guten Einblick in deren Alltag erhält. Oft ist es gegen Aufpreis möglich, mit den Familien zu essen und dabei die hausgemachten grönländischen Spezialitäten kennenzulernen. In Südgrönland bieten mehrere Schafzüchter einfache Übernachtungsmöglichkeiten an. In Ostgrönland besteht häufig auch in kleinen Siedlungen die Möglichkeit, Privatzimmer zu mieten.

Interessant sind Ferienwohnungen, wie sie in Nuuk, oder Ferienhäuser, wie sie in Ostgrönland angeboten werden, wenn man längere Zeit an einem Ort bleiben möchte. Diese Unterkunftsart bietet die größte Unabhängigkeit. Informationen erhält man in den örtlichen und regionalen Touristeninformationen.

Familien- und Jugendherbergen

Eine preiswerte Übernachtungsmöglichkeit sind die Familien- und Jugendherbergen (Hostels und Youth Hostels), die es in den meisten Orten gibt. Hier ist der Standard sehr unterschiedlich. Doch meistens stimmen Preis und Qualität überein. Einige Häuser sind im Hinblick auf die Ausstattung mit einfachen Pensionen in Europa zu vergleichen, während andere eher Jugendherbergen entsprechen, wo sich mehrere Personen einen Raum teilen. Bad und WC gibt es in den Zimmern nicht, und außerhalb der größeren Orte kann es sein, dass es sich bei den WCs um Trockentoiletten handelt. Teilweise werden Betten hergerichtet, aber ansonsten muss man einen Schlafsack mitbringen. Da die Jugendherbergen nicht dem internationalen Verband angehören, gibt es keine Mitgliederermäßigungen.

Hütten

Auf einigen Wanderrouten werden Hütten erwähnt. Auch diese Bezeichnung kann für sehr unterschiedliche Unterkünfte verwendet werden. Klassisch sind die offenen Jägerhütten der Inuit, die meist eine sehr bescheidene Ausstattung haben. Im Falle eines Sturmes ist man aber froh, überhaupt ein festes Dach über dem Kopf zu haben. Höheren Standard findet man in neuen Hütten, z. B. in Igaliko, oder in alten renovierten Häusern vor. Die Schafzüchter stellen ihre Hütten in der Nähe der Höfe ebenfalls Wanderern zur Verfügung.

Zeltplätze

Etliche Städte und Siedlungen haben Campinggebiete ausgewiesen und sie mit verschiedenen Einrichtungen ausgestattet, wobei man allerdings internationalen Standard nicht erwarten sollte. Eine Buchung im Voraus ist nicht erforderlich. Die Abrechnung erfolgt entweder beim täglich erscheinenden Platzwart oder bei der örtlichen Touristeninformation. In einigen Orten sind sie sogar noch umsonst.

Bis auf folgende Einschränkungen ist das Zelten in Grönland überall erlaubt. Nicht campen sollte man: auf landwirtschaftlichen Anbauflächen oder eingezäunten Weiden, in der Nähe von Siedlungen und Städten unweit der Seen und Wasserläufe, aus denen die Bevölkerung ihr Trinkwasser bezieht, in der Nähe von Ruinen oder anderen historischen Relikten.

Essen und Trinken

Die traditionelle Küche der Inuit bestand aus Fleisch und Fisch. Beides wurde roh, verrottet, mit Kräutern ummantelt oder gekocht gegessen. In den Sommermonaten wurden Pflanzen, Kräuter und Beeren gesammelt. Noch heute sind einige dieser Zubereitungen beliebt, auch wenn die aktuelle grönländische Küche viele europäische Einflüsse übernommen hat. Vor allem werden jetzt auch importierte Fleisch- und Gemüsesorten verarbeitet.

Im Süden Grönlands gibt es mittlerweile mehr Möglichkeiten für Gemüseanbau (s. S. 134), sodass man dort grönländische Kartoffeln, Möhren oder Salate kaufen kann. Der immer noch wichtigste Einkaufsplatz in den Siedlungen ist der Brædet, der Verkaufsstand für den fangfrischen Fisch. Doch nicht nur Fisch wird angeboten, sondern auch – je nach Saison – Rentier-, Moschusochsen-, Wal- und Robbenfleisch. Daneben liegen Engelswurz und manchmal auch Rosenrot, von dem es heißt, es sei das arktische Viagra. Aus den simplen Plätzen am Hafen sind in einigen Städten kleine Hallen geworden.

Grönländische Spezialitäten

Das grönländische Nationalgericht ist Suaasat: eine besonders kräftige Suppe mit Reis und Zwiebeln, zu der gekochtes Robbenfleisch separat gegessen wird. Robbenfleisch wird auch gebraten serviert, dann gleicht es Kohlestücken, da es sehr dunkel bis fast schwarz ist. Getrocknet kommt Robbenfleisch als eine Art Carpaccio auf den Teller. Der Geschmack des Fleisches ist kräftig, aber durchaus angenehm.

Ebenfalls auf vielfältige Weise zubereitet wird Walfleisch. Vom Aussehen ähnelt es Rindfleisch, und Walsteaks mit Zwiebeln und Kartoffeln sind ein Gedicht! Wird Wal geräuchert, beeinflussen die jeweiligen Sträucher, die zum Räuchern verwendet werden, den Geschmack. Eine besondere Delikatesse ist Mattak: Walhaut mit einer dünnen Speckschicht, die normalerweise in kleinen Würfeln gegessen wird. Es kann anfangs ein bisschen zäh sein, doch wenn man ausgiebig kaut, entwickelt sich langsam ein nussartiger Geschmack. Mattak, genauso wie getrockneter Kabeljau, ist als Zwischenmahlzeit beliebt, manchmal wird beides auch als Vorspeise zum Mittagstisch gereicht. Eine Verfeinerung ist die Mattak-Suppe oder Mattak vom Grill.

Das Fleisch von Rentieren und Moschusochsen, das beides sehr zart ist und einen leichten Wildgeschmack hat, gehörte auch in früheren Zeiten zum Speiseplan. Das grönländische Lammfleisch zählt zum besten der Welt und wird erst seit dem 20. Jh. genossen. Die Lammkoteletts kann man fast ohne jedes Gewürz zubereiten, dennoch werden häufig frische grönländische Kräuter dazu gereicht.

Die Inuit haben von jeher Vögel gefangen, und Papageitaucher- oder

Quotiertes Walfleisch

Grönland ist über Dänemark Mitglied der Internationalen Walfangkommission (IWC) und erhält so eine jährliche Fangquote für große Wale. Die Inuit betreiben keinen kommerziellen Walfang, sondern jagen nur für ihren eigenen Bedarf Finn-, Zwerg-, Schweins- und Narwale sowie Belugas.

Eiderentenbrust sind gebraten ein delikates Essen. Weiter zählen Kammmuscheln, Rotbarschfilet, marinierte Forelle, Rollwurst aus Lammfleisch sowie die großen wohlschmeckenden Krabben zu den typisch grönländischen Speisen. Ein wirkliches kulinarisches Erlebnis ist frisch zubereiteter Fisch, gerade gefangen und noch an Ort und Stelle in einem Sud aus Salzwasser und Zwiebeln gekocht.

Getränke

Das beste Getränk ist frisches grönländisches Wasser, gekühlt mit jahrtausendealten Eiswürfeln. Wissend um die hervorragende Qualität ihres Wassers, haben einige Mikrobrauereien begonnen, Bier herzustellen. Unbedingt in Nuuk und Ilulissat probieren. Die Grönländer selbst trinken viel Kaffee, und im 18. Jh. stieg der Kaffeekonsum derartig an, dass die Dänen, die den Kaffee zunächst importiert hatten, ihn wieder reglementieren mussten, da sich erste gesundheitliche Folgen zeigten. Beliebt vor allem bei Touristen ist zum Abschluss eines Abendessens ein grönländischer Kaffee, eine hochprozentige Mischung aus Grand Marnier, Whiskey, Kahlua und auch Kaffee, angereichert mit Schlagsahne. Die Preise für alkoholische Getränke entsprechen skandinavischem Standard.

Essen gehen

Das Angebot an Restaurants ist in den Städten und großen Orten recht gut, und die Lokale haben durchaus internationalen Standard. Zu allen großen Hotels gehört ein Restaurant, in dem man meist sehr gut isst. In jüngster Zeit haben sich zwei Gourmetrestaurants herausgebildet. Besonders Safarlik in Nuuk besticht durch sein Ambiente und die Darreichung der Speisen. Das Credo ist, grönländische Produkte zu verwenden, und so kommt auch Engelswurz zum Einsatz. Das andere Restaurant ist Ulo in Ilulissat.

Einige Restaurants bieten regelmäßig Grönland-Bufetts an, sodass man die Spezialitäten des Landes probieren kann. Die Preise für grönländische Gerichte liegen zwischen 100 und 200 DKK ohne Getränke.

Aktivurlaub und Sport

Angeln

Jeder, der in Grönland angeln möchte und das 18. Lebensjahr vollendet hat, braucht einen Angelschein, ausgestellt von der örtlichen Touristeninformation oder auch in der Post erhältlich. Angelscheine gibt es für einen Tag und bis zu einem Monat. Alle Gebiete in Grönland haben gute Forellengewässer, besonders die Flüsse im Küstenbereich. Sportangler bevorzugen Meeresforellen – auch Seesaiblinge genannt –, die zwischen Juli und September gut genährt in ihre Geburtsflüsse zurückkehren. Tourenveranstalter bieten Hochseeangeln von Heilbutt, Seewolf, Dorsch und Rotbarsch. Im Winter kann man zum Eisangeln gehen.

Bergsteigen

Bergtouren in Grönland unterscheiden sich von denen in europäischen Berggebieten insofern, als Hilfen in Form von gekennzeichneten Pfaden, bekannten Routen und Beschilderungen nicht vorhanden sind! Aber für jeden, der gern in einer wilden und grandiosen Berglandschaft klettern möchte, ist Grönland der ideale Ort. Doch für Touren in entlegenen Gebieten muss man eine Genehmigung des grönländischen Ministeriums für Natur und Umwelt einholen (s. rechts). Generell muss man sich darauf einstellen, dass man voll und ganz auf sich gestellt ist. Entsprechend sollte die eigene Kondition, Ausrüstung und Erfahrung sein. Organisierte Bergtouren werden vor allem in Ostgrönland angeboten.

Expeditionen

Immer wieder hört oder liest man von Inlandeisüberquerungen, fast könnte man glauben, es sei »der Spielplatz der Helden«. Weniger hört oder liest man über die zahlreichen gescheiterten Versuche, manche endeten sogar tödlich. Deshalb müssen alle, die in isolierten Gebieten Berge oder Gletscher besteigen, das Inlandeis überqueren, den grönländischen Nationalpark besuchen oder sich anderweitig extrem betätigen wollen, eine entsprechende Genehmigung beim grönländischen Ministerium für Natur und Umwelt beantragen. Das gilt auch für wissenschaftliche Untersuchungen im Nationalpark, selbst wenn sie keinen Expeditionscharakter haben. Sofern das Ministerium die angemeldete Aktivität als nicht verantwortbar einstuft, kann es ein entsprechendes Verbot aussprechen. Wer dem zuwiderhandelt, muss mit entsprechenden Strafen rechnen. Außerdem sind Versicherungen notwendig sowie die Hinterlegung einer finanziellen Sicherheit für eine eventuelle Rettungsaktion. Auf der folgenden Website sind alle notwendigen Informationen und Formulare zu finden: www.nanoq.gl/expeditions. Ansonsten wendet man sich schriftlich an:
The Ministry of Domestic Affairs, Nature and Environment
Postboks 1614
Fax 00299 32 52 86
exp@gh.gl
DK-3900 Nuuk

Hundeschlittentouren

Für eine Fahrt mit dem Hundeschlitten ist Grönland genau das richtige Land. Die Angebote reichen von halb- bis ganztägigen Ausflügen über den ebenen Fjord, ein Spaß für jedermann, bis zu mehrwöchigen Touren und Jagdausflügen. Hier muss man schon mitarbeiten, vor allem wenn es bergauf geht, dann heißt es absteigen und schieben, und zwar im Tempo der Hunde. Hundeschlitten und Schlittenhunde gibt es nur nördlich von Sisimiut an der Westküste sowie an der gesamten Ostküste. Die beste Zeit für eine Schlittentour ist von März bis April. Auf der Disko-Insel sind Hundeschlittenfahrten jedoch das ganze Jahr über möglich. Informationen geben die Touristeninformationen. In Ostgrönland kann man auch einen Führerschein für Hundeschlitten erwerben.

Jagen

Grönländer waren ursprünglich Jäger, und Freizeitjäger sind immer noch viele. Es ist ganz selbstverständlich, auf entsprechende Jagdausflüge zu fahren – mit dem Schlitten oder im Sommer mit dem Boot. Außerdem gibt es etliche Angebote für Trophäenjäger. Diese Touren können nur mit grönländischen Jägern (s. Outfitter S. 31) unternommen werden, ansonsten ist die

Wanderer sind in Grönland allein mit der Natur

Jagd verboten. Waffen dürfen auch nur in Verbindung mit einer gebuchten Tour eingeführt werden.

Kajaktouren

Grönland bietet praktisch unerschöpfliche Möglichkeiten entlang der Küste mit ihren tiefen Fjordsystemen und den endlos anmutenden Schären. Aber Kajaktouren stellen auch hohe Anforderungen. Wetterumschwünge und starke Windstöße bringen einen in einem so kleinen und instabilen Gefährt schnell in Lebensgefahr! Lange, steile Klippenküsten machen bei starkem Wind die Anlandung unmöglich. Besonders bei dichtem Nebel kann die Orientierung in Schären und Fjorden schwierig sein, auch können unvermutet Riffe große Probleme bereiten. Nicht zu unterschätzen sind die Eisberge, die nicht immer so stabil sind, wie sie scheinen. Wer sich all das nicht zumuten möchte, braucht aber trotzdem auf dieses einmalige Erlebnis nicht zu verzichten. In vielen Küstenorten bieten erfahrene Outfitter geführte Touren sowie Schnupperfahrten an.

Skilaufen

Im Winter ist Skilaufen überall in Grönland möglich – einen Mangel an Schnee gibt es nicht! Die Hochsaison dauert in den nördlichsten und rauesten Regionen von März bis Mai, während im Süden die Saison einen Monat früher beginnt und aufhört. In Tasiilaq an der Ostküste liegt noch Anfang Juni Schnee. Die größte alpine Pistenanlage mit Liften befindet sich in Nuuk; weitere Skilifte gibt es in Sisimiut, Qasigiannguit, Maniitsoq, Narsaq und Tasiilaq. Das Apussuit Ski Center, ca. 25 km von Maniitsoq entfernt, ist seit Jahren das bevorzugte Sommerskigebiet. Wer von längeren Skitouren in unberührter Natur träumt und dies auch beherrscht, findet in Grönland attraktive Möglichkeiten. Dies gilt auch für den Skilanglauf. In den meisten Städten an der Westküste und im Süden haben die Kommunen in Zusammenarbeit mit örtlichen Skivereinen Langlaufstrecken erstellt. Weitere aktuelle Informationen über mögliche Skiaktivitäten in Grönland erteilen die örtlichen Touristeninformationen.

Walbeobachtung

Walbeobachtungsfahrten zählen zu den beliebtesten Freizeitaktivitäten in den grönländischen Küstenorten. Hinweise auf Tourenanbieter finden Sie im Reiseteil (s. auch S. 52).

Wandern

Grönland ist ein Paradies für Wanderer, vorausgesetzt man erwartet keine Markierungen oder eindeutigen Wege und verfügt über die entsprechende Fitness, genügend Orientierungssinn sowie Wandererfahrung. Dass man mit Karte und Kompass umgehen kann, sollte genauso selbstverständlich sein wie eine hervorragende Ausrüstung. Wandern in Grönland heißt Einsamkeit und unberührte Natur, aber einfach aus dem Flugzeug steigen und loslaufen ist nicht angeraten. Es empfiehlt sich, Karten, Routenbeschreibungen und andere Informationen gründlich zu studieren, bevor man sich entscheidet, in welchem Gebiet man wandern möchte. Einige Touren dauern bis zu 14 Tagen, und es kann sein, dass man keinen Menschen antrifft. Dazu kommt ein relativ unberechenbares Wetter, selbst im Sommer kann es schneien. Nebel, Regen und Sturm sind

meistens zu erwarten, d. h. man kann durchaus einmal mehrere Tage ans Zelt ›gefesselt‹ sein, was bei der Planung zu berücksichtigen ist.

Nehmen Sie ein ANNA-Notpaket (s. S. 34) mit und melden Sie sich ab, wenn Sie eine längere Wanderung starten. Umsicht gilt auch im Umgang mit der Natur. Verlassen Sie die Plätze so, wie Sie sie vorgefunden haben. Steine sind keine Souvenirs! Vermeiden Sie offenes Feuer, und stören Sie die Tiere nicht. Denken Sie daran, Gatter und Tore wieder hinter sich zu verschließen, wenn Sie durch eingezäuntes Terrain wandern. Geführte Wanderungen werden von den jeweiligen Touristeninformationen und den Outfittern vor Ort angeboten.

Wanderkarten

Greenland Tourism bietet Wanderkarten im Maßstab 1 : 100 000 für die Wandergebiete in Süd- und Ostgrönland wie Ammassalik, Nuuk, Ilulissat, Kangerlussuaq bis Sisimiut und die Disko-Bucht. Hier findet man Erklärungen zu

Outfitter

Um die Bezeichnung ›Outfitter‹ zu erhalten, müssen die Anwärter verschiedene Fähigkeiten nachweisen, unterteilt in zehn Sparten: Jagd- und Angelexkursionen, Kajaktouren, Beherbergung, Bootsfahrten, Expeditionen, Ski- und Hundeschlittentouren, Snowmobilfahrten und Wanderungen. Die Vergabe der Berechtigung gilt jeweils nur für ein Jahr und kann nach Ablauf durch eine erneute Prüfung wieder für ein Jahr verlängert werden. Da eine der Voraussetzung ist, dass man Grönländer ist bzw. schon lange in Grönland lebt, erhält man über den Outfitter unmittelbaren Kontakt zum wirklichen grönländischen Leben.

den Wanderrouten, zur Flora, Fauna und Geschichte sowie Detailkarten zu den wichtigsten Orten. Die Hauptsprachen sind Dänisch und Englisch. Einige Karten gibt es auch im Maßstab 1:75000. Die Karten erhält man in den Touristeninformationen in Grönland oder vorab im Internet bei: Nordisk Korthandel (www.scanmaps.dk).

SAGA-Maps im Maßstab 1:250000 mit historischen Ausführungen sind für folgende Gebiete interessant: Nuuk, Ammassalik, die Disko-Bucht und Sisimiut/Kangerlussuaq. Ihr unübersehbarer Nachteil ist, dass Karten aus den 1970er- und 1980er-Jahren als Vorlagen verwendet wurden, ohne die Schreibweise der Orte an die neue Rechtschreibung anzupassen. Die Karten kann man im Internet unter www.greenland-guide.gl/sagamaps anschauen und bei Atuagkat Boghandel in Nuuk oder über den Nordisk Korthandel (s. links) kaufen.

Feste und Unterhaltung

Feste und Traditionen

Wiederkehr der Sonne

Nach Monaten mit winterlicher Dunkelheit und klarem Sternenhimmel in Nordgrönland ist es ein besonderes Ereignis, wenn die Sonne wieder am Horizont erscheint. Das wird mit Familienausflügen, Gesang und Kaffeekränzchen in den meisten Ortschaften nördlich des Polarkreises gefeiert. Je nördlicher, desto später, in Qaanaaq ist es erst im Februar.

Nationalfeiertag

Der Nationalfeiertag ›Ullortuneq‹ wird seit 1983 als Volksfest am 21. Juni, dem längsten Tag des Jahres, begangen. In allen großen und kleinen Orten wird er auf ganz ähnliche Weise mit Gesang und Unterhaltungsdarbietungen gefeiert. Kajakvorführungen, Ausstellungen und Tanzabende gehören dazu. Viele tragen ihre Nationaltracht. In Nuuk findet ein Umzug statt, an dem alle Mitglieder des Parlaments in Nationaltracht mitmarschieren, und am Kolonialhafen werden festliche Ansprachen gehalten. Der Nationalfeiertag ist natürlich der wichtigste Flaggentag – und es finden Kaffemiks statt.

Weihnachten

Das ist in Grönland ein besonders festliches Ereignis. Zur Weihnachtszeit gehören viele Kerzen und die für Grönland typischen orangefarbenen Weihnachtssterne, die in allen Fenstern der Privathäuser und öffentlichen Gebäude zu sehen sind. Die Weihnachtsbaumkerzen werden bereits am 1. Adventssonntag entzündet, und man macht es sich mit Glühwein, Süßigkeiten und Bastelarbeiten gemütlich. Der Tradition folgend werden Weihnachtssterne und sonstige Weihnachtsdekorationen erst am 6. Januar (Dreikönigstag) entfernt. Heiligabend ziehen die Kinder von Haustür zu Haustür und singen Lieder, um großzügig mit Süßigkeiten beschenkt zu werden.

Anbei: Der Weihnachtsmann lebt bekanntlich am Nordpol, genauer in Grönland. Alljährlich erreichen ihn Tausende von Briefen, die alle in der kleinen Post in Nuuk bearbeitet werden.

Sylvester

Das neue Jahr wird wie in Europa gefeiert, und zwar mit Festessen, Feuerwerk, Gesängen und Sekt. Es gibt jedoch eine Besonderheit. Am 31. Dezember wird der Jahreswechsel zweimal gefeiert, nämlich um 20 Uhr (Mitternacht in Dänemark) und wegen des Zeitunterschieds nochmals um 0 Uhr grönländischer Zeit. Beide Male erstrahlt der nächtliche Himmel im Licht zahlloser Feuerwerksraketen.

Kaffemik

Mag auch die Zahl der Feste nicht so groß sein, einen Anlass, sich zu treffen und zu feiern, finden die Grönländer auf jeden Fall, und das heißt dann: Kaffemik. Wichtig ist dabei, zusammenzusitzen, zu erzählen und vor allem viel zu lachen. Eine gute, lustige Geschichte erwärmt jeden, besser als ein heißer Kaffee, der natürlich auch dazugehört. Gelegenheiten, bei denen in jedem Fall ein Kaffemik veranstaltet wird, sind neben Geburtstagen oder Hochzeiten auch der erste Schultag, die erste Menstruation oder die erste erlegte Robbe und natürlich, wenn man Freunde wiedersieht. Wer eingeladen wird, kommt und übergibt der geehrten Person ein kleines Geschenk. Kaffee und Tee sowie Gebäck stehen bereit und werden allen Gästen gereicht. Es gehört sich nicht, häufiger als zweimal Kuchen oder Kaffee zu nehmen. Wichtig ist, dass man sich bei der Verabschiedung, oder auch wenn man sich zum Rauchen zurückzieht, mit einem herzlichen *qujanaq* bedankt. In vielen größeren Orten kann man die Teilnahme an einem Kaffemik bei den Fremdenverkehrsbüros buchen.

Events

Es gibt einige sportliche Events wie Hundeschlittenrennen oder Kajakwettkämpfe, die jeweils fast alle Bewohner eines Ortes auf die Beine bringen. International von Bedeutung ist das Golfturnier in Uummannaq, wo man auf dem zugefrorenen Fjord spielt (s. S. 228). Bisher sind die kulturellen Ereignisse noch in der Entwicklung, aber jeder größere Ort hat einen Chor. Entsprechende Aufführungen finden im Sommer für Touristen statt. Es ist nicht nur ein akustisches Erlebnis, dem grönländischen Gesang zu lauschen, sondern auch ein optisches, da die Darbietenden dann die farbenfrohe Nationaltracht anlegen. Ein besonderer Höhepunkt ist der Trommeltanz, der je nach Region auch variiert. Besonders in Qaanaaq und an der Ostküste wird diese Tradition sehr gepflegt.

Feste im Jahresablauf

Mitte Januar bis Ende Februar
Wiederkehr der Sonne: 13. Januar in Ilulissat. Ganze Familien und Schulklassen begeben sich mit Hundeschlitten zur Anhöhe Holms Bakke (Seqinniarfik), um die Sonne mit Gesängen zu begrüßen (s. auch S. 32).

Juni
Nationalfeiertag: 21. Juni. In allen Ortschaften und Siedlungen feiern die Grönländer mit Gesang, Veranstaltungen und Umzügen ihr Land. Viele Grönländer tragen ihre Nationaltracht. (s. auch S. 32).

Dezember
Weihnachtszeit/Sylvester: Mit Kerzen, Sternen und Gesang der Kinder werden die Weihnachtstage begangen. An Sylvester gibt es in Grönland gleich zwei Jahreswechsel (s. auch S. 32).

Reiseinfos von A bis Z

Ärztliche Versorgung

Grönland bietet dem Reisenden in bewohnten Gegenden einen guten medizinischen Service (Auslandskrankenschein mitnehmen). In kleineren Siedlungen sind auf alle Fälle ausgebildete Sanitäter oder Krankenschwestern vor Ort. Akutbehandlungen, einschließlich Zahnbehandlungen, sind wie die notwendigen Medikamente kostenfrei. In besonders kritischen Fällen wird auch ein Flugtransport zum Hauptkrankenhaus in Nuuk oder sogar nach Kopenhagen bezahlt. Reisende, die regelmäßig Medikamente einnehmen müssen, sollten entsprechende Vorräte mitnehmen. Ansonsten kann man in den meisten Läden allgemein übliche Medikamente kaufen.

Aids

Auch in Grönland hat man HIV-positiv Erkrankte diagnostiziert, entsprechend laufen im Land Safer-Sex-Kampagnen. Angemessenes Verhalten empfiehlt sich auch hier. Kondome erhält man in den Läden.

ANNA-Notpaket

Das von Greenlandair und Selbstverwaltung zusammengestellte ANNA-Notpaket enthält in einer A5-Hülle (560 g, Volumen ca. 3/4 l) Trillerpfeife, Kompass, Signalraketen (Abschussrohr und Patronen), Signalspiegel, Windsack, Signalflagge sowie eine Anleitung. Das ANNA-Notpaket gibt es in vielen Geschäften zum Preis von rund 460 DKK – Wanderer sollten es unbedingt anschaffen.

Diplomatische Vertretung

Honorarkonsul für Deutschland
Elke Meissner
Greenland Tours
Kussangajaannguaq 18
DK–3952 Ilulissat
Tel. 94 44 11, Fax 94 64 24
www.greenlandtours.gl

Feiertage

1. Januar: Neujahr
6. Januar: heilige Dreikönige (Epiphanias)
Gründonnerstag
Karfreitag
Ostermontag
30. April: Bettag
1. Mai: Tag der Arbeit;
Pfingsten
21. Juni: Nationalfeiertag
24.–26. Dez.: Weihnachten
31. Dez.: Sylvester

Geld

Die dänische Krone (DKK) ist die offizielle Währung in Grönland. 1 € = 7,44 DKK, 1 DKK = 0,13 €, 1 CHF = 5,08 DKK, 1 DKK = 0,19 CHF (März 2010).

Bargeld darf unbeschränkt ein- und ausgeführt werden. Euroschecks und Reiseschecks lösen die grönländischen Banken ein, Postschecks die Postämter. Kreditkarten (Visa, Diners und Eurocard) werden fast nur in den größeren Städten akzeptiert sowie in den meisten Hotels, Unterkünften und Touristeninformationen. Geldautomaten, an denen man mit EC- und Kreditkarten Geld ziehen kann, stehen in den Städten bei den Banken oder Postämtern zur Verfügung. In kleineren Siedlungen übernimmt die Kommunalverwaltung, manchmal nur ein kleines Büro, die Bank- und Postaufgaben. Wer sich vor allem in kleinen Siedlungen aufhalten will, sollte sich vorher dennoch mit ausreichend Bargeld versehen.

Internet

In den meisten größeren Hotels gibt es Hotspots, einige haben auch Internet auf dem Zimmer. In größeren Städten wie Nuuk, Qaqortoq, Sisimiut und Ilulissat gibt es Internetcafés und in einigen Touristeninformationen besteht die Möglichkeit, E-Mails zu lesen.

Kinder

Kinder werden Grönland lieben, denn es gibt viel zu entdecken, zudem sind die Grönländer sehr kinderlieb. Es gibt entsprechende Vergünstigungen für Kinder, Kinderbetten werden auf Anfrage in die Zimmer gestellt. Im Sommer findet das Leben viel draußen statt. Spielplätze gehören entweder zu Kindergärten oder auch zu einigen Wohnsiedlungen.

Medien

Radio: KNR, Kalaallit Nunaat Radio, die nationale Rundfunk- und Fernsehstation, sendet viermal täglich im Radio Nachrichten auf Dänisch und Grönländisch und im Fernsehen jeden Abend auf Grönländisch. Ansonsten wird das Fernsehprogramm weitestgehend aus Dänemark übernommen. In einigen Städten gibt es noch lokale Radio- und Fernsehstationen.

Zeitungen: Es gibt zwei zweisprachige Zeitungen auf Grönländisch und Dänisch, die im gesamten Land erscheinen. Atuagagdliutit/Grønlandsposten, 1861 gegründet, mit einer Auflage von 5000 Exemplaren, kommt dienstags und donnerstags, Sermitsiaq, 1958 gegründet, auch 5000 Exemplare, freitags heraus. Außerdem gibt es noch zahlreiche regionale und dänische Zeitungen. In größeren Orten findet man in den Geschäften auch amerikanische Magazine.

Mücken

Überall in Grönland sind sie eine Plage, lediglich in Gebieten mit Schafen sind sie weniger zahlreich. Da nicht unbedingt jeder Mückenmittel schätzt und sie auch teilweise wirkungslos sind, sollten diejenigen, die mit Mückenstichen Probleme haben, ein vernünftiges Moskitonetz kaufen. Gute bekommt man bei Outdoor-Ausrüstern.

Notruf

Die jeweiligen Telefonnummern in den Städten für die Polizei, das Krankenhaus und die Feuerwehr stehen im Telefonbuch auf einer der ersten Seiten.

Öffnungszeiten

Geschäfte haben in der Regel von 9.30 oder 10 Uhr bis 17.30 Uhr geöffnet (einige kleinere Läden und Privatgeschäfte auch täglich bis 22 oder 23 Uhr), freitags bis 19 Uhr und samstags bis 13 Uhr. Sonntags bleiben sie geschlossen.

Allgemeine Geschäfte, die von Lebensmitteln bis zu Waffen fast alles im Sortiment führen, heißen in den größeren Orten *pisiffik* und ähneln häufig Warenhäusern. In den kleinen Siedlun-

Spartipps

Einige Unterkünfte haben Nebensaisonpreise, die findet man auf den entsprechenden Internetseiten. Ansonsten ist es in Nuuk preiswerter, Lebensmittel einzukaufen, als in den kleinen Siedlungen. Der dänische Discounter Brugsen ist bei etlichen Produkten auch günstiger. Generell kann man sagen, dass es Sparfüchse in Grönland schwerer haben, denn noch gelten recht einheitliche Preise landesweit. Günstig sind nur Wanderurlaube mit Rucksack und Zelt, doch wer mehr vom Land kennenlernen möchte, muss die Transportkosten bezahlen.

gen heißen sie *pilersuisoq* und sind oft nicht größer als ein Tante-Emma-Laden.

Reisekasse und Preise

Grundsätzlich sind die Preise für Waren rund 10 % höher als in Skandinavien, aber niedriger als in Island. Die Reisekasse für Grönland sollte von daher nicht zu knapp bemessen werden. Doch es sind weniger die alltäglichen Kosten als vielmehr die für spontane Touren mit Helikoptern (ca. 1200–2000 DKK) und Hundeschlitten (ca. 900–2000 DKK) oder organisierte Bootsfahrten, die ein höheres Budget erfordern.

Reisende mit Handicap

Für Menschen mit Handicap empfiehlt es sich, eine Kreuzfahrt nach Grönland zu buchen, denn die Crewmitglieder können bei Ein- und Ausstiegen oder Landestouren helfen. Das Terrain ist oft hügelig und in den Siedlungen sind die Wege maximal geschottert.

Schlittenhunde

So niedlich die Hunde aussehen, streicheln Sie sie nicht, es sind keine Schmusetiere. Falls Welpen auf Sie zustürmen, versichern Sie sich, dass die Mutter angekettet ist, es könnte sein, dass sie sonst angreift.

Sonnenschutz

Verwenden Sie einen Sonnenschutz mit hohem Lichtschutzfaktor, denn Sie sind nicht nur der Sonne ausgesetzt, sondern auch der Reflexion von Eis und Meer.

Souvenirs

Einige Länder haben für Produkte, die aus Grönland stammen, wie z.B. Schmuck oder Gegenstände aus Walzähnen oder Eisbärkrallen, Einfuhrverbote verhängt. Daher braucht man eine Bescheinigung (CITES), die bestätigt, dass das betreffende Produkt nicht von einer bedrohten Tierart stammt. Weitere Informationen sowie die entsprechende Bescheinigung erhält man in grönländischen Läden und den Touristeninformationen.

Telefonieren

Vorwahl Deutschland: 0049
Vorwahl Österreich: 0043
Vorwahl Schweiz: 0041
Vorwahl Grönland: 00299
Nationale und internationale Telefonate kann man von jedem Postamt oder jeder Telegrafenstation, in den Siedlungen von der örtlichen Verwaltung aus führen.

Das Mobilnetz in Grönland weist den Standard GSM 900/1800 auf, und abgesehen von bestimmten kleinen Ortschaften sind alle bewohnten Gebiete in Grönland abgedeckt. Bei Tele Greenland können Sie sich informieren, mit welchen Ländern und Gesellschaften Roamingvereinbarungen bestehen. Infos: www.tele.gl.

Trinkgeld

Generell ist das Trinkgeld im Preis enthalten, auch bei den Rechnungen der Outfitter, doch wenn die Bedienung oder die Betreuung besonders gut war, wird ein zusätzliches Trinkgeld gegeben.

Umgangsformen

Grönländer begegnen Ihnen ausgesprochen freundlich und meist zurückhaltend. Wenn Sie mehrere Tage an einem kleineren Ort sind, wird Sie jeder grüßen. Wenn Sie in ein grönländisches Haus oder in eine Wohnung eingeladen werden, ziehen Sie die Schuhe an der Eingangstür aus. Nehmen Sie sich dicke Socken oder Hausschuhe mit.

Da die grönländische Sprache recht schwierig ist, erwartet niemand von Ihnen, dass Sie sie sprechen, aber das kleine Wort *qujanaq*, danke, kann schon helfen. Viele Grönländer sprechen Englisch und unterhalten sich gern mit Fremden, doch denken Sie bitte daran, Sie wissen so gut wie nichts über das Land, europäische Vorschläge zur Verbesserung der Lage sind überflüssig. Die Grönländer kennen die Probleme ihrer Gesellschaft.

Da die grönländische Kinder sehr niedlich sind, sind sie auch beliebte Fotoobjekte. Machen Sie bitte deutlich, dass Sie sie fotografieren wollen. Die Eltern werden Ihnen dann ihr Einverständnis schon geben.

Stiefel aus Robbenleder, Kamiks, sind Teil der Nationaltracht

Panorama – Daten, Essays, Hintergründe

Sommerlicher Kontrast: blühende Margeriten und treibende Eisberge in Uummanaq

Lage und Fläche: Grönland ist mit einer Fläche von 2 175 600 km² die größte Insel der Erde. Die Nord-Süd-Entfernung beträgt 2670 km. Der nördlichste Punkt, Kap Morris Jesup (83° 37' N), liegt nur 740 km vom Nordpol entfernt und der südlichste, Kap Farvel (59° 46' N), auf dem Breitengrad von Oslo. Die Ost-West-Ausdehnung an der breitesten Stelle beträgt 1050 km und die kürzeste Entfernung zu Kanada 26 km.

Hauptstadt: Nuuk

Landessprachen: Kalaallisut (Grönländisch), Dänisch

Einwohner: rund 56 200

Währung: Dänische Krone (DKK)

Zeitzonen: fünf Zeitzonen, die wichtigsten sind UTC-3 Westen und Tassilaq, UTC-4 Qaanaaq, UTC-1 Ittoqqortoormiit.

Geografie und Natur

Rund 81 % Grönlands sind mit Eis bedeckt und die Eismenge macht 8 % des Süßwasserreservoirs der Erde aus. Das Inlandeis erreicht eine Dicke von über 3000 m. Die Küstengebirge weisen Höhen bis knapp unter 3700 m auf. Der mit 3693 m höchste Berg, Gunnbjørns Fjeld, liegt an der Ostküste zwischen Tasiilaq und Ittoqqortoormiit. In Grönland findet man sowohl arktisches Ödland wie in Peary Land als auch im Süden kleine Wälder mit Bäumen bis zu 10 m Höhe. Der Süden ist klimatisch milder und wird schon seit gut 100 Jahren landwirtschaftlich, besonders für Schafzucht genutzt. Der Vegetationsreichtum ist hier sehr groß. Im Westen und Osten findet man die Vegetation der niederarktischen Tundren und weiter im Norden gelangt man in die hocharktischen Gebiete mit überwiegend Moosen und Flechten.

Geschichte und Kultur

Die ersten Jäger kamen vor rund 4500 Jahren von Kanada ins Land und gehören zur Independence-I-Kultur. Bis 900 kamen noch drei weitere Inuit-Kulturen, die z. T. schon die Werkzeuge der dann einwandernden Thule-Inuit besaßen. Diese sind die Vorfahren der heutigen Inuit. Ungefähr zeitgleich ließen sich Siedler aus Island im Süden und im Gebiet Nuuks nieder. Sie verschwanden im 15. Jh. aufgrund der damaligen Klimaverschlechterung. 1721 kam der Däne Hans Egede ins Land, um die Grönländer zum Protestantismus zu bekehren. Die ersten dänischen Handelsstationen wurden gegründet und 50 Jahre später übernahm die Königlich Grönländische Handelsgesellschaft das Handelsmonopol. Die Situation der Inuit verschlechterte sich, u. a. wegen eingeschleppter Seuchen. Grönland wurde dänische Kolonie und erhielt 1933 die Oberhoheit über das gesamte Land. Ab 1940 übernahmen die USA die Versorgung des Landes und errichteten im Gegenzug mehrere Air Bases. 1953 erhielt Grönland den Status einer dänischen Provinz. Dänemark betrieb in den 1960er-Jahren eine rigide Siedlungs- und Zentralisierungspolitik, um die Fischindustrie auszubauen. Der politische Kampf für die Eigenständigkeit begann und mündete in die Selbstverwaltung, die 1979 in Kraft trat. 2009 wurde diese dann in die Selbstregierung überführt. Grönland erhielt damit u. a. das Recht, seine Bodenschätze für sich zu nutzen.

Staat und Politik

Grönland hat wie die Faröer-Inseln den Status eines eigenen Staates, einer demokratischen Republik, im Königreich Dänemark. Somit ist Königin Margrethe II. das Staatsoberhaupt. Das Parlament besteht aus 31 Mitgliedern und wird alle vier Jahre gewählt. Die derzeitige Regierung, acht Minister mit Premierminister Kuupik Kleist, besteht aus einer Koalition der Parteien Inuit Ataqatigiit (IA), Demokraatit und Kattusseqatigiit Partiiat. IA löste bei der Wahl am 2. Juni 2009 die Partei Siumut nach 30 Jahren an der Regierung ab.

Grönland ist seit dem 1. Januar 2009 in vier Kommunen unterteilt: Sermsersooq (Westen–Osten), Kujalleq (Süden), Qeqqata (Mittelgrönland) und Qaasuitsup (Norden). Gemeindefreie Gebiete sind der Nationalpark und die Thule Air Base.

Wirtschaft und Tourismus

Grönlands Wirtschaft fußt vor allem auf der Fischerei, im Besonderen dem Fang von Krabben und Heilbutt. Dänemark ist mit Abstand der wichtigste Handelspartner. Die eigene Wirtschaftskraft reicht allerdings nicht aus, um die Staatsausgaben zu decken, deshalb erhält Grönland jährlich eine Hilfszahlung, den sogenannten Block Grant (2009 3439 Mio. DKK), von Dänemark. Für die Zukunft setzt man Hoffnung auf die Ölförderung sowie den Abbau von Bodenschätzen. Außerdem soll der Tourismus ausgebaut werden, der schon jetzt aufgrund der Kreuzfahrtschiffe stetig wächst.

Bevölkerung, Sprache und Religion

89 % der Bevölkerung sind Inuit, d. h. Nachfahren der Urbevölkerung, 11 % Dänen und andere. Die Bevölkerungsdichte beträgt 0,14 Einw. pro km^2, nur die eisfreie Fläche gerechnet. Die Lebenserwartung liegt bei 71 Jahren für Frauen und 66 Jahren für Männer. Offizielle Landessprache ist Grönländisch, doch im öffentlichen Leben wird auch Dänisch verwendet, vor allem Jüngere sprechen Englisch. 1979 wurden alle dänischen Ortsnamen gestrichen, lediglich in älteren Karten findet man noch diese Namen. Die Grönländer gehören zu 99 % der evangelisch-lutheranischen Staatskirche an.

Grönland

41

Besiedlung durch die Inuit-Kulturen

2500 v. Chr. Die ersten Inuit der Independence-I-Kultur, die sogenannten Paläo-Eskimos, kommen von Kanada nach Nordgrönland auf den Spuren der Rentiere und Moschusochsen. Sie bleiben rund 500 Jahre in Grönland.

2400 v. Chr. Die zweite Gruppe der Paläo-Eskimos, die Saqqaq-Kultur, erreicht Grönland und zieht die Westküste entlang bis in den Süden. Einige wandern von dort weiter bis nach Ostgrönland. Sie jagen hauptsächlich Robben und Rentiere und verfügen schon über Kajaks, Hunde, Harpunen und Tranlampen. Sie leben rund 1000 Jahre in Grönland.

1200 v. Chr. Die Inuit der Independence-II-Kultur folgen den Spuren der Einwanderer von Independence I und siedeln vor allem im Norden.

600 v. Chr. Die Dorset-Kultur ist die jüngste und letzte der paläo-eskimoischen Einwanderungen. Sie leben von der Rentier- und Robbenjagd und verwenden das Frauenmesser, das Ulo, sowie Schneemesser aus Walrosszahn; sie sind die Ersten, die Schneehäuser, Iglus, bauen. Vermutlich bleiben die Einwanderer der Dorset-Kultur bis 800 n. Chr., andere Theorien gehen davon aus, dass es noch zu Kontakten mit den Nordmännern gekommen sei.

900 Die Inuit der Thule-Kultur, die Vorfahren der heutigen Inuit Grönlands, wandern ein, ihre Kultur zählt zur neoeskimoischen. Sie sind sesshaft und können mit ihren Booten, Kajaks und Umiaks Wale fangen. Sie gründen die ersten Siedlungsplätze mit festen Häusern. Hunde und Schlitten gehören zu ihrem Leben. Während der folgenden Jahrhunderte verteilen sich die Inuit fast entlang der gesamten Küste. Im Süden, wo sie andere Lebensbedingungen vorfinden, weniger Eis, offenes Meer und eine Vielzahl an Robben, bildet sich eine neue Kultur heraus, die Inussuk. Funde belegen, dass zwischen den Inuit und den Nordmännern gehandelt wurde.

Siedlungszeit der Nordmänner und erste Europäer

982 Der Isländer Eiríkur Thorvaldson, genannt Erik der Rote, erkundet die Westküste und gibt dem Land den Namen ›Grönland‹, grünes Land.

985 Erik segelt zusammen mit 25 Schiffen nach Grönland, 14 kommen im Süden an. Zunächst siedeln die Nordmänner in Südgrönland und nennen den Teil Eystribygd (Ostsiedlung). Die Westsiedlung (Vestribygd) liegt in der Gegend von Nuuk.

1000 Eriks Sohn Leif bringt das Christentum aus Norwegen mit. Er erkundet die nordamerikanische Ostküste, wo er auch überwintert.

1124 Der Norweger Arnald wird Bischof von Grönland, das er 1126 erstmals bereist. In Gardar, dem heutigen Igaliku, wird ein Bischofssitz mit Domkirche errichtet.

1261 Der grönländische Freistaat der Nordmänner unterwirft sich dem norwegischen König und zahlt Steuern gegen Aufrechterhaltung der Seeverbindung. In den folgenden Jahrhunderten verschlechtern sich die klimatischen Bedingungen, und Norwegen verliert das ökonomische Interesse an Grönland.

1397 Dänemark, Schweden und Norwegen werden vereinigt, und Norwegens Nordatlantik-Besitzungen fallen an Dänemark.

1500 Der Seefahrer Jón Grönländer findet einen toten Nordmann in Südgrönland. Zeichen von Lebenden sind nicht mehr vorhanden.

1585 John Davis segelt entlang der grönländischen Küste, er will einen Inuit als Schaustück mit nach Europa nehmen, doch dieser stirbt vorher.

17. Jh. Holländische Walfänger betreiben vor der Küste Grönlands kommerziellen Walfang und handeln mit den Inuit. Ihre Waren sind vor allem Branntwein und bunte Glasperlen. Innerhalb von 70 Jahren werden die Inuit von Waren abhängig, die sie zuvor nicht kannten. Mit Beginn des 18. Jh. wird die Konkurrenz der Walfänger untereinander immer heftiger. Sie stehlen das Walfett und die Felle der Inuit, die sich gegenüber den Fremden jetzt mehr abgrenzen.

Die Ruinen in Igaliku stammen von den isländischen Siedlern

43

Unter dänischer Herrschaft

1721 Der dänisch-norwegische Pfarrer Hans Egede will in Grönland die Nordmänner zum Protestantismus bekehren. Da man sich einen wirtschaftlichen Zuwachs durch Grönland verspricht, unterstützt der König das Unternehmen, die Handelsgesellschaft Bergenkompanie wird gegründet. Sowohl Egedes Missionierungsversuche als auch die Etablierung des Handels lassen sich nicht gut an, obwohl entlang der Westküste die ersten Handelsstationen gegründet werden. Die Europäer bringen Seuchen ins Land, die die Bevölkerung sehr dezimieren.

1733 Die deutsche Herrnhuter-Brüdergemeinschaft kommt nach Grönland und beginnt eine erfolgreiche Missionsarbeit. Sie leben im Land, lernen die Sprache und gestalten ihre Gottesdienste mit Musik.

1734–1749 Der dänische Kaufmann Jacob Severin hat die Organisation des Grönlandhandels übernommen und gründet weitere Handelsstationen.

1774 Die Königlich Grönländische Handelsgesellschaft (Den Kongelige Grønlandske Handel, KGH) wird gegründet. Sie hat nun das Monopol und verbietet den direkten Handel zwischen den Inuit und anderen Handelsschiffen oder Walfängern. In die Handelsstationen werden Verwalter und Beamte aus Dänemark entsandt.

1814 Dänemark und Norwegen werden nach dem Frieden von Kiel wieder geteilt. Norwegen kommt unter die schwedische Krone, und Dänemark erhält die arktischen Inseln: Island, Grönland und die Färöer.

1851 Die erste grönländische Grammatik von Samuel Kleinschmidt erscheint in Berlin. Kleinschmidt setzt sich ebenso wie der Inspektor von Südgrönland, Heinrich Rink, für die Einbeziehung der Grönländer in die Verwaltung ein. Die Inuit jagen fast nur noch für den Handel mit den Dänen. Dabei werden sie ausgebeutet und übervorteilt, was eine stetig wachsende Verarmung der Bevölkerung mit sich bringt.

1862 Einführung der Vorsteherschaft in den Südkolonien, in der auch ein Grönländer vertreten ist. Ein Jahr später wird die Einrichtung auch im Norden etabliert.

1933 Nachdem Norwegen 1931 Regionen in Ostgrönland okkupiert hatte, spricht der Internationale Gerichtshof in Den Haag Dänemark die Oberhoheit über ganz Grönland zu.

1940 Am 9. April besetzen die Nationalsozialisten Dänemark, und die Verbindung nach Grönland wird unterbrochen. Die USA übernehmen die

Versorgung und den Schutz der Insel für die Dauer des Krieges. Ab 1941 werden Luftwaffenstützpunkte in West- und Ostgrönland zur Sicherung der Konvois über den Atlantik errichtet.

1951 Der Vertrag zur Verteidigung Grönlands zwischen den USA und Dänemark wird geschlossen, die USA erhalten die Genehmigung zur Errichtung der großen Thule Air Base.

1953 Die Kolonie Grönland erhält den Status einer Provinz mit zwei Vertretern im dänischen Parlament. Das Land wird für Privatinvestoren geöffnet, und es beginnt ein umfassender Ausbau der Infrastruktur.

1964 Der sogenannte G-60-Plan sieht eine Konzentrierung der Bevölkerung auf die Städte vor. Die Folgen der Umsiedlung sind soziale Probleme wie Alkoholismus, Gewalt, Selbstmord und Identitätsverlust.

1972 Grönland wird gegen seinen Willen zusammen mit Dänemark EG-Mitglied.

Selbstverwaltung und Selbstregierung

1975 Unter dem Druck aus Grönland und mit Unterstützung der dänischen Linken wird im Oktober eine Kommission für die Selbstverwaltung Grönlands eingesetzt.

1979 Am 1. Mai tritt der Vertrag über die Selbstverwaltung in Kraft: »Grönland ist ein eigener Staat innerhalb des Königreichs von Dänemark.«

1985 Grönland tritt aus der EU aus. Die Königlich Grönländische Handelsgesellschaft (KGH) wird der Selbstverwaltung unterstellt und heißt jetzt Kalaallit Niuerfiat (KNI).

1992 Die Amerikaner verlassen bis auf Thule alle Stützpunkte.

1998 Die grönländische Selbstverwaltung hat seit dem 1. Juli die Verwaltung der Bodenschätze inne. Einkünfte bis zu 500 Mio. DKK aus deren Ausbeutung werden zwischen der dänischen und der grönländischen Regierung aufgeteilt.

2004 Grönland und Dänemark vergeben zum Jahreswechsel 2004/2005 Lizenzen für die Ölförderung vor der Westküste.

2009 Am 21. Juni tritt der Vertrag der Selbstregierung (Selvstyre) in Kraft.

2010 Konferenz des ICC (Inuit Circumpolar Council) in Nuuk.

Das ewige Eis taut – Klimawandel in der Arktis

Eisberge aus dem Fjord Kangia treiben vor der Küste von Ilulissat

Spätestens seit 2007 steht Grönland als Synonym für die globale Erwärmung. Der im Frühjahr 2007 veröffentlichte 4. Weltklimabericht des Intergovernmental Panel on Climate Change (IPCC) verdeutlichte die dramatischen Veränderungen vor allem in der Arktis: Rückgang des Meereises, rasantes Abschmelzen der Gletscher, Auftauen der Permafrostböden und Anstieg der Wassertemperatur in den nördlichen Meeren lautet die erschreckende Bilanz.

Das schnelle Abschmelzen der Gletscher ist in Grönland überdeutlich zu erkennen. In immer kürzeren Abständen brechen immer mehr Eisstücke an den Gletscherkanten ab und schwimmen als Eisberge ins Meer – gut zu beobachten z.B. im Fjord Kangia bei Ilu-lissat (s. S. 206). Durch die höheren Temperaturen dringt mehr Schmelzwasser unter die Eisströme und beschleunigt wie ein Gleitmittel ihre Bewegung. Mancherorts hat sich in den letzten Jahren die Fließgeschwindigkeit des Eises fast verdoppelt. Eine Art Katastrophentourismus zum Kangia hat eingesetzt – Klimawandel in Aktion.

Schmelzender Eispanzer – das Inlandeis

Das grönländische Inlandeis bringt die enormen Gletscher hervor, die durch die Schwerkraft auf die Küsten zuwandern. Es überzieht das ganze Landesinnere und ist mit einer Fläche von 1,8 Mio. km² fast fünfmal so groß wie Deutschland. Aber nicht nur wegen seiner gigantischen Ausdehnung fasziniert der arktische Eisschild, sondern auch wegen seiner enormen Dicke. An der dicksten Stelle misst er bis zu 3600 m. Erdgeschichtlich gesehen ist das Inlandeis ein sehr junges Gebilde. Die massive Vergletscherung begann während der quartären Eiszeit, dem Pleistozän, vor rund 2–3 Mio. Jahren. Im Verlauf der Eiszeit wurde die gesamte Insel – selbst die über 3000 m hohen Gebirge an den Küsten – von einem dicken Eispanzer bedeckt. Das Gewicht der Eismassen bewirkte, dass die Mitte der Insel um 800 m absackte.

Hunderte Forscher untersuchen derzeit das Inlandeis, dessen Oberfläche immer größere Schmelzwassergräben aufweist. Jedes Jahr verliert der Eisschild bis zu 260 km^3 Eis. Die Schmelzrate ist doppelt so hoch wie noch vor wenigen Jahren. Ursache für das immer schnellere Abschmelzen ist der rasante Anstieg der Durchschnittstemperatur in Grönland um 3–4 °C in den letzten fünf Jahrzehnten. Zum Vergleich: Der weltweite durchschnittliche Temperaturanstieg beträgt nur knapp 1°C in den letzten 100 Jahren. Würde das gesamte Inlandeis schmelzen, würde der Meeresspiegel global um 6–7 m ansteigen. Noch bewegen sich die Messwerte im Millimeterbereich: Von dem derzeit messbaren Anstieg des Meeresspiegels um 3 mm pro Jahr gehen etwa 0,5 mm auf das Konto des grönländischen Eises.

Meereis auf dem Rückzug

Aber nicht nur die grönländische Eiskappe ist vom Tauwetter betroffen, auch das arktische Meereis wird von Jahr zu Jahr dünner, friert im Herbst später zu und taut früher. Die verkürzte Gefrierperiode bewirkt, dass die Meereisausdehnung rückläufig ist. Normalerweise wächst die arktische Eisfläche im Winter wieder auf die Größe des Vorjahres an, nachdem sie während des Sommers geschrumpft ist, in der Regel auf 12–14 Mio. km^2, ungefähr 34–40mal die Fläche der Bundesrepublik. Doch die Sommerausdehnung fällt immer kleiner aus, 2007 erreichte sie gerade mal 4,2 Mio. km^2. Erstmals konnte dadurch die Nord-West-Passage wieder befahren werden. Auf den Meeresspiegel wirkt sich der Zyklus von Schmelzen und Gefrieren nicht aus, genauso wie der Wasserstand in einem Wasserglas mit Eiswürfeln immer gleich bleibt.

Dem Übeltäter auf der Spur – Eiskernbohrung

Erkenntnisse über die Ursachen der Erderwärmung hoffen Klimaforscher im Eis selbst zu finden. Denn mit jeder Schneeschicht, die sich auf der Eiskappe ablagert, werden Luftblasen eingeschlossen, deren Inhalt chemisch analysiert werden kann. So enthalten tiefe Eisschichten wie die Jahresringe eines Baumes Informationen über das Klima der Vergangenheit. Anfang der 1990er-Jahre gelangen einem europäischen und einem amerikanischen Forscherteam zwei Inlandeisbohrungen

www.climategreenland.gl
Diese Internetseite wurde vor dem Klimagipfel in Kopenhagen 2009 von der grönländischen Regierung eingerichtet. Hier kann man sich auf Englisch über Umweltveränderungen, Projekte, Ziele sowie die Vor- und Nachteile des Klimawandels für Grönland informieren.

bis in über 3000 m Tiefe. 1999 begann man erneut mit Bohrungen auf der Höhe des 75. Breitengrades. An dem North Greenland Icecore Project (NGRIP) sind Deutschland, Japan, Schweden, die Schweiz, Frankreich, Belgien, Island und die USA beteiligt. Im Juli 2003 erreichte man felsigen Untergrund und die Bohrung war mit 3085 m die bisher tiefste. Die entnommenen Daten reichen bis etwa 125 000 Jahre zurück. Eines der interessantesten Ergebnisse dieser Forschungsprojekte ist die Erkenntnis, dass ein globaler Temperaturanstieg immer mit einem Anstieg der Kohlendioxid-(CO_2)-Konzentration in der Luft einhergeht.

Vor- und Nachteile für Grönland

Mit den Folgen des Klimawandels vor Ort beschäftigt sich das Greenland Climate Research Centre in Nuuk, ein eigenes Institut, das im November 2009 offiziell eröffnet wurde. Schwerpunktmäßig wird hier z. B. erforscht, wie sich die Abnahme des Salzgehalts im Polarmeer durch die Inlandeisschmelze auf die maritimen Ökosysteme auswirkt. Besonders dramatische Konsequenzen hat der Rückzug des Meereises für Eisbären und die Inuit. So sind die Eisbären genauso wie die Inuit-Jäger auf Meereis angewiesen, denn beide jagen vom Meereis aus. Schmilzt die Eisdecke früher im Jahr und bricht dadurch auf, können die Eisbären nicht mehr genügend Robben fangen (s. S. 52). Für die Jäger wird unter diesen Bedingungen jede Jagdexpedition zum bedrohlichen Risiko (s. S. 64).

Aber nicht nur Nachteile sehen die Grönländer im Klimawandel: Im Süden des Landes hat sich die Wachstumsperiode für Gemüse und Heu um rund einen Monat verlängert (s. S. 134) und die zurückweichenden Gletscher geben Gebiete mit Bodenschätzen frei, die nun leichter gefördert werden können (s. S. 49).

Reißende Schmelzwasserflüsse bilden sich im Frühjahr in Südgrönland

Grönlands Schätze unter dem Eis

Bei Nanortalik schürfen Minenarbeiter Gold

Grönland verfügt über große Vorkommen wichtiger Rohstoffe, darunter Erdöl, Gold und Diamanten. Weil das arktische Eis schmilzt, werden sie in naher Zukunft leichter zugänglich sein. Der Run internationaler Konzerne auf Grönlands Bodenschätze hat bereits begonnen. Die Grönländer sind fest entschlossen, diese Entwicklung für die Industrialisierung ihres Landes zu nutzen.

Seit dem 1. Januar 2010 ist Grönland Besitzer seiner Bodenschätze – das wurde im Self Governance Act vom Juni 2009 festgelegt. Grönlands Premierminister Kuupik Kleist hat in seiner Rede anlässlich des Neujahrsempfangs 2010 noch einmal betont, wie wichtig die Rohstoffreserven für das Land sind. Denn je höher die Einnah-

men aus ihrer Ausbeutung, desto eher wird Grönland wirtschaftlich vom Block Grant, der finanziellen Unterstützung durch den dänischen Staat, unabhängig und damit politisch selbstständig sein (s. S. 63). Seit Jahren ist man deshalb bestrebt, Investoren zu gewinnen – und das mit Erfolg.

Hoffnung auf das Arktis-Öl

Die Kenntnisse über die Ölfelder vor Grönlands Küste sind schon älter, die ersten Hoffnungen setzte man in den 1970er-Jahren während der ersten großen Ölkrise und später in den 1980er-Jahren darauf. 1985 gründete die grönländische Regierung die nationale Ölgesellschaft NUNAOIL. Die Erschließung der Ölvorkommen ist aber bis heute zu aufwendig und kostspielig, sodass es sich erst in Zeiten verringerter Öl- und Gasreserven lohnen wird, ernsthaft über eine Förderung nachzudenken. Begünstigt werden mittlerweile Versuchsbohrungen durch den Rückzug des Meereises infolge der Klimaerwärmung (s. S. 47). Seit Jahren werden Lizenzen für Offshore-Bohrungen angeboten, für die es großes internationales Interesse gibt. Anfang 2010 waren insgesamt 13 Lizenzen für Ölbohrungen vergeben, an denen natürlich neben den ausländischen Firmen auch NUNAOIL beteiligt ist.

Abbau von Gold bis Kryolith

Aktuell wird Gold in Südgrönland in der Nähe von Nanortalik und Molybdän in Malmbjerg in Ostgrönland, dem größten Molybdän-Vorkommen der Welt, gefördert. Die Wiedereröffnung der Blei-Zink-Mine bei Maarmorilik

Energieschatz: Wasserkraft

Mit entscheidend für die Ansiedlung von Industrie ist heute der Zugang zu günstigem CO_2-freiem Strom. Der Wasserreichtum in Grönland, der sich durch die Eisschmelze noch vergrößert, bietet dafür beste Voraussetzungen. So plant der amerikanische Aluminiumhersteller Alcoa in Maniitsoq zusammen mit einer Fabrik ein Wasserkraftwerk zu errichten, das den sauberen Strom für die energieintensive Aluminiumproduktion liefern soll. Die vier bestehenden Kraftwerke decken zurzeit 42% des nationalen Stromverbrauchs.

steht bevor. Von besonderem Interesse sind die Vorkommen der Rare Earth Elements (REE), die u. a. für die Hybridtechnologie verwendet werden. Sie kommen im Kvanefjeld bei Narsaq vor, wo bis 1985 Uran gewonnen wurde. Aus ökologischen Gründen hat man die Mine geschlossen, und das Problem ist, dass bei der Förderung der REE auch Uran dabei sein kann – im Parlament ein heiß diskutiertes Thema.

Bergbau ist keine neue Industrieform in Grönland, schon im 19. Jh. gab es im Süden Kupferminen und auf der Disko-Insel in Qullisat eine Kohlemine, 1924 eröffnet und 1972 geschlossen. Die größte Mine befand sich in Ivituut, wo seit Mitte des 19. Jh. bis 1980 Kryolith abgebaut wurde.

Perspektiven und Befürchtungen

Betrachtet man allein die Rohstoffreserven, sähe Grönlands ökonomische Zukunft nicht schlecht aus, zumal man bestrebt ist, möglichst einheimische Arbeitskräfte einzusetzen. Entsprechend wird in Sisimiut die Hochschule für Bergbau eingerichtet. Jungen Leuten würde sich damit eine Perspektive eröffnen, um im Land zu bleiben. Dennoch bleibt die Furcht vor Überfremdung, da auch viele Fremdarbeiter ins Land kommen müssten. Auch befürchtet man, dass das ausländische Kapital Grönland in eine neue Abhängigkeit bringen könnte. Die ökologischen Bedenken wiegen ebenfalls schwer. Mögliche Havarien von Öltankern und Ölplattformen stellen eine potenzielle Bedrohung für das Ökosystem des Meeres dar. Alles Aspekte, die die Regierung berücksichtigen muss, doch letztlich liegt der Reichtum des Landes nicht mehr allein in der Fischindustrie.

Leben in der Kälte – die arktische Tier- und Pflanzenwelt

Grönlands Meere sind reich an Robben und Walen. Wer wandert, trifft selbst die scheuen Rentiere und mit Sicherheit Füchse an. Doch besonders überrascht die blühende Fauna im kurzen Sommer, genauso optimal an die arktischen Bedingungen angepasst wie die Tiere.

Das Leben der Inuit war bestimmt von der Jagd auf die Meeressäuger, denn sie lieferten alles, was zum Leben gebraucht wurde: Fleisch, Fett, Knochen und Felle. Deshalb musste die Mutter des Meeres immer freundlich gestimmt werden, damit sie den Menschen ausreichend Tiere für die Jagd schickte.

Der Eisbär – das Wappentier

Für die Inuit zählt der Eisbär, Nanoq, zu den Meerestieren: Zum einen ernährt er sich hauptsächlich von Robben, die er auf dem Eis jagt, zum anderen hält er sich überwiegend in Küstennähe auf. Die Inuit verehren den Eisbären seit jeher und glaubten z. B., dass die Seele eines verstorbenen Jägers in einem Bären weiterlebt. In zahlreichen Geschichten erweist sich der Bär auch als freundlich den Menschen gegenüber, doch das gehört zu den schönen Mythen. Ursus maritimus, so sein wis-

Für Eisbären ist das Meereis der wichtigste Lebensraum

senschaftlicher Name, ist ein exzellenter Jäger, und einige seiner Jagdtechniken haben sich die Inuit von ihm abgeguckt. Er verkörpert Kraft und Stärke, bis zu 3 m kann er aufgerichtet erreichen und sein durchschnittliches Gewicht liegt bei 450 kg, doch ausgewachsene männliche Tiere können auch 700 kg wiegen.

Nanoq in Not

Rund 25 000 bis 30 000 Eisbären leben im arktischen Raum, doch der Bestand könnte durch die Klimaerwärmung deutlich sinken. Die gestiegenen Temperaturen führen dazu, dass sich die Zeit einer geschlossenen und dicken Meereisdecke verkürzt hat. Nur auf dem Eis kann der Bär seine bevorzugte Beute, die Ringelrobbe, erlegen, pro Jahr 50 bis 100 Tiere. Dabei sollten die Schollen, auch wenn Eisbären über 100 km schwimmen können, nicht zu weit von der Küste abtreiben. Vielen Eisbären gelingt es nicht mehr, ausreichend Nahrung zu erjagen, und so macht sich unter ihnen der Hunger breit. Die Bären sind vor allem am Rob-benspeck, dem sogenannten Blubber, interessiert, sodass für die sie häufig begleitenden Polarfüchse immer üppige Reste übrig bleiben. Die größte Bedrohung für den Eisbärenbestand stellt allerdings die Umweltverschmutzung durch Persistent Organic Pollutants (POPs), organische Schadstoffe, dar. POPs wurden in sehr hohen Konzentrationen in Körpern von Eisbären aus Ostgrönland und den Svalbard-Inseln nachgewiesen. Aus diesem Grund gibt es Sorgen, dass die Fortpflanzungsfähigkeit dieser Raubtiere zurückgeht.

Ungewisse Zukunft für Polarbären

In Grönland hat man in den letzten Jahren Eisbären in Gebieten gesehen, in die es sie sonst nicht hintreibt, wie Sisimiut oder auch Nuuk. Ihr eigentlicher Lebensraum ist vor allem Nord- und Ostgrönland und regelmäßig im Frühjahr bis Frühsommer auch das Meereis im Süden. Wie sich die Lebensverhältnisse der Eisbären entwickeln werden, kann niemand voraussehen. Die wissenschaftlichen Untersuchungen dazu sind vielfältig, aber nicht unbedingt einhelig. Fakt ist, dass die Bären im Mittelalter – der Warmzeit, in der Nordmänner im Land siedelten – auch in Grönland lebten. Polarbären sind wie andere Bären anpassungsfähig, auch wenn das wie in Kanada zu Problemen mit den Menschen führen kann. In der Region um Churchill kommen sie regelmäßig in den Ort und sogar in die Häuser. Eine Schwierigkeit bei der Anpassung ist allerdings, dass die Klimaerwärmung schneller voranschreitet als erwartet, somit bleibt den Eisbären nicht viel Zeit. Die Nahrungsbedingungen wer-

---

Tiere aus nächster Nähe beobachten
In vielen Orten werden von den Touristeninformationen Tierbeobachtungsfahrten vermittelt.
Buckelwale: in Aasiaat, Maniitsoq, Nuuk, Paamiut, Qeqertarsuaq und Sisimiut
Zwergwale: in Süd- und Westgrönland
Finnwale: in Qaqortoq, Uummannaq und in der Disko-Bucht
Moschusochsen: in Aasiaat, Ivituut, Kangerlussuaq, Maniitsoq, Tasiilaq

Sind nur schwer in der Landschaft auszumachen: Moschusochsen

den für sie immer schlechter, die Jungtiere haben schlechtere Überlebenschancen und es kommt häufiger zu Kannibalismus. Doch diese beliebten Schreckensbilder der Medien darf man nicht eins zu eins deuten – schwache Tiere wurden schon immer von stärkeren erschlagen. Ganz sicher ist auch, dass sich die Bären nicht an die POPs anpassen können.

In Grönland hat man auf die Gefährdung der Bären reagiert, es dürfen nur noch acht Exemplare gejagt werden – seit den 1970er-Jahren ausschließlich von Inuit-Jägern –, und seit 2008 ist es verboten, Schmuck aus Eisbärkrallen oder gar Eisbärfelle außer Landes zu bringen.

Beliebte Jagdbeute – Robben

Wie die Eisbären ernährten sich die Inuit früher überwiegend von Robben, die in großen Populationen die Küsten bevölkern. Fünf Arten – Ringel-, Sattel-

und Bartrobbe, Klappmütze und Seehund – leben in Grönland. An der West- und Ostküste gibt es außerdem noch Walrosse, die größte Robbenart. Für Eisbären und Menschen am wichtigsten ist die Ringelrobbe, die ihren Namen wegen der Kringel im Fell erhalten hat. Ihr Bestand rund um Grönland beträgt weit über 2 Mio. Tiere, von denen jährlich 70 000 erlegt werden. Gejagt werden ausschließlich ausgewachsene Tiere. Nehmen die Robbenpopulationen unkontrolliert zu, sind die Fischbestände gefährdet. Die einzige Robbenart, deren Bestand in Westgrönland zurückgegangen ist, ist der Seehund, der keine arktische Robbenart ist.

Geschützte Riesen – Wale

Auch Wale spielten im Leben der Inuit eine große Rolle, allein an den Mythen der arktischen Völker lässt sich das gut ablesen. Die Jagd auf die Meeresriesen stellte eine Herausforderung dar, sie konnten nur in der Gruppe meist von einem großen Umiak (s. S. 67) aus erlegt werden. Wurde früher ein Wal geschlachtet, war es ein Fest für die Siedlung, da man dann Fleisch und Fett für Monate hatte und die Knochen exzellentes Baumaterial boten.

Heute werden nur wenige Tiere jährlich auf traditionelle Weise gejagt, zudem besteht eine strenge Quotierung. Aufgrund der weiten Verbreitung hat man gute Chancen, Wale vor den Küsten zu beobachten. Allein 17 Walarten leben in den Gewässern um Grönland: Weißwal (Beluga), Narwal, Schweinswal (Kleiner Tümmler), Weiß-

schnauzen- und Weißseiten-Delphin, Großer Tümmler, Schwertwal (Orca), Grindwal, nördlicher Entenwal, Pottwal, Grönlandwal, Nordkaper, Buckelwal, Blauwal, Finnwal, Seiwal und Zwergwal.

Seltener Anblick – Landtiere

Es überrascht nicht, dass die Inuit vor allem die Meeressäuger jagten, waren und sind doch sowohl die Arten als auch die Populationen an Landsäugern ungleich kleiner. Es gibt nur acht Landsäuger in Grönland, wenn man

Gelbe Butterblumen und Löwenzahn überraschen Grönlandbesucher im Sommer

von den importierten Tieren wie Schafen, Pferden und auch Schlittenhunden absieht. Lediglich im Nationalpark im Nordosten trifft man alle, Lemminge und Hermeline kommen nur dort vor. Auch der Polarwolf lebt ausschließlich im Gebiet zwischen Qaanaaq und Ittoqqortoormiit. Von Mitte der 1930er- bis Ende der 1970er-Jahre war er aus Grönland verschwunden, doch dann wanderte er wieder von Kanada ein.

Häufig anzutreffen ist der Polarfuchs, der sich überall dort aufhält, wo es etwas zu fressen gibt. Auf Wanderungen hat man immer mal wieder Gelegenheit, die neugierigen Tiere zu be-

obachten bzw. sich von ihnen beobachten zu lassen. Man unterscheidet zwei Arten, den Weißfuchs, dessen Fell im Winter weiß ist und im Sommer eine bräunliche Färbung hat, und den Blaufuchs, der überwiegend in Küstennähe lebt, im Winter ein grauschwarzes bis dunkelbraunes Fell trägt und im Sommer ein graubraunes.

Rentiere leben ausschließlich an der Westküste, Bestände im Nordosten sind aufgrund von Klimaveränderungen ausgestorben. Auf der Insel Ammassalik gibt es noch eine kleine Population. Rentiere gehörten von jeher zu den Jagdtieren und dürfen auch heute in festgelegter Zahl von Freizeitjägern erlegt werden.

Der natürliche Lebensraum der Moschusochsen war der Norden und Nordosten Grönlands, doch zwischen 1962 und 1965 hat man einige Tiere erfolgreich nach Kangerlussuaq im Westen umgesiedelt. Heute ist der Bestand dort so groß, dass einige Exemplare gejagt werden dürfen.

Grüner, als man denkt – Grönland im Sommer

Überall, wo nur etwas Erde auf den Felsen liegt, gedeiht eine überraschend üppige Pflanzenwelt, die während des Sommers zu explodieren scheint, selbst die Flechten bereichern das Farbspektrum. In Südgrönland gibt es nicht nur prächtige Wiesen und zahllose Krautpflanzen, sondern durchaus kleine Wälder. Entlang der Westküste finden sich immer wieder große Tundraflächen, vor allem die Disko-Insel ist bekannt für ihre Artenvielfalt. Insgesamt gibt es rund 4000 Pflanzenarten in Grönland. Bei Wanderungen hat man viel Gelegenheit, die bunten Blumen näher zu betrachten (s. S. 258).

Die nordischen Siedler – erste Klimagewinner und -verlierer

Die Bezeichnung ›grünes Land‹ für ein riesiges Land, das zu 80 % von Eis bedeckt ist, erscheint überraschend. Doch die Nordmänner, Siedler aus Island, fanden im 10. Jh. hier akzeptable Bedingungen für die Landwirtschaft vor. Was sie nicht wussten: Die Warmzeit, in der sie sich ansiedelten, sollte nur wenige Jahrhunderte andauern.

Seit Langem fragen sich Forscher und Wissenschaftler, was mit den Nachfahren der isländischen Siedler geschah, die 985 mit Eiríkur Thorvaldson, genannt Erik der Rote, nach Grönland kamen. Knapp 450 Jahre lebten sie in der Ostsiedlung zwischen Paamiut und Kap Farvel sowie in der Westsiedlung rund um das Fjordgebiet bei Nuuk. Mit Erik waren 300 bis 400 Menschen in ›Grünland‹ gelandet, wie er das Land aus Werbegründen genannt hatte. 982 musste Erik Island für drei Jahre als Geächteter verlassen, worauf er die Westküste und den Süden Grönlands erkundete. Vermutlich kam er bis zur Disko-Insel, wo die Siedler später hervorragende Jagdgebiete fanden. Selbst auf der Höhe von Upernavik streiften sie umher, wie ein entsprechender Runenstein (s. S. 233) bezeugt. Das Land entsprach damals den Vorstellungen der isländischen Bauern: saftige Wiesen für Kühe und Schafe, Platz für die Höfe, ausreichend Treibholz an den Stränden für den Hausbau und fischreiche Flüsse. Zudem waren die Klimaverhältnisse im 10. Jh. wesentlich besser als heute.

Jahrhunderte des Wohlstands

Die neuen Siedlungen ließen sich gut an. Der Handel zwischen Europa und Grönland florierte, denn die Grönländer, wie sich die Siedler des jungen Freistaates selber nannten, verfügten über interessante Produkte: Elfenbein von Walross und Narwal, das für Reliquien und auch Schachfiguren verwendet wurde, Felle von Seehund, Fuchs und Rentier, außerdem Butter, Käse und Stoff. Besonders wertvoll waren domestizierte Eisbären, wie sie z. B. der Isländer Audun 1062 von der Westsiedlung an den dänischen Hof brachte. Auch Jagdfalken zählten zu den exquisiten Handelsgütern. Im Gegenzug erhielten die Grönländer Eisen, Waffen, Werkzeuge, Salz, Honig und Luxusartikel. Ihr Wohlstand zeigt sich an der Größe einiger Ruinen in Hvalsø, Herjolfsnes oder Sandhavn im Südwesten (s. S. 142). Als Eriks Sohn Leifur auch noch die kanadische Küste entdeckte, erweiterte sich das Handelsgebiet. So gilt heute als gesichert, dass die Grönländer mit der dortigen Urbevölkerung handelten. Auch die Inuit im Nordwesten Grönlands hatten wohl Kontakt zu den Nordmännern, denn sie schnitzten Holzfiguren mit eindeutig europäischen Zügen. Die regen Handelsbeziehungen bestanden mit großer Wahrscheinlichkeit bis Anfang des 14. Jh. Ein Beleg dafür ist die Kleidung der Grönländer, die man bei Ausgrabungen gefunden hat. Sie orientierte sich an der damaligen Mode in Europa.

Niedergang und Aufgabe der Siedlungen

Um 1300 begann eine Klimaverschlechterung, die auch als Kleine Eiszeit bezeichnet wird. Die Temperaturen fielen um 1–2 °C, die Heuernte verregnete, nachdem die durchschnittliche Zahl der Regentage auf 200 jährlich angestiegen war, und die Winter brachten Unmengen an Schnee mit sich. Dieser Umschwung hatte katastrophale Folgen für das Vieh. Untersuchungen der Siedlungsplätze ergaben, dass die Ernährung sich damals änderte: Statt der gewohnten Haustiere wurden zunehmend Meeressäuger gegessen. Die ersten Siedler, die daraus Konsequenzen zogen, waren die Bewohner der Westsiedlung. Man nimmt an, dass die meisten von ihnen in der Mitte des 14. Jh. in die Ostsiedlung zogen. Parallel ließ sich nämlich ein Anstieg der Siedlerzahlen im Osten ausmachen. Es gingen also Veränderungen in Grönland vor sich, die von der übrigen Welt nicht bemerkt wurden. Das überrascht nicht, denn das restliche Europa war sehr mit sich beschäftigt. Auch dort machten sich die klimatischen Verschlechterungen durch Missernten und Hungersnöte bemerkbar, zudem wüteten Seuchen wie die Pest und dezimierten die Bevölkerung. Möglicherweise war die Pest auch nach Grönland getragen worden, denn einige Gräber wirkten bei den Ausgrabungen wie Massengräber, die in der Regel ein Zeichen für Epidemien sind. Der Handel brach ab, Grönland blieb sich selbst überlassen.

Nach dem heutigen Forschungsstand wanderten die Nordmänner vermutlich in der Mitte des 15. Jh. nach Island aus, andere Ansätze vermuten nach Amerika. Somit passierte damals schon das, was auch wir heute als Folge des Klimawandels erleben: Migration.

Erik der Rote auf einem Gedenkstein in Qassiarsuk (Brattahlid)

Spuren der Nordmänner

Brattahlid: Die Ruinenanlage eines großen Hofes und die Repliken eines Langhauses und einer Kirche zeigen, wie Erik der Rote gelebt haben könnte (s. S. 116).

Igaliku: Einst stand hier eine der größten Kirchen des Nordens, es war der Bischofssitz Gardar. Die alte Bewässerungsanlage ist noch heute zu sehen (s. S. 119).

Hvalsø: Nicht nur die gut erhaltene Kirchenruine beeindruckt, sondern auch die zahlreichen Spuren der Landwirtschaft (s. S. 133).

Expeditionsziel für Forscher und Abenteurer

Während die einen als seriöse Forscher Land und Leute kennenlernen wollten, sahen die anderen in Grönland den idealen Ort, um sich als Abenteurer zu beweisen. Michael Köhlmeier nannte das den »Spielplatz der Helden« – Titel eines seiner Romane. Bis heute hat sich daran nichts geändert.

Spätestens nachdem der Norweger Fridtjof Nansen 1888 zusammen mit fünf weiteren Männern als Erster das Inlandeis überquert hatte, setzte ein wahrer Run von Entdeckern, Forschern und Abenteurern auf die grönländische Eiskappe ein. Nansen bewies mit seiner Unternehmung, dass zwischen Ost- und Westküste eine geschlossene Eisdecke liegt. Aufgrund der fortgeschrittenen Jahreszeit musste er in Grönland überwintern und nutzte die Gelegenheit für ethnologische Untersuchungen. Doch schon bald wurde Grönland Ausgangspunkt für ehrgeizigere Ziele.

Wer war der Erste am Nordpol?

Der Amerikaner Robert Peary zog 1892 an der Nordostküste über das Eis und entdeckte das größte zusammenhängende eisfreie Gebiet, das nach ihm Peary-Land genannt wurde. Außerdem verdankt man ihm die Erkenntnis, dass Grönland eine Insel ist. Doch seine wahre Besessenheit galt dem geografischen Nordpol, zu dem er gleich mehr-

Das Geburtshaus von Knud Rasmussen in Ilulissat ist heute Museum

fach aufbrach und von dem er 1909 behauptete, ihn erreicht zu haben. Seine Beweise waren mager, aber die Öffentlichkeit glaubte ihm und nicht seinem ehemaligen Schiffsarzt Frederick Cook. Cook gab an, schon 1908 am Nordpol gestanden zu haben.

Grönlandquerungen zu Forschungszwecken

Knud Rasmussen querte 1912 den Norden Grönlands und stellte dabei fest, dass Pearys Angaben und Kartenskizzen über das Gebiet falsch waren. Doch Rasmussens Forschungsinteresse galt vor allem der Kultur der Inuit, die er auf seinen sieben Expeditionen erforschte. Er war der Eskimologe par excellence, natürlich kam ihm zugute, dass er im Land aufgewachsen war und die Sprache beherrschte (s. S. 243).

Der Schweizer Grönlandforscher und Geophysiker Alfred de Quervain überquerte 1912 in 41 Tagen das Eis zwischen der Disko-Bucht und Tasiilaq. Die grönländischen Gletscher wurden dabei im Höhenprofil erfasst. Im selben Jahr starteten der Däne Johann Peter Koch und der deutsche Polarforscher Alfred Wegener eine Expedition von Nordostgrönland nach Upernavik, um das Eis und die Atmosphäre am Eisrand zu untersuchen. Erstmals wurden hier Islandpferde zum Einsatz gebracht. 1930 konnte Wegener seinen Traum von einer deutschen Expedition über das Eis realisieren. Drei Stationen wurden auf der Strecke zwischen Uummannaq und Ittoqqortoormiit errichtet, deren mittlere ›Eismitte‹ hieß. Doch auf ihrem Rückweg von dort starben Wegener und der Grönländer Rasmus Villumsen. 1965 gelang es der Schottin Myrtle Simpson als erster Frau, das Eis zu überqueren. Zusammen mit ihrem Mann nahm sie vor allem medizinische Untersuchungen an den Expeditionsteilnehmern vor.

Forscher in Museen
Museum in Ilulissat: Im Geburtshaus von Knud Rasmussen erhält man Infos über sein Leben und seine Expeditionen (s. S. 199).
Museum in Uummannaq: Das Lokalmuseum zeigt Ausrüstungsgegenstände von Alfred Wegeners Expeditionen (s. S. 223).
Thule-Museum in Qaanaaq: Im Knud-Rasmussen-Haus erfährt man, wie sich Rasmussen ausgerüstet und was Robert Peary so im Norden getrieben hat (s. S. 242).

Lesetipp
Johannes Zeilinger: Auf brüchigem Eis – Fredrick A. Cook und die Eroberung des Nordpols, Berlin 2009. Wer war zuerst am Nordpol? Eine lesenswerte Rehabilitation von Cook mit berechtigten Zweifeln an Pearys ›Sieg‹.

Herausforderungen heute

Heute treibt es die Forscher vor allem auf das Inlandeis, um die Folgen des Klimawandels zu untersuchen oder die Entwicklung des Klimas in früheren Jahrtausenden kennenzulernen (s. S. 47). In den letzten zehn Jahren sind mehrere Forschungsstationen errichtet worden. Gleichzeitig ziehen die Abenteurer weiter über das Eis, immer wieder gab und gibt es neue Rekorde: 1983 legten drei Südtiroler 1400 km zu Fuß über das Inlandeis zurück, 1993 gelang eine Nord-Süd-Querung.

Grönlands Entwicklung seit den 1950er-Jahren gleicht einem Sprung aus der Steinzeit in die Moderne. Das geht nicht ohne Reibungsverluste ab, umso beeindruckender sind aber die bisherigen Erfolge.

Jørgen Fleischer, grönländischer Autor und Schriftsteller, war lange Jahre Redakteur der ältesten Zeitung Grönlands »Atuagagdliutit/Grønlandsposten«. Geboren wurde er 1924 in einer kleinen Siedlung bei Uummannaq und wuchs in einer Jägerfamilie auf. Die Dänen waren nicht präsent und die westliche Kultur spielte kaum eine errichteten, die die arktischen Jäger belieferten – die Missionierung sollte durch Handel mit den ›Eingeborenen‹ finanziert werden. Grundlegend veränderte sich die Lebensweise der Inuit dadurch aber nicht. Während des Zweiten Weltkrieges übernahmen die Amerikaner die Versorgung der Grönländer, da Dänemark ab dem 9. April 1940 von den Deutschen besetzt war. Im Gegenzug konnten sie auf der Insel Militärflughäfen bauen, die beiden ersten noch während des Krieges. Die Anwesenheit der Amerikaner konfrontierte die Inuit mit einem völlig anderen Lebensstil.

Wandel im Zeitraffer – von der Jägerkultur zur Industrienation

Rolle. »Wir waren arm, hatten Läuse, aber waren unabhängig«, so sieht er das heute. Zwar ging er in Aasiaat, damals noch Egedesminde, zur Schule, doch das andere Grönland lernte er erst im Süden kennen. Und das neue Leben kam im Grunde erst während des Zweiten Weltkrieges mit den Amerikanern ins Land, bis dahin war Grönland recht abgeschottet.

Der Übergang ins Industriezeitalter

Seit dem 18. Jh. war Grönland eine Kolonie Dänemarks. Das bedeutete, dass die Dänen dort Handelsstationen

Trostlose Wohnblocks in Nuuk

Eine für Grönland entscheidende Wende trat nach 1945 ein: Dänemark übernahm wieder die Rolle des kolonialen Mutterlandes, sah sich aber zunehmend dem Druck vonseiten der UNO ausgesetzt, seine bisherige passive Regierungsweise aufzugeben. Am 5. Juni 1953 trat das neue dänische Grundgesetz in Kraft, das Grönland nicht mehr als Kolonie, sondern als Teil des dänischen Staates mit Abgeordneten im Parlament definierte. Gleichzeitig war Dänemark nun gezwungen, für die Angleichung der Lebensverhältnisse zu sorgen. Der daraufhin aufgestellte dänische Entwicklungsplan für Grönland sollte in den folgenden Jahrzehnten das soziale Leben maßgeblich verändern. Man baute die Häfen aus, errichtete Schulen und Krankenhäuser und vor allem Wohnanlagen. Mit dem Auf- und Ausbau der Fischindustrie ging eine Konzentration der Bevölkerung in größeren Orten einher. Zahlreiche Siedlungen verödeten. G-60 hieß das Programm, das sicher effektiv war, solange man Menschen als Rangiermasse begreift. Die Inuit, die traditionell Jäger waren, konnten mit diesen tiefgreifenden Veränderungen nicht Schritt halten. Jahreszeit und Wetter hatten bis dahin die Jagd – die Grundlage ihres Lebens – bestimmt, die Arbeitszeit in der Fischfabrik regelte die Stechuhr – zwei Welten stießen aufeinander. Ganz zu schweigen von dem Erdrutsch, den das soziale Gefüge erfuhr: Jäger hatten traditionell ein großes Ansehen genossen, doch was stellte ein Hilfsarbeiter in der Fabrik dar? Das Leben in und mit der Natur schien vorbei zu sein. Die Dänen schürten das Vorurteil, dass die Grönländer nur faul seien, wenn diese lieber auf Robbenjagd gingen und nicht in die Fabrik. Die Grönländer konnten dagegen kaum verstehen, was an ihrem über Jahrtausende bewährten Leben falsch sein sollte.

Ausbildung in der Fremde

Dramatisch war auch die Situation der Kinder, die mit 10, 11 Jahren nach Dänemark auf weiterführende Schulen geschickt wurden, herausgerissen aus dem Familienverband und der vertrauten Sprache. Selbst in Grönland wurde der Unterricht bis 1979 auf Dänisch abgehalten. Die Kinder verloren ihre Bezugspunkte und nicht wenige, die in Dänemark blieben, schafften den Einstieg in die normierte Leistungsgesellschaft nicht. Andere dagegen erlernten in Kopenhagen nicht nur einen Be-

ruf, sondern erkannten, dass sich ihr Land befreien musste, dass die Grönländer wieder eigenständig werden müssen. Mit Inkrafttreten der Selbstverwaltung 1979 konnten die Grönländer wieder mehr Verantwortung für sich übernehmen.

Die Ausbildungssituation im Land hat sich heute deutlich verbessert. Neben der Universität gibt es noch eine Fachhochschule für Tourismus und vor allem eine Technische Fachhochschule in Sisimiut, zu der auch ein Institut für Bergbau gehört. Dennoch müssen viele Studenten ins Ausland gehen, nicht nur nach Dänemark, sondern häufig auch nach Kanada oder in die USA. Nach Abschluss der Ausbildung bleiben viele Akademiker im Ausland.

Drängende soziale Probleme

Die kulturelle Entwurzelung, die Auflösung der Sozialstrukturen und das enge Zusammenleben in den Städten schufen Schwierigkeiten. Alkoholismus und Gewalt waren die Folgen. Wen überrascht das? Anfang des 20. Jh. gab es 200 Siedlungen, 100 Jahre später sind es noch 80. Die Großfamilie als soziale Einheit ist verschwunden, ihre Aufgaben übernehmen Altenheime und vor allem Kinderbetreuungshäuser, wo sich die 4- bis 14-Jährigen nach der Schule aufhalten können. Hier werden sie betreut und haben die Möglichkeit zusammen zu spielen, zu backen oder zu nähen. Entsprechende Einrichtungen für Teenager wurden und werden etabliert. Vernachlässigte Kinder sind in der Tat ein großes Problem. Auch das Thema Selbstmord gerät immer wieder in die Schlagzeilen, insbesondere dann, wenn mehrere Jugendliche die Tat gemeinsam begehen.

Die Kosten der Moderne

Dänemark investierte Millionen Dänische Kronen in die Etablierung und Modernisierung der grönländischen Fischindustrie. Der Aufbau von Verwaltungsämtern, Schulen und Krankenhäusern kostete ebenfalls und der Betrieb bedarf bis heute der Subvention. Allein die Größe Grönlands erfordert hohe infrastrukturelle Aufwendungen, denn auch in kleinen Siedlungen müssen Grundschüler unterrichtet und Kranke versorgt werden. Außerdem müssen auch die Güter subventioniert werden, damit alle im Land – unabhängig von den Transportkosten – dieselben Preise für Waren bezahlen. Weil die Infrastruktur so kostspielig ist, entsteht jährlich ein Haushaltsdefizit, das Grönland nur mithilfe eines dänischen Zuschusses, des sogenannten Block Grant, ausgleichen kann. 2009 betrug der Block Grant 3439 Mio. DKK, umgerechnet 463 Mio. € – eine höchst übertriebene Förderung für die 56000 Einwohner Grönlands, meinen einige Dänen.

Neue politische Weichenstellungen

2009 war ein bemerkenswertes Jahr für Grönland. Bei der Wahl am 2. Juni wurde Kuupik Kleist von der linksnationalen Partei Inuit Ataqatigiit neuer Premierminister und beendete damit die Vormacht der sozialdemokratischen Simiut-Partei, die Grönland seit 1979 regiert hatte. In den letzten Jahren hatten sich Korruptionsvorwürfe gegen Simiut gehäuft und die Bevölkerung verlor zunehmend das Vertrauen. Den großen Aufbruch markiert das Inkrafttreten der Selbstregierung, Selvstyre, am 21. Juni, ein entscheidender Schritt auf dem Weg zur Unabhängigkeit. Damit erhält Grönland das Nutzungsrecht an seinen Bodenschätzen, eine wichtige Voraussetzung für die ökonomische Selbstständigkeit, bei der die Förderung durch Dänemark irgendwann überflüssig würde. Niemand gibt sich hier der Illusion hin, dass es einfach sein wird, doch die Anzeichen und der Wille zur Veränderung sind da, denn der Wunsch nach Unabhängigkeit ist stark.

Grüne Perspektiven

Optimistisch sieht Kuupik Kleist die Entwicklungschancen Grönlands, das bekräftigte er auch in seiner Rede in Kopenhagen anlässlich der Klimakonferenz 2009. Das Land präsentierte sich dort offensiv mit neuen Ideen für grüne Technologien. So soll der Energiebedarf bis 2020 zu 60 % über Wasserkraft gedeckt werden. Man versucht neue Bauweisen mit im Land gebrannten Ziegeln. Das erste Gebäude ist damit schon in Sisimiut errichtet worden, dort befindet sich auch das Zentrum für arktische Technologien, ARTEK. Kleist machte ebenfalls deutlich, dass Grönland für den Aufbau des Industriesektors ausländische Investoren braucht. Er begrüßt darum die geplante Aluminiumschmelze und das dafür zu errichtende Wasserkraftwerk (s. S. 50). In puncto CO_2-Reduzierung kann Grönland nicht mit Dänemark gleichziehen, nicht zuletzt weil Grönlands CO_2-Ausstoß wegen der großen Entfernungen vor allem auf dem Transport beruht. Eine Produktion von Gebrauchsgütern im Land würde diese Wege verkürzen – es ist also auch in Hinblick auf den Klimawandel wünschenswert, wenn sich Grönland in naher Zukunft industriell entwickelt.

Grönlands Jäger müssen schon lange umdenken

Über Jahrtausende sicherte das Können der arktischen Jäger das Überleben in der eisigen Welt. Ihr Geschick, ihre Stärke und daraus resultierend ihr Ansehen prägten das Leben in den Gemeinschaften. Nach Jahrzehnten ökologischer und sozialer Veränderungen sieht es so aus, als würde dieser Beruf in seiner traditionellen Form endgültig aussterben.

In Grönland gibt es noch rund 2000 Jäger, die ihren Lebensunterhalt für sich und ihre Familie ausschließlich von der Jagd bestreiten. Die meisten von ihnen leben in den entlegenen Siedlungen im Norden und Osten des Landes. Die wichtigsten Jagdtiere sind für sie Robben, Walrosse, Wale und Eisbären. Gejagt wird vor allem im Winter auf dem Meereis, dabei fahren die Jäger mit den Hundeschlitten bis an die Eiskante.

Doch in den letzten zehn Jahren haben sich die Eisverhältnisse dramatisch verändert. Das Meereis friert später und wird nicht mehr dick genug, um Hundeschlitten tragen zu können (s. S. 47). Zudem schmilzt es früher, wodurch sich die Jagdperiode um rund einen Monat verkürzt hat. Unvorhersehbare Änderungen der Windrichtung führen zusätzlich dazu, dass das Eis plötzlich schmilzt. Etliche Jäger haben so schon ihre gesamte Jagdausrüstung verloren.

Sozialer Abstieg durch Berufsverlust

Die Wissenschaftlerin Malin Jennings gründete Indigenous Climate Change Ethnographies (ICCE), ein Projekt, das die gesellschaftlichen Veränderungen untersucht, die der Klimawandel bei den Inuit bewirkt. Die Ergebnisse wurden während der Klimakonferenz in Kopenhagen 2009 präsentiert. Sie stellte fest, dass die Jäger immer weniger in der Lage sind ihre Familien zu ernähren. Häufig sind, die Familien auf die Einkommen der Frauen oder auf staatliche Unterstützung angewiesen. Die Männer, deren Fähigkeiten als Jäger damit zunehmend weniger bedeutsam sind, erleben einen Rollen- und Statusverlust. Die folgenden Probleme sind Alkoholismus, Selbstmord und soziale Verelendung. Die jüngeren Männer verlassen häufig die kleinen Siedlungen, um besser bezahlte Berufe im Süden zu ergreifen. Malin Jennings fürchtet sogar, dass die traditionellen Fähigkeiten der Jagd und auch die Kenntnisse, wie z. B. Fellkleidung zu fertigen, verloren gehen werden.

Keine Nachfrage nach Robbenprodukten

Die Verschlechterung der wirtschaftlichen Situation der Jäger zeichnete sich allerdings schon vor dem Klimawandel ab. Nach den undifferenzierten Kampagnen gegen die Robbenjagd in den 1970er- und 1980er-Jahren sanken die Preise für Robbenfelle dramatisch. Lediglich 45 DKK erhielten die Jäger noch pro Fell, das einen Wert von 250 DKK hatte. Der Staat subventionierte daraufhin den Verkauf. In den Jahren nach den Kampagnen, die sich gegen die brutale Babyrobbenschlachterei in Kanada richteten, aber die Inuit der gesamten Arktis trafen, sind die sozialen Probleme sprunghaft angestiegen. Von heute auf morgen wurden die Jäger arbeitslos, niemand wollte mehr ihre Felle, sie wurden in Europa und den USA diffamiert. Der Markt für Robbenfelle wird noch weiter einbrechen, ins-

besondere weil im August 2010 das EU-Importverbot für Robbenprodukte in Kraft getreten ist. Kanadische und grönländische Inuit haben daraufhin die EU wegen des Handelsverbots verklagt. Sie wollen vor dem EU-Gericht in Luxemburg beweisen, dass die Robbenjagd keine Tierquälerei ist und keine Ausrottung der Bestände droht. Bis heute ist vielen nicht bekannt, dass die Grönländer nur ausgewachsene Tiere und nur so viele jagen, wie sie brauchen, die Jagd also nie das ökologische Gleichgewicht gestört hat.

Perspektive Tourismus?

Trotz Diffamierung der Robbenjagd und Klimawandel muss es nicht heißen, dass die Jägerkultur der Inuit völlig verschwinden wird. Die Jagd wird sich verändern – vielleicht wird man im Sommer auf dem Land jagen. Etliche Jäger haben begonnen, als Touristenführer zu arbeiten, wie z. B. Scoresby Hammeken aus Ittoqqortoormiit. Er war ein großer Eisbärjäger, der während seiner 22-jährigen aktiven Zeit 35 Tiere erlegt hat.

Das Wissen der Eisexperten
In dem Forschungsprojekt »Sea Ice Knowledge and Use« (SIKU) des 4. Internationalen Polarjahrs 2007–2008 wurde das Wissen der Inuit-Jäger über das Meereis und seine Nutzung in der gesamten Polarregion gesammelt. Der Springer-Verlag hat die Forschungsergebnisse unter dem Titel »**Knowing Our Ice**« veröffentlicht (www.springer. com, Stichwort Siku). Im Internet findet man Auszüge unter http:// gcrc.carleton.ca/siku.

Mit Paddel und Hunden mobil – traditionelle Transportmittel

Als Mitteleuropäer ist man den Transport mit dem Auto gewöhnt, doch damit kommt man in Grönland nicht weit. Hier gibt es keine Straßen zwischen den Siedlungen, lediglich Wasserwege und unendlich weite Eis- und Schneelandschaften.

Da die Inuit ursprünglich Jäger waren, gehörte Mobilität zu ihrem Leben. Die ersten Kajaks gab es schon vor 3500 Jahren. Bis heute kommen die traditionellen Transportmittel genauso zum Einsatz wie die modernen – frei nach dem Motto: Everything goes.

Kajak, ein Boot für Könner

Der Kajak ist ein wendiges Boot, mit dem man selbst zwischen dicht an dicht treibenden Eisbergen hindurchfahren kann. Lautlos nähert sich der Jäger damit seiner Beute, und deshalb benutzt man es in Nordgrönland noch heute bei der Jagd. Auf dem Kajak sind alle Waffen und Ausrüstungsgegenstände griffbereit befestigt. Der Bau des Kajaks erfordert großes handwerkliches Können, entscheidend ist die passgerechte Anpassung an den jeweiligen Kajaker, denn er soll mit dem Boot eine Einheit bilden. Aus diesem Grund trug der Fahrer in früheren Jahrhunderten einen Anorak aus Gedärmen, der am Rand der Sitzluke wasserdicht befestigt wurde. Starker Wel-

lengang, kleinere Eisberge können das Boot durchaus aus dem Gleichgewicht bringen. Um es wieder aufzurichten, praktiziert man die Eskimorolle, bei der man sich mit einem Paddelschlag wieder aufrichtet. Anbei: Es gibt rund 30 Arten von Eskimorollen. Selbst nach mehrmaligen Drehungen, bei denen die Männer sich kopfüber ins Wasser

stürzen, bleibt die Kleidung unter dem Anorak völlig trocken. Das Erstaunliche an dem kleinen wendigen Boot ist, dass einige Inuit damit sogar bis nach Norwegen oder Schottland gelangten – die Berichte stammen aus dem 17. und 18. Jh. In den zahlreichen Kajakclubs der Orte trainieren die jungen Leute den Umgang mit dem Boot, und regelmäßig finden Wettkämpfe im Land statt.

Umiak, das Reiseboot

Das Reiseboot der Inuit war der Umiak, der mit der Thule-Kultur ins Land kam. Ein Umiak ist ein offenes Boot mit einem Holzgerippe und einer Bespannung aus Bartrobben- oder Walrosshaut. Obwohl es verhältnismäßig leicht ist, konnte es bis zu 30 Leute und mehrere Tonnen Frachtgüter transportieren. Ein typischer Umiak war ungefähr 10 m lang, nicht ganz 2 m breit und ca. 1 m tief. Der Boden war flach, ohne Kiel, und beide Enden waren normalerweise zugespitzt. Er konnte durch Rudern oder Paddeln vorwärtsgetrieben werden und wurde von europäischen Seeleuten als schnell und wendig beschrieben.

In Grönland war der Umiak überwiegend ein Transportboot, das sogenannte Frauenboot, mit dem lange Sommerreisen unternommen wurden

Seit Jahrhunderten in Grönland unterwegs: Hundeschlitten

und das mit Waffen und Vorräten, Kindern, Hunden, Zelten und Kleidern vollgeladen war. Einer der Alten saß im Heck und hielt das Ruder, während die Frauen im Rhythmus ihrer Lieder ruderten. Manchmal wurden auch Segel gesetzt, wobei der Mast direkt im Bug platziert wurde. Neben dem Umiak paddelten die Männer in ihren Kajaks her. Wenn sie an Land gingen, wurde der Umiak umgedreht und vorübergehend als Unterstand benutzt. In der westlichen Arktis – in Alaska und Kanada – wurde das Boot sowohl zum Reisen als auch zum Jagen insbesondere von Walen benutzt. Doch die Zeit der Umiaks ist vorbei, man kann sie nur noch in Museen, z. B. in Nanortalik oder Qaqortoq, bestaunen.

Fahrzeug für den Winter – Hundeschlitten

Seit über 1000 Jahren benutzen die Inuit in Grönland Hundeschlitten, das wohl zuverlässigste Gefährt im Winter. Je nach Region sind die Schlitten bis zu 2 m lang und bestehen aus Holzteilen, die alle mit Schnüren oder Lederbändern verbunden sind. Nichts wird geschraubt oder gar genagelt, um so die Flexibilität zu erhalten. Über den Sitz wird das Fell eines Rentiers oder Moschusochsen gespannt, um es etwas bequemer und trockener zu haben. Die hohe Lehne dient zum Lenken und zur Lastenbefestigung. Die Hunde laufen in der Regel fächerförmig vor den Schlitten, sodass jeder Hund einzeln mit einer Leine an den Schlitten gebunden ist.

Während in der Gegenwart die Schlitten immer aus Holz gebaut werden, griff man in früheren Jahrhunderten neben Treibholz auch auf Knochen und Geweihe zurück. Die Laufflächen wurden manchmal aus in Felle gehülltem Fisch hergestellt, der erst eingeweicht und dann gefroren wurde. Solche improvisierten Schlitten sind ein gutes Zeugnis für den Erfindungsgeist der Inuit – besonders wenn man bedenkt, dass diese Konstruktion auch noch essbar war.

Eine Fahrt mit dem Hundeschlitten dauert sicher länger als mit einem Schneemobil, doch sie ist mit den vorwärtsstürmenden Hunden und dem knirschenden Schnee ungleich vergnüglicher (s. S.162).

In Nanortalik führen Ortsbewohner den Umiak des Museums vor

Greenland Kayaking National Championship

Alljährlich findet der einwöchige Wettkampf statt – seit 2000 auch mit ausländischen Teilnehmern. Neben Rennen gibt es Wettbewerbe in Eskimorollen, Harpunieren und Taugymnastik. Termine bei Nuuk Tourism erfragen (S. 82).

Die Entdeckung der Langsamkeit – reisen mit dem Kreuzfahrtschiff

Die MS FRAM, das neueste Schiff der Hurtigruten-Flotte, ist für Eisfahrten gebaut

Die Zahl der Kreuzfahrtschiffe vor Grönlands Küste ist in den letzten zehn Jahren stetig gestiegen. Diese entspannte und entspannende Reiseform lässt an manchen Tagen Landschaft und Eisberge wie ein überirdisch schönes Panorama vorbeiziehen. Zunehmend sind es nicht mehr die 70-plus-Touristen, die die Schiffsreise favorisieren, sondern sehr vitale Reisende fast jeder Altersgruppe. Für manche Unternehmung empfiehlt sich körperliche Fitness.

Grönland als Reiseziel gilt oft noch als exotisch – arktisch-exotisch –, und falsche Vorstellungen über eine Grönlandreise sind nach wie vor weit verbreitet. Lange Zeit blieb die Insel ausschließlich den Aktivreisenden vorbehalten, die im Sommer lange Wanderungen, Bergtouren oder Kajaktrips unternahmen, ganz verwegen über das Inlandeis zogen und sich natürlich Expeditionsteilnehmer nannten. Im Winter ging es auf Skiern, mit dem Schneemobil, Schneeschuhen und dem Hundeschlitten durchs Land, kurz: Grönland galt als das perfekte Outdoor-Land. Die dort lebenden Menschen waren häufig nur Beiprodukte. Wer mehrere Orte kennenlernen wollte, musste und muss auch immer noch seine Reise genau vorab planen, zumindest die entsprechenden Flüge und Bootsverbindungen buchen. Außerdem empfehlen sich ein Zeitpuffer und Flexibilität, zumindest was das Wetter betrifft. Individualreisende bleiben nicht selten 4–6 Wochen, notwendig bei den Entfernungen – doch wer hat schon so viel Zeit?

Fast immer im Zeitplan

Gerade wer einen genau kalkulierten Reiseplan liebt, vielleicht auch nur zwei Wochen Zeit zur Verfügung hat, der wird die Kreuzfahrt in Grönland schätzen. Jeden Tag steht ein anderes Ziel mit Besichtigungen und kleinen Wanderungen auf dem Programm, oder man kann einfach eigenständig umherstreifen. Neben den größeren Orten lernt man auch zahlreiche kleine Siedlungen kennen, und die wechselnde Landschaft ist ein ständiger Begleiter. Als Reisender muss man sich um wenig kümmern, an jedem Tag sind Aktivitäten geplant, die Anlandung mit Zodiaks ist organisiert und am Bootssteg nehmen gebuchte Guides die Reisenden in Empfang. Sollte mal etwas wegen Wetterschwierigkeiten ausfallen, bemüht man sich um Ersatz. Entspannt genießt man die Schönheiten und Erlebnisse zwischen Kangerlussuaq und Qaanaaq und gelangt an Orte, die Grönlandreisende sonst nur mit viel Organisationsaufwand vor Ort erreichen könnten, wie z. B. Thule oder Qullisat.

Land und Leute näher kennenlernen

Schon die Titel der Reisen, z. B. »Expeditionsreise nach Thule«, zeigen, was einen erwartet: Abwechslung und wenn möglich auch – kalkuliertes – Abenteuer. Wichtig ist den Veranstaltern, dass die Reisenden Land und Leute kennen- und vor allem besser verstehen lernen. Zum einen sind es die Vorträge der Lektoren, die die Reise als Kenner begleiten, und zum anderen die unmittelbaren Kontakte mit der Bevölkerung, die interessante und tiefer gehende Einblicke in das grönländische Leben vermitteln. In den Orten besucht man Chorvorführungen oder wird zum Trommeltanz eingeladen. Manchmal reisen auch Grönländer auf dem Schiff mit, die selbst zu Themen referieren.

Grönland ist nicht nur das faszinierende Land aus Eis, Schnee und Schlittenhunden, sondern eine moderne, sich stetig entwickelnde Gesellschaft, in der die Menschen durchaus auch ihre Traditionen bewahren. So sind die Vorführungen nicht einfach folkloristische Übungen zur Erbauung der Touristen, sondern Ausdruck gelebten Kulturgutes. Diese Mischung aus Natur und Kultur, Infotainment und Outdoor-Erlebnis machen den Reiz von Kreuzfahrten in Grönland aus.

Mythos, Magie und Mode – Kunst und Kunsthandwerk

In den Regalen der Souvenirgeschäfte wirken die kleinen geschnitzten Figuren aus Rentiergehörn oder Knochen mit ihren schrecklichen Gesichtern fremdartig. Daneben stehen wohlgeformte Robben und Eisbären aus Speckstein. In den Straßen der Orte beeindrucken die farbenfrohen Trachten der Frauen nicht zuletzt wegen ihrer vielfältigen Ornamentik.

Tupilak – der böse Geist der alten Zeit

Tupilaks, Monster mit menschlichen Gesichtern und Tierkörpern, so groß wie Bären oder so klein wie ein Daumen, wurden ursprünglich gefertigt, um Feinde zu bezwingen, denn im Glauben der Inuit konnten sie jeden töten, der sich ihnen näherte. Nur diejenigen, die die Kräfte der Natur beherrschten, die *angakoqs,* die Schamanen, hatten ausreichende Fähigkeiten, um einen Tupilak im Verborgenen zu überwältigen.

Die ersten Tupilaks bestanden aus Holz und Fellstücken, einige auch aus Knochen von Toten, die in Fell gepackt und durch entsprechenden Zauber zum Leben erweckt wurden: Der Schamane rieb die Figur so lange, bis er selbst vor Erschöpfung kollabierte, erst dann hatte der Tupilak einen Körper und eine Seele und war in der Lage,

Sorgten einst für Angst und Schrecken: Tupilaks

71

Besonders farbenfroh ist die Nationaltracht der Westgrönländerinnen

seine Mission zu erfüllen. Allerdings konnte es auch passieren, dass das vermeintliche Opfer stärker war als der Tupilak, dann kehrte der böse Geist zu seinem Erzeuger zurück und tötete diesen. Ihr Einsatz war also ein gefährliches Unterfangen, eine grönländische Version von russischem Roulette. Manche sollen auch schon aus Angst davor, dass der Tupilak zurückkommen könnte, gestorben sein.

Bildliche Darstellungen von Tupilaks gibt es erst seit Ende des 19. Jh., als die Grönländer sie aus Knochen und Zähnen schnitzten, um den ›dummen‹ Europäern zu zeigen, wie die gefährlichen Geschöpfe aussehen. Heute sind Tupilaks beliebtes Kunsthandwerk, das vor allem in Ostgrönland in großer Vollendung hergestellt wird, da sich hier durch den späten Kontakt mit Europäern die alten Traditionen und der alte Glaube besser bewahren konnten. Die Kleinskulpturen wurden,

nicht zuletzt angespornt durch die Dänen, immer surrealer, denn je grotesker sie ausfielen, desto begeisterter reagierten diese. Der ostgrönländische Künstler Kârale Andreassen (1890–1934) hat wohl die bizarrsten Tupilaks geschaffen.

Die äußere Form der modernen Tupilaks bewahrt noch immer etwas von der alten Kultur – noch immer bestehen sie aus Teilen von Meeressäugern, Vögeln und Menschen –, jedoch ohne die frühere Gefährlichkeit. Oder vielleicht doch?

Schutz und Stärke durch Amulette

Gegen das unberechenbare und undurchschaubare Wirken der zahlreichen Naturgeister und -kräfte versuchten sich die Menschen zu schützen. Amulette aus Knochen, Elfenbein, Stei-

72

nen, Perlen, Teilen von Tieren oder Holz – alles konnte Krankheiten und Unheil abwehren und Stärke geben. Amulette wurden meist direkt am Körper getragen, in die Kleidung genäht, am Kajak befestigt, oder sie hingen in den Zelten und zierten Waffen. So sind die Perlenschnüre, die viele Inuit auf historischen Bildern am Kopf tragen, nicht nur Schmuck, sondern häufig Amulette. Die Belegung toter Objekte mit magischen Kräften ist uns sicher nicht fremd, der eine hat immer eine Münze in der Tasche, der andere reist nie ohne Talisman. Anhänger in Form von Bärenköpfen oder Walflossen sind heute als Souvenir sehr beliebt. Vielleicht hoffen auch wir darauf, dass die Kraft und Stärke dieser Tiere auf uns übergeht.

Tierfiguren aus Speckstein

Aus Speckstein wurden in früheren Zeiten vor allem Gebrauchsgegenstände und Waffen hergestellt. Am bekanntesten sind sicher die kleinen Tranlampen, die mit Robben- oder Walspeck gefüllt wurden. Heute schnitzen viele grönländische Künstler aus dem leicht bearbeitbaren Stein kleine Tiere und menschliche Figuren, oder sie polieren ihn auf einer Seite blank und ritzen helle Motive darin ein. Vielfarbigkeit und ein weicher Glanz zeichnen den Stein aus. Grönländischer Speckstein ist in der Regel Grau, Braun oder Grün.

Die Nationaltracht

Es heißt, es sei die einzige Nationaltracht, bei der auch Frauen Hosen trügen. Bei der besonders bunten westgrönländischen Frauentracht sind die kurzen Robbenfellhosen mit Lederstickerei – *avittat* – verziert, gefertigt aus 3–5 mm langen und 1 mm breiten Lederstreifen. Die Kamiks, die oberschenkelhohen Stiefel, bestehen aus einem Materialmix aus Leder, Fell, Stickerei und Klöppelarbeit. Den Oberkörper kleidet die Bluse mit dem großen Perlenkragen, der bis zu 1,5 kg wiegen kann. Holländische Walfänger brachten die Glasperlen schon im 17. Jh. ins Land, der große Perlenkragen kam aber erst Anfang des 20. Jh. in Mode. Die westgrönländische Männertracht besteht lediglich aus einer schwarzen Hose, einem weißen Anorak und Kamiks. Ähnlich schlicht sind die Trachten beider Geschlechter in Nordgrönland gehalten. Über die Hosen aus Eisbärfell kommt bei den Männern nur ein Baumwollblouson im Schnitt eines Anoraks. Die Frauen tragen mit Eisbärfell isolierte weiße Kamiks, eine kurze Hose aus Hasen- oder Rentierfell und darüber eine meist einfarbige Bluse.

Die Fertigung der Nationaltracht dauert sehr lange und oft wird sie entsprechend an die nächste Generation weitergegeben. Gelegenheiten, sie zu tragen, gibt es viele: der erste Schultag, die Konfirmation, die Abitursfeier, hohe Feiertage, Kirchenbesuche, Auftritte des Nationalchors und natürlich der Nationalfeiertag.

Lesetipp
Ole G. Jensen: Eindrücke der Kultur Grönlands, Milik publishing 2007. Die kurzen, aber dennoch sehr informativen Texte zur traditionellen Kultur Grönlands sind in den Touristeninformationen und Buchhandlungen auch auf Deutsch erhältlich.

Der Trommeltanz – »The beat of the drum is the beat of the heart«

Es heißt, der Herzschlag der Arktis sei der Rhythmus der Trommel, und so findet man das Musikinstrument vielerorts in symbolischen Zusammenhängen. Das Kulturzentrum in Nuuk z. B. heißt nach dem Inuit-Wort für Trommelstock Katuaq, und die Nationalbücherei trägt in ihrem Logo einen Trommeltänzer als Zeichen für die Kraft der Legenden.

Die Trommel *(qilaat)* ist das einzige traditionelle grönländische Musikinstrument. Die fast kreisrunde, im Norden auch ovale Handtrommel ähnelt einem Tamburin. Der Rahmen wird entweder aus Treibholz, Walrossrippen oder vergleichbar flexiblen Knochen hergestellt. Für die Membrane verwendet man z. B. Bär- oder Walrossmägen oder die Plazenta von Robben. Felle werden fast nie benutzt, da sie zu dick sind. Der kurze Griff ist je nach Region aus Holz oder Knochen, das Gleiche gilt für den Trommelstock. Grönländische Trommeln werden immer von unten gegen den Rahmen geschlagen, meist auf der dem Griff gegenüberliegenden Seite.

Einst verpönt, heute verpopt

In Ost- und Nordgrönland ist der Trommeltanz noch am lebendigsten, denn dorthin kamen die Europäer und Missionare erst im ausgehenden 19. Jh.

Für die Missionare war der Trommeltanz Teufelswerk, das verboten werden musste, vor allem das Spiel der Schamanen, der *angakoqs,* die damit Krankheiten vertrieben oder die Mutter des Meeres gnädig stimmten, damit die Jagd erfolgreich verlief.

Trommeltanz, immer verbunden mit Gesang, gehörte einst zum täglichen Leben der Inuit-Gesellschaft. Es gab sehr unterschiedliche Formen: Sologesänge wie reine, aus der unmittelbaren Situation heraus spontan entstandene Gefühlslieder, Gesänge einzelner innerhalb der Gruppe, z. B. um ein besonderes Ereignis zu feiern, und das Trommeltanzduell. Die Duellform, bei der sich zwei Sänger mit ihren Trommeln gegenüberstanden, war von großer Bedeutung, denn hier wurden Blutfehden und Konflikte ausgetragen. Sieger wurde, wer zuerst das Publikum zum Lachen brachte. Am Ende konnte es nach diesem ›Sängerkrieg‹ durchaus zu einer Freundschaft der beiden Kontrahenten kommen.

Wichtig ist auch der Tanz, meist sehr erotische Bewegungen mit den Hüften, vermutlich mit ein Grund, weshalb die Missionare diese Musik verboten. Heute werden Trommeltänze bei Kulturveranstaltungen und Feiern sowie für Touristen aufgeführt. Aber auch viele junge Grönländer interessieren sich wieder für die alten Gesänge, und einige Bands haben sie in ihren Songs verarbeitet (s. S. 77) – so bleibt eine alte Musik- und Tanztradition lebendig.

Die junge Kunstszene – grönländisch global

Nicht zum Chillen, sondern zum Abrocken: die Musikgruppe Chilly Friday

Mit grönländischer Kunst wird meist das traditionelle Kunsthandwerk in Verbindung gebracht, doch gerade die bildende Kunst hat sich in den letzten fünf Jahrzehnten entwickelt. Insgesamt ist die junge Szene – Kunst, Musik und auch Design – sehr lebendig. Sie versucht den internationalen Markt, ohne dabei ihre Spezifik und Individualität zu verkaufen, auf sich aufmerksam zu machen.

›Etwas Merkwürdiges, das zurechtgemacht ist‹ bedeutet das grönländische Wort für Kunst, *erqumitsuliaq*. Es entstand im 19. Jh. mit der Ankunft der Europäer, durch die sich ein Kunstbegriff in unserem Sinne erst entwickelte. Die frühen Arbeiten waren integrierter Teil des Alltags und des religiösen Lebens und spiegeln Interpretationen von Natur, Mensch und Tier, ihre Beziehungen zueinander, die Sagen und Mythen wider. Alles war lebendig und hatte entsprechend eine *inua*, eine Seele. Vielleicht ist es diese Seele, die als Inuit-Identität zu verstehen ist und die die jungen Künstler durchaus bewahren möchten.

Erste bekannte Maler und Bildhauer

Die Trennung von Kunsthandwerk und Kunst geschah erst im 20. Jh., und der Maler, Bildhauer und Dichter Hans Lynge (1906–1988) gehört zu den ersten bedeutenden grönländischen Künstlern. Seine Bilder haben eine klare leuchtende Kraft, die die arktische Kälte zum Ausdruck bringt, ohne kalt zu wirken. Seine farblich vielschichtigen Blautöne strahlen geradezu, er wird deshalb als der ›Maler des Lichts‹ bezeichnet. Er setzte sich auch für die Gründung einer Kunsthochschule in Nuuk ein, die 1972 unter seiner Leitung eröffnet wurde und heute der Selbstverwaltung untersteht.

Aka Høegh (geb. 1947) ist die wohl international bekannteste Künstlerin Grönlands. In ihren Arbeiten tauchen neben der Natur, gern verarbeitet sie Knochen oder Holz, immer wieder Bezüge zu grönländischen Mythen und die Gesichter der Menschen auf. Ihr bekanntestes Kunstprojekt ist vielleicht »Stein und Mensch«: Von 1993 bis 1994 verwandelte sie ihre Heimatstadt Qaqortoq zusammen mit anderen skandinavischen Künstlern in ein Freilichtmuseum für Steinskulpturen (s. S. 131). Sie ist verheiratet mit dem Fotografen Ivars Silis, dessen Bilder und Bücher international erscheinen.

Die junge Generation

Dank der Kunsthochschule in Nuuk müssen junge grönländische Künstler ihre Ausbildung nicht mehr nur im Ausland absolvieren, was sie aber weiterhin machen. Die Möglichkeiten, in einem Land mit knapp 60 000 Einwohnern von der Kunst zu leben, sind gering. Allein schon deshalb ist die Orientierung nach Europa oder Kanada wichtig. Faszinierend an den Arbeiten der jungen Kunstschaffenden ist, dass sie trotz internationaler Bildsprache ihre grönländischen Wurzeln behalten. Zumindest beziehen sie sich darauf, wie Julie Edel Hardenberg (geb. 1971), die sich nicht nur mit ihren Fotografien einen Namen gemacht hat, sondern vor allem auch mit ihren politisch bestimmten Stoffarbeiten. Auch Miki Jakobsen (geb. 1965) zeigt in seinen Arbeiten deutlich seine grönländische Identität, zum einen durch eine Aus-

Fotoarbeit aus dem Projekt »Melting Barricades« von Inuk Silis Høegh

einandersetzung mit den Veränderungen in seinem Land, zum anderen durch den Rückgriff auf alte Traditionen, wie in seinen Masken zu sehen ist. Außerdem fallen immer wieder politische Aussagen auf, so auch in vielen Werken von Inuk Silis Høegh (geb. 1972). In dem Projekt »Melting Barricades« (2004) z. B. beschäftigt sich Silis Høegh zusammen mit seinem Künstlerkollegen Asmund Havsteen-Mikkelsen mit der Frage, was eine grönländische Armee nach einer möglichen Unabhängigkeit verteidigen sollte. Um mit anderen darüber ins Gespräch zu kommen, forderte er als General verkleidet die Bewohner von Nuuk auf, sich der fiktiven Armee anzuschließen, und diskutierte mit ihnen über grönländische Werte, Lebensstil und die Rolle Grönlands in der globalen Welt.

Produktive Musikszene

Grönländische Künstler sind oft nicht nur in einer Sparte produktiv, Inuk Silis Høegh z. B. dreht und produziert auch Filme, die u. a. bei den Nordischen Filmtagen in Lübeck gezeigt werden. Miki Jakobsen ist gleichzeitig Musiker und selbst als Maskentänzer ist er äußerst bemerkenswert. Musik spielt von jeher eine wichtige Rolle im Leben der Grönländer, und heute gibt es ein breites Angebot an unterschiedlichen Stimmen. Auch der jetzige Premierminister, Kuupik Kleist, hat eine sehr schöne CD herausgebracht. Er gilt als der Leonard Cohen Grönlands.

Dass es in Grönland schon seit den 1970er-Jahren ein eigenes Musiklabel gibt, überrascht sicher. 1973 kam die erste LP einer grönländischen Gruppe auf den Markt, die Gruppe hieß Sume (wo) und ihr Debütalbum »sumut« (wohin). Die Platte schlug ein wie eine

Bombe. Die Gruppe sang von der grönländischen Kultur, dem Stolz und der Geschichte, hier erklangen kämpferische Töne. 25 000 Platten wurden in ganz Skandinavien verkauft, selbst Radio Luxemburg spielte damals die Musik. Sume war ein Durchbruch für die grönländische Musikszene, die Gruppe hat heute Kultstatus.

Ein weiterer großer Sänger, dessen erste LP 1974 erschien, ist Rasmus Lyberth. Er schreibt Musik und Texte seiner gefühlvoll vorgetragenen, aber niemals sentimentalen Lieder selbst. Begonnen hatte seine Karriere als Mitglied von Sume, später arbeitete er mit dem Tuukkaq-Theater zusammen, das mit Musik und Tanz Mythen und Szenen aus dem Alltag darstellte. 1996 wurde Rasmus Lyberth für den Musikpreis des Nordischen Rates nominiert.

Zu den neuen Namen zählen die Ole Kristiansen Band, Mariina, Inneruulat oder auch Nuuk Posse. Die Rap-Gruppe Nuuk Posse greift in einigen Stücken auf die alte Gesangstradition zurück. Ein gutes Beispiel für diese Mischung aus Alt und Neu ist die CD »Nanu Disco – In search of the roots«, die 1998 herauskam. In den letzten Jahren bekannt wurden die Sängerin Kimmernaq, der Liedermacher Angu und die Rockgruppe um den Sohn des Premierministers, Malik Kleist, Chilly Friday.

Unterwegs in Grönland

Über den Schnee bis zum Meer: Hundeschlittenfahrt auf der Disko-Insel

Nuuk und Umgebung

Highlight!

Nuuk: Die kleine Hauptstadt bietet viele Überraschungen – ein reges Kulturleben, den Kolonialhafen, moderne Stadtteile, und alles inmitten einer reizvollen Landschaft. S. 82

Auf Entdeckungstour

Die Mumien von Qilakitsoq im Nationalmuseum: Jedes Land hat seinen kulturellen Schatz. In Grönland zählen sicher die Mumien von Qilakitsoq dazu, die fast 500 Jahre in einer Felsengrotte gelegen haben, bis sie 1972 zufällig entdeckt wurden. Die vier besterhaltenen Mumien sind im Nationalmuseum zu sehen. S. 86

Mit dem Linienbus in die Neustadt von Nuuk: Hauptstädte verfügen über öffentliche Verkehrsmittel, und das ist in Nuuk nicht anders. Es gibt drei Busrouten, auf denen man zu den unterschiedlichen Stadtteilen gelangt. Ideal, um einmal die Ausdehnung der stetig wachsenden Hauptstadt kennenzulernen. S. 96

Kultur & Sehenswertes

Nuuk Kunstmuseum: Traditionelle und vor allem zeitgenössische grönländische Kunst sind hier vereint. 23 S. 95

Straße Aqqusinersuaq: Die geradezu gigantischen Wohnblocks hier sind ein gutes Beispiel für misslungene Kolonialpolitik. Einfach mal entlanglaufen und in die Treppenhäuser blicken. 21 S. 95

Aktiv & Kreativ

Wanderung zum Austmannadalen: Die landschaftlich reizvolle Wanderung führt vorbei an Ruinen der Nordmänner, die einige Jahrhunderte in Grönland lebten. S. 104

Genießen & Atmosphäre

Hans-Egede-Denkmal: Der Blick vom Denkmal auf den Kolonialhafen, die moderne Stadt und den Fjord ist sehr reizvoll – ein obligatorisches Fotomotiv bei einem Nuuk-Besuch. 8 S. 90

Restaurant Sarfalik: Abends bei einem guten Essen den Blick aus dem Fenster genießen, vor allem wenn die Berge in das besondere Licht der Mitternachtssonne gehüllt sind. 1 S. 98

Abends & Nachts

Skyline Bar: Ob Gäste aus dem Ausland oder die Nuuker selbst – alle lieben diesen Platz mit Stadtblick. 1 S. 101

Nuuk und Umgebung

Die größte Stadt der Arktis, Nuuk, liegt in beeindruckender Umgebung: Auf den Fjorden treiben Eisberge, und schneebedeckte Gebirgszüge mit markanten Gipfeln erstrecken sich bis zum Inlandeis. In der Hauptstadt Grönlands ist die Moderne genauso präsent wie die 4000-jährige Jägerkultur.

Geologisch gehört das Gebiet um Nuuk zu den ältesten der Erde, in der Isua-Region hat man Spuren von Le-

Infobox

Reisekarte: ▶ D 19/20
Stadtpläne: S. 88 und 103

Touristeninformation
Nuuk Tourism A/S: Hans Egedesvej 29, Tel. 32 27 00, Fax 32 27 10, 15. Juni–15. Sept. Mo–Fr 9–17, Sa 12–16; 16. Sept.–14. Juni Mo–Fr 10–16 Uhr.

Internet
www.nuuk-tourism.gl: Website der Touristeninformation (engl.) mit guten, weiterführenden Links und Informationen zur Stadt und Umgebung.
www.nuuk.gl: Die Website der Stadt auf Dänisch mit touristischen Informationen auf Englisch.

Anreise und Weiterkommen
Bei der Anreise kann man vom Hafen je nach Gepäck und Kondition ins Zentrum laufen, ansonsten empfiehlt es sich genauso wie vom Flughafen ein Taxi zu nehmen. Während des Aufenthalts kann man die meisten Wege gut zu Fuß erledigen, der Verkehr ist durchaus überschaubar. In den Stadtplänen sind die Treppenverbindungen eingezeichnet. Für größere Entfernung fährt man entweder mit dem Bus oder einem Taxi.

bensformen gefunden, die 3,8 Mio. Jahre alt sind. Doch auch als Siedlungsgebiet hat die Region eine lange Geschichte. Die ersten Menschen, die zur Saqqaq-Kultur gezählt werden, kamen um 2400 v. Chr. aus Nordamerika in die Nähe von Qoornoq und lebten bis 1000 v. Chr. in Grönland. Spuren der Dorset-Kultur fand man im Gebiet der ehemaligen Siedlung Kangeq. Diese Siedler verschwanden um 800 n. Chr. Die dritte Einwanderungswelle kam aus dem Osten, Normannen, die sich in den Jahren 1000 bis 1350 hier niederließen. Ihr Hauptsiedlungsgebiet war die Region um den Ameralik-Fjord, der damals Lysefjord hieß, der ›lichte Fjord‹. Auf dem größten und bekanntesten Hof Sandnæs lebten Thorsteinn Eiriksson und seine Frau Gudrid eine kurze Zeit. Insgesamt hat man 70 Höfe und drei Kirchen in dem Gebiet gefunden, das im Mittelalter Westsiedlung (Vestribygd) genannt wurde. 1350 konnte Ívar Bárdarson, der im Auftrag des norwegischen Bischofs Gardar verwaltete, auf seiner Reise zur Westsiedlung nur noch feststellen, dass dort »keine Christen und keine Heiden mehr waren, nur noch einige wilde Schafe und Kühe«.

Die vierte Einwanderungswelle erfolgte durch die Thule-Inuit, die Vorfahren der heutigen Inuit. Von ihnen hat man einige Winter- und Sommerwohnstätten im Gebiet von Nuuk gefunden.

Nuuk ▪ ▶ D 20

Nuuk bedeutet ›Landzunge‹ und ist für manchen Reisenden – und auch für manchen Grönländer – nicht mehr das wahre Grönland. Das wirtschaftliche, kulturelle und politische Zentrum der größten Insel der Welt mit seinen ›nur‹ 16 000 Einwohnern ist für europäische

Blühender Garten im kolonialen Teil von Nuuk, im Hintergrund die Unser-Erlöser-Kirche

Verhältnisse eine kleine, jedoch die mit Abstand größte Stadt des Landes. Nuuk verfügt über alle Einrichtungen einer Hauptstadt: die Selbstverwaltung, das Kulturzentrum Katuaq, die Universität, das größte Krankenhaus des Landes, Verwaltungssitze der wichtigsten Firmen und das Grönland Institut für Naturressourcen. Die Stadt wirkt wie ein Versuchsfeld für Siedlungspolitik und -entwicklung, was sie natürlich auch ist. Wenig einladend sehen die Wohnblocks mit ihrer gleichförmigen Front aus, doch wenn man in einer Wohnung aus dem Fenster blickt, sieht man die Eisberge im Fjord und die in das goldene Licht der untergehenden Sonne getauchten Gipfel von Ukkusissat. Vielleicht ist Nuuk nicht die schönste Hauptstadt der Welt, aber sicher die mit einer der schönsten Umgebungen.

Mit der Gründung von Nuuk, das damals Godthåb (Gute Hoffnung) hieß, beginnt am 29. August 1728 die moderne Geschichte der Stadt und die Geschichte der dänischen Kolonisation Grönlands. Hans Egede, der sich schon seit 1721 in Grönland aufhielt, hatte den Auftrag, Handelsstationen im Land zu errichten, doch das gelang ihm nicht. Enttäuscht über seine geringen Erfolge und unglücklich über den Tod seiner Frau Gertrud Rask verließ er Grönland 1736. Gertrud war wie viele Inuit an den 1733 eingeschleppten Pocken gestorben. 1733 gestattete der dänische König der deutschen Herrnhuter-Mission, sich auch in Grönland zu etablieren, doch eine Zusammenarbeit zwischen Dänen und Deutschen kam aufgrund der unterschiedlichen theologischen Ansätze nicht zustande.

Die Entwicklung Nuuks zur Hauptstadt begann erst nach der Gründung der Königlich Grönländischen Handelsgesellschaft 1774. In ihrer Blütezeit in der ersten Hälfte des 19. Jh. entstanden viele der Kolonialhäuser um den alten Hafen. Die Bevölkerung wuchs damals noch sehr langsam. Erst 100 Jahre später setzten die Dänen die Pläne um, die das Stadtbild und das Leben in Nuuk radikal veränderten. G-60 nannte sich die Politik der Zentralisierung durch die Dänen, die in Nuuk die wahnsinnigsten Blüten trieb. In dem rund 200 m langen Block P leben über 500 Menschen, so viele wie in zwei oder drei traditionellen grönländischen Siedlungen zusammen. Südlich des Kolonialhafens erheben sich zehn große weiße Wohnblocks, die zum Wahrzeichen des modernen Nuuk geworden sind.

Heute gehören die aufgezwungenen Zentralisierungspläne für die Einwohner in der Hauptstadt der Vergangenheit an, man beschreitet jetzt architektonisch bessere Wege. Ziel ist es, die alten Wohnblocks nach und nach zu entfernen und durch kleinere Wohnanlagen zu ersetzen. Da der Bedarf an Neubauten riesig ist, trifft man ständig auf Baustellen. Viele Menschen ziehen nach Nuuk, denn hier gibt es Arbeitsplätze, und die Lebensbedingungen entsprechen eher denen der modernen Welt. Zugleich bestehen ausreichende Möglichkeiten für Jagd- und Fischausflüge, wie die vielen Jagdhütten an den Fjordküsten zeigen.

Den besten Eindruck von der Größe der Stadt erhält man auf einer Fahrt mit dem Linienbus (s. Entdeckungstour S. 96). Dabei erkennt man, dass Nuuk aus drei Teilen besteht: die Region um den Kolonialhafen, das moderne Nuuk mit der Konsummeile und die neuen Stadtteile Nuussuaq, Eqalugalinnguit und der jüngste Qinngorput. Es lohnt sich auch, zu Fuß auf Sightseeingtour zu gehen, z. B. indem man den zahllosen Treppen folgt, die einzelne Straßenzüge miteinander verbinden.

Der Kolonialhafen

Dieser Teil der Stadt liegt rund um den ehemaligen Kolonialhafen, wo sich im 18. Jh. die Dänen mit ihren Häusern ansiedelten. Das relativ kleine Gebiet erstreckt sich von der Straße Hans Egedesvej bis zur Erlöserkirche, besonders lohnend ist der Besuch des Nationalmuseums. Heute nutzen die Fischer und Bewohner die Anlegestelle für ihre kleinen Motorboote, außerdem ist die geschützte Bucht ein idealer Übungsplatz für die Kajakfahrer.

Poststation vom Weihnachtsmann [1]

Schon von Weitem sieht man den überdimensionalen Weihnachtsbaum – Grönlands höchsten Baum. Er steht vor Gebäuden aus den 1950er-Jahren, in denen nicht nur die Touristeninformation (Tikilluarit) untergebracht ist, sondern auch die Poststation von Santa Claus neben einem Laden mit Weihnachtsartikeln, in dem man einen Weihnachtsstempel erhalten kann. Jährlich schicken Tausende Kinder aus aller Welt Briefe mit ihren Weihnachtswünschen hierher. Der riesige Postkasten direkt neben dem Haus wird vor Weihnachten geleert.

Nationalmuseum [2]

Hans Egedesvej 8, www.natmus.gl, Juni–Sept. Di–So 10–16, Okt.–Mai Di–So 13–16 Uhr, 30 DK, sonntags freier Eintritt

Das Grönländische Nationalmuseum und das nationale Archiv (Nunatta Katersugaasivia Allagaateqarfialu) wurden 1991 vereint und in Lagerhäusern aus den 1920er-Jahren untergebracht. Am Eingang des Neubaus von 1992 prangt als Logo des Nationalmuseums das Sonnensymbol der Inuit.

In der neuen 2009 eröffneten Ausstellung werden die Veränderungen von der Thule-Kultur bis zur Kolonialzeit in ihrer zeitlichen Abfolge gezeigt. In einzelnen Themenräumen erhält man anschaulich aufbereitete Informationen u. a. zu den sozialen Unterschieden zwischen Dänen und Inuit, zu Kleidung, Werkzeugen und den Ostgrönländern sowie zur spirituellen Welt. Der größte Schatz des Museums sind die Mumien aus Qilakitsoq (s. Entdeckungstour S. 86).

Einer der bemerkenswertesten grönländischen Künstler war Aron fra Kangeq, von dessen 250 Bildern sich immerhin 160 im Nationalmuseum befinden. Neben dem Museum steht ein bronzenes Relief von einem seiner Holzschnitte.

B-74 [3]

Auf dem Dach des alten roten Hauses aus der Mitte des 19. Jh. erkennt man deutlich die Kennzeichnung ›B-74‹. Ursprünglich war hier die erste, 1765 erbaute Kirche Nuuks. Heute gehört das Haus zum Nationalmuseum und beherbergt eine alte Böttcherwerkstatt. Neben den entsprechenden Werkzeugen hängen Fotos von 1884 dort. Fässer wurden vor allem für den Transport und die Lagerung von Fischen und Petroleum benötigt.

Kajakclub [4]

Neben dem Museum befinden sich zwei alte Lagerhäuser, Depots des Museums, und der Kajakverein. Vor allem Jugendliche interessieren sich seit Anfang der 1990er wieder zunehmend für den Bau und die Handhabung dieser leichten und schnellen Boote. Regelmäßig finden in den Orten entlang der Westküste Wettkämpfe statt.

Hans-Egede-Haus [5]

In dem ältesten Haus von Nuuk (Hans Egede Illuat), 1728 errichtet, wohnte einst Hans Egede (s. S. 83). Heute dient das Gebäude repräsentativen Zwecken und als Gästehaus für offizielle Besucher, zuvor war es der Sitz des Premierministers der Selbstverwaltung.

Mein Tipp

Brunch am Kolonialhafen – Restaurant Nipisa [2]

Direkt über der Touristeninformation führt eine unscheinbare Treppe ins Restaurant Nipisa, eines der gemütlichsten Lokale der Stadt. Am Wochenende bietet es einen ausgezeichneten Brunch mit grönländischen Fisch- und Fleischprodukten wie Lachs, leckeren Eismeerkrabben und natürlich Robben- und Walfleisch. Konventionellere Speisen stehen auch zur Auswahl und vor allem gutes Brot. Kulinarisch genießen und dabei den Blick auf die Bucht goutieren, vielleicht ist das der beste Start für einen ausgiebigen Stadtspaziergang (Hans Egedesvej 29, Tel. 32 12 10, Mo–Sa 18–22.30, Sa/So 11–14 Uhr, Gerichte ab 150 DKK).

Altes Krankenhaus [6]

Das auffallend leuchtend gelbe Gebäude ist das 1903 erbaute alte Krankenhaus. Vor allem Tuberkulosekranke wurden bis in die 1950er-Jahre hier behandelt. Aufgrund des geringen Platzes mussten damals noch viele Patienten nach Dänemark geschickt werden. Erst 1954 wurde weiter südöstlich in Richtung Atlantikhafen das neue Königin-Ingrid-Krankenhaus errichtet, das über 200 Betten verfügt.

Traditionell strich man Krankenhäuser in früheren Jahren gelb, und in vielen Orten ist das auch bis heute beibehalten worden. Diese Farbgebung – Läden waren immer rot und Verwaltungshäuser blau – erleichterte die Orientierung in jedem Ort. Heute wird das alte Krankenhaus als Kolleg genutzt.

Auf Entdeckungstour

Die Mumien von Qilakitsoq im Nationalmuseum

Jedes Land hat seinen kulturellen Schatz. In Grönland zählen sicher die Mumien von Qilakitsoq dazu, die fast 500 Jahre in einer Felsengrotte gelegen haben, bis sie 1972 zufällig entdeckt wurden. Die vier besterhaltenen Mumien sind im Nationalmuseum **2** zu sehen.

Nationalmuseum: Hans Egedesvej 8, www.natmus.gl, Juni–Sept. Di–So 10–16, Okt.–Mai Di–So 13–16 Uhr, 30 DK, So freier Eintritt

Buch: Jens Peder, Hart Hansen u. a. The Greenland Mummies, London 1991.

Geradezu geheimnisvoll wirkt der gekonnt ausgeleuchtete Raum im Nationalmuseum in Nuuk. Hinter der großen Glasscheibe, die den Raum teilt, liegen vier der acht Mumien von Qilakitsoq zusammen: eine 50-jährige, eine 20- bis 30-jährige und eine über 30-jährige Frau sowie ein sechs Monate altes Kind. Der Anblick des Kinderkörpers rührt besonders an – bei der Entdeckung war er zunächst für eine Puppe gehalten worden. Die anderen gefundenen Körper ebenfalls von drei Frauen und einem Kind sind wegen ihres schlechten Zustands nicht ausgestellt.

Die Kleidung und Lebensweise

Die Mumien sind komplett bekleidet und insgesamt hat man 78 Kleidungsstücke gefunden. In der Vorstellungswelt der Thule-Inuit, denn zu dieser Kultur gehören die wohl um 1475 Verstorbenen, benötigten die Toten auf ihrer Reise in die andere Welt adäquate Kleidung. Die Kamiks, die Stiefel, waren absolut wasserdicht und zur Isolation mit Heu gefüttert. Alle Toten tragen zwei Kleidungsschichten: eine Unterkleidung u. a. aus Vogelbälgen, der abgezogenen Vogelhaut mit Federn, und eine Überkleidung aus Robbenfell. Die Tätowierungen lassen sich in den Gesichtern der älteren Frauen noch gut erkennen.

Die Untersuchungen ergaben, dass bis auf den Säugling alle eines natürlichen Todes gestorben waren. Bei dem Baby vermutet man, dass es eventuell lebendig mit seiner Mutter begraben oder vorher erstickt worden war, da sich niemand sonst um das Kleinkind gekümmert hätte und es damit verhungert wäre. Seine Mutter war wahrscheinlich die über 30-jährige Frau. Bei den älteren Frauen zeigten die noch vorhandenen Zähne die typischen Abnutzungserscheinungen, die durch das Weichkauen von Fellen entstehen. In der Lunge einer der jungen Frauen, die hier nicht liegt, zeigten sich höhere Rußablagerungen durch die Seehundtranlampen als durch unseren Großstadtsmog.

Über 500 Jahre optimal gelagert

Die acht Toten lagen in zwei benachbarten Grotten in Nordgrönland rund 200 m von der ehemaligen Siedlung Qilakitsoq (s. S. 229) entfernt. Die Höhlen befanden sich unterhalb eines Felsvorsprungs in Hanglage und waren durch Steine geschützt. Die gute Durchlüftung der Steingrotten, die niedrige Temperatur und geringe Luftfeuchtigkeit ermöglichten eine natürliche Mumifizierung. Erst nach dem zufälligen Fund wurden regelmäßig die schützenden Steine weggeräumt. Die Leichen waren gestapelt und lagen auf Robbenfellen sowie Moos, außerdem waren die Höhlen noch mit Steinen aufgefüllt, was ein typisches Merkmal alter Inuit-Gräber ist. Nicht selten findet man auch noch heute alte Grabstätten in Höhlen, die natürlich nicht betreten werden dürfen.

Untersuchungen und Rückkehr

In Kopenhagen fanden eingehende wissenschaftliche Untersuchungen statt, die Aufschluss über Erkrankungen, Ernährung und auch verwandtschaftliche Beziehungen gaben. Insgesamt ist der Fund von großer Bedeutung, da die Toten hervorragende Rückschlüsse auf die Lebensumstände vor über 500 Jahren zulassen. Im Zuge der Rückführung nationaler Kulturgüter wurden die Mumien 1982 wieder nach Grönland gebracht. Noch heute liegen Tausende von Artefakte der Inuit-Kultur im Dänischen Nationalmuseum in Kopenhagen, ehemalige Mitbringsel der sogenannten Forscher.

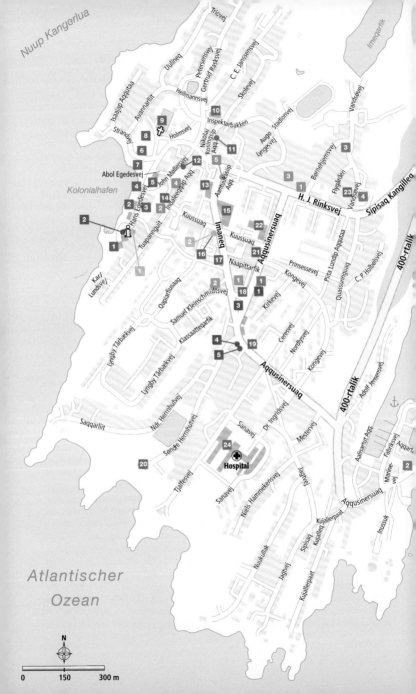

Nuuk

Sehenswert

1 Poststation vom Weihnachtsmann
2 Nationalmuseum
3 B-74
4 Kajakclub
5 Hans-Egede-Haus
6 Altes Krankenhaus
7 Die Mutter des Meeres
8 Hans-Egede-Denkmal
9 Unser-Erlöser-Kirche bzw. Domkirche
10 Lehrerseminar
11 Arktischer Garten
12 Fisch- und Fleischmarkt Brædtet
13 Das Parlament
14 Die Warte – Inussuk
15 Katuaq
16 Amisut
17 Nationalbibliothek
18 Samuel Kleinschmidts Laternenpfahl – Qullerfik
19 Hans-Egede-Kirche
20 Herrnhuter-Missionskirche
21 Aqqusinersuaq
22 Rathaus
23 Nuuk Kunstmuseum
24 Krankenhaus
25 Atlantikhafen
26 Universität von Grönland
27 Grönländisches Institut für natürliche Ressourcen
28 Golfplatz
29 Flughafen
30 Qinngorput

Übernachten

1 Hotel Hans Egede
2 Sjømandshjemmet
3 Hotel Nordbo
4 Godthåb Hallen

Essen & Trinken

1 Sarfalik
2 Restaurant Nipisa
3 Esmeralda
4 Café Mik
5 barista

Einkaufen

1 Atlantic Music
2 Anori Art
3 Arktis Gaveshop
4 galleri, roar christiansen
5 Atuagkat

Aktiv & Kreativ

1 Nuuk Tourism A/S
2 Tupilak Incoming
3 Schwimmhalle Malik
4 Nuuk Golfklub

Abends & Nachts

1 Godthåb bryghus
2 Manhattan Nightclub

89

Die Mutter des Meeres 7

Natürlich gehört diese Skulptur direkt ans Meer, damit Mensch und Tiere leicht zueinander finden (s. Lieblingsort S. 92).

Hans-Egede-Denkmal 8

Fast jede Aufnahme von Nuuk ziert die Statue von Hans Egede, die 1921 anlässlich der 200-Jahr-Feier der Ankunft Egedes errichtet wurde. Von dem kleinen Hügel hat man einen hervorragenden **Blick auf die Stadt, den Fjord und den Kolonialhafen.** Man versteht schon, warum die Dänen sich hier niederließen. Die überlebensgroße Erzstatue auf dem Steinsockel ist ein Werk des Bildhauers August V. Saabye, das Original steht an der Marmorkirche in Kopenhagen. Egede, der zwar als Missionar und Gründer von Handelskolonien nicht sehr erfolgreich war, gilt als Gründer des kolonialen Nuuk bzw. Godthåb.

Unser-Erlöser-Kirche bzw. Domkirche 9

In direkter Nachbarschaft zum Hügel steht die rote Unser-Erlöser-Kirche (Annaassisup Oqaluffia), die 1849 geweiht wurde. Damals hatte sie eine Kuppel, die noch auf alten Bildern zu sehen ist und 1884 durch den Turm ersetzt wurde. Innen befinden sich Ölgemälde von Carl Rasmussen und ein Marmorrelief von 1894, das Hans Egede und seine Frau Gertrud Rask zeigt. Die Erlöser-Kirche wurde mit Errichtung eines eigenen Bistums 1994 zur Domkirche des Landes. In der Nähe der Kirche steht eine Bronzebüste zur Erinnerung an Jonathan Petersen (1881–1961), den Organisten der Kirche, der aber vor allem als Komponist und Kirchenlieddichter für Grönland bedeutend war. Außerdem lehrte er im Lehrerseminar, das 1854 gegründet und zunächst im roten Haus neben der

Kirche untergebracht wurde. Es ist die älteste Kulturinstitution Grönlands. Heute wohnt die Bischöfin Sofie Petersen in dem Haus. Auf dem alten **Friedhof** dahinter liegen mehrere Gräber bekannter Persönlichkeiten wie das von Samuel Kleinschmidt.

Lehrerseminar 10

Nördlich des Friedhofs steht ein auffallend roter Bau aus dem Jahr 1907. Hier ist seitdem das Lehrerseminar untergebracht. Die älteste Ausbildungsstätte des Landes ist ein Symbol für die Identität Grönlands, denn hier erhielten nicht nur etliche bekannte Grönländer eine Ausbildung, sondern auch die eigene Sprache wurde gelehrt. Heute ist das Lehrerseminar Teil der Universität Grönlands. Der schöne Kolonialbau mit dem weißen Gipfel des Berges Sermitsiaq, der von manchen Plätzen in der Stadt wie der ›Hausberg‹ wirkt, ziert auch das Stadtwappen von Nuuk. Ein gelbes Kajakpaddel und Wellen vervollkommnen das Bild.

Vor dem Seminar stehen zwei **Gedenksteine.** Der eine erinnert an Rasmus Berthelsen (1827–1901), den ersten am Seminar ausgebildeten Lehrer, der 1861–1874 auch Redakteur der grönländischen Zeitung ›Atuagagdliutit‹ war. Das Bronzerelief stammt von Christian Rosing Nuunu. Der andere Stein ist Jørgen Brønlund (1877–1907) gewidmet, der an mehreren Expeditionen in Nordgrönland teilnahm, wo er im November 1907 starb.

Arktischer Garten 11

Frei zugänglich

Südlich des Seminars befindet sich der Aqqaluk-Platz mit stufenförmig angeordneten Mauern. Die eine oder andere auffallende Pflanze ragt aus dem ansonsten einheitlichen Grün hervor, Relikte des Versuchs, einen arktischen Garten mit allen Pflanzen der Umgebung anzulegen. Doch das Projekt scheiterte, und so blieben lediglich die Umrandungen mit einigen Gewächsen übrig. Das **Denkmal** auf dem Platz erinnert an den Besuch des dänischen Königs Frederik IX. und der Königin Ingrid 1952 in Grönland.

Am südlichen Rand des Platzes steht ein weiterer **Gedenkstein** von 1919 mit einem Bronzerelief von Hinrich Johannes Rink (1819–1894). Er leitete mehrere Handelsniederlassungen in Grönland und war von 1871 bis 1882 Direktor der ›Königlich grönländischen Handelsgesellschaft‹ KGH. 1861 gründete er Südgrönlands Buchdruckerei und die Zeitung »Atuagafdliutit«.

Fisch- und Fleischmarkt – Brædtet 12
John Møllersvej, vormittags
Auf dem Brædtet (Ulluinnarsiutinut Pisiniarfiit) verkaufen die Jäger und Fischer ihren täglichen Fang, und je nach Saison kann man neben Robbenfleisch auch Rentier- oder Moschusochsenfleisch erhalten. Auch Engelswurz, was ein beliebtes Gemüse ist, wird angeboten. Ein lohnender Abstecher, wenn man sehen will, was das Meer so bevölkert.

Das moderne Zentrum

Das moderne Nuuk ist alles andere als eine architektonische Meisterleistung. Es wird geprägt zum einen durch die riesigen Wohnblocks aus den 1960er- und 1970er-Jahren, Riegel, die den Plattenbauten der sozialistischen Länder durchaus ähneln, und zum anderen durch eher klotzartige Funktionsbauten wie das Hotel Egede oder das Parlament. Städteplanerische Konzepte lassen sich erst in den jüngeren Stadtteilen erkennen. Doch der Wille zur Veränderung ist groß. Ausdruck

der neuen Architektur ist z. B. das hohe Post- und Telekommunikationsgebäude. Anderes wirkt dagegen wie im Übergang bzw. verfallen.

Parlament 13
Besichtigung: Infos über Nuuk Tourism, s. S. 82
Der relativ unscheinbare rote Gebäuderiegel ist Sitz des grönländischen Parlaments. So reizlos er von außen ist, so dekorativ ist seine Ausstattung mit Inuit-Kunstwerken, Kajaks und vor allem auch Fellen im Plenarsaal.

Die **Skulptur Kaassassuk** vor dem Parlament hat der grönländische Künstler Simon Kristoffersen geschaffen. Sie wurde 1989 aufgestellt, zehn Jahre nach Einführung der Selbstverwaltung. Die Plastik stellt die Erzählung von dem Knaben Kaassassuk dar, der als Waisenkind von allen in der Siedlung schlecht behandelt wurde. Erst mit der Hilfe von Pissaap inua, dem Geist der Kraft, gelingt es ihm, groß und stark zu werden und sich an seinen Misshandlern zu rächen. Die Geschichte ist jedem Grönländer bekannt und versinnbildlicht hier den Gedanken der Eigenständigkeit Grönlands.

Die Warte – Inussuk 14
Die Skulptur von Niels Motzfeldt an der T-Kreuzung Indaleeqqap Aqq./Kuussuaq wurde anlässlich des Inkrafttretens der Selbstverwaltung am 21. Juni 2009 enthüllt. Das 5 m hohe Kunstwerk aus Beton, Steinen und Kupfer steht auf drei Stützen, die die drei Bevölkerungsgruppen Grönlands im Norden, Westen und Osten symbolisieren. Vereint halten sie Gesamtgrönland, dargestellt durch den Felsbrocken.

Katuaq 15
Imaneq 21, Tel. 36 37 70, www. katuaq.gl, Mo 16–21 (Film), Di–So 11–21 Uhr

Steingewordener Mythos – die Mutter des Meeres 7 in Nuuk

Dieser wunderschöne Platz mit dem weiten Blick auf das Meer am Strandvej unterhalb des Krankenhauses vereint Mythos mit Vergangenheit und Zukunft. Geradezu zärtlich kämmt der junge Mensch die Haare der Mutter, die umringt wird von allen Tieren des Meeres, auch vom Eisbären. Nach wie vor ernähren sich die Bewohner Grönlands in erster Linie von Meerestieren. Die Geschichte erzählt, nur wenn die Haare ordentlich gekämmt werden, schickt die Mutter den Menschen Tiere. Die Skulptur ist ein beliebter Treffpunkt, manchmal auch ganz offensichtlich für Verliebte.

Architektonisch eines der gelungensten Gebäude – nicht nur in Grönland – ist das 1997 eröffnete Kulturzentrum Katuaq (Kulturip Illorsua). Geplant von der dänischen Architektenfirma Schmidt, Hammer & Lassen aus Århus, beeindruckt die multifunktionale Bühneneinrichtung, die Katuaq sowohl als Kongresszentrum als auch als hervorragenden Raum für Theaterinszenierungen ausweist. Beeindruckend ist der Vorhang, den Aka Høegh entworfen hat. Regelmäßig finden hier die unterschiedlichsten Veranstaltungen statt, außerdem hat das NAPA, das Nordische Institut in Grönland, hier eine Heimat gefunden. Jeden Sommer ist eine große Ausstellung einem bildenden Künstler des Landes gewidmet. Die Cafeteria trägt mit dazu bei, dass das Zentrum ein beliebter Treffpunkt ist. Finanziert wurde die Einrichtung von der Stadt, dem Land und dem nordischen Ministerrat, außerdem gibt es Zuschüsse von Sponsoren.

Amisut [16]

Die Künstlerin Naja Rosing schuf die Bronzeskulptur Amisut, die Robbengruppe, in der kleinen Fußgängerzone. Auch sie wurde anlässlich der neuen Selbstverwaltung aufgestellt. Robben sind seit jeher das wichtigste Jagdtier der Inuit, und diese Gruppe symbolisiert Einigkeit und Solidarität, wofür die neue Selbstverwaltung auch stehen soll.

Nationalbibliothek [17]

Imaneq 26, Tel. 32 11 56, www.katak.gl, Mo–Fr 11–17, Mi 10–18, Sa 11–14 Uhr
Durch die Fußgängerzone Naapittarfik gelangt man zur Nationalbibliothek (Nunatta Atuagaateqarfia), die bis 2008 auch die Groenlandica-Sammlung beherbergte. Heute ist sie Volksbücherei Nuuks und die Zentralbibliothek des Landes. Auch Touristen können die Bücherei benutzen. Insgesamt gibt es 19 Büchereien im Land.

Samuel Kleinschmidts Laternenpfahl – Qullerfik [18]

Ein einsamer Pfahl steht am Abzweig des Samuel Kleinschmidtsvej auf einen Felsen. Hier pflegte der Sprachforscher seine Laterne aufzuhängen, wenn er im Winter auf dem Weg von seinem Haus zur Herrnhuter-Mission war. Der Pfahl steht genau auf der Hälfte der Strecke zwischen Kolonialhafen und Mission. Er hängte morgens die Lampe dort auf, um abends in der Dunkelheit den Weg finden zu können.

Hans-Egede-Kirche [19]

Die moderne Hans-Egede-Kirche wurde anlässlich der 250-Jahr-Feier der Ankunft Egedes 1971 errichtet. In der Kirche, in der 350 Menschen Platz finden, hängen zwei Bilder von Egede und seiner Frau, die angeblich 1708 in Bergen gemalt worden sind. Außerdem sieht man ein Modell des Schiffes ›Hans Egede‹, das im Februar 1942 von einem deutschen U-Boot torpediert wurde. Ein **Gedenkstein** vor der Kirche erinnert ebenfalls an das Kriegsereignis. Aufgrund ihrer Größe und guten Akustik ist die Kirche auch ein beliebter Konzertraum.

Herrnhuter-Missionskirche [20]

Der Søndre Herrnhutvej führt vorbei an einem weiteren großen Friedhof – insgesamt gibt es vier in Nuuk –, und wie überall im Land sieht man nur schlichte weiße Kreuze mit farbenprächtigen Kunstblumen auf den Gräbern. Die Straße endet an der ehemaligen Missionskirche der Herrnhuter von 1747. Die Herrnhuter kamen 1733 nach Nuuk und missionierten mit großem Erfolg. Bis zu 450 Menschen – die meisten aus Südgrönland – siedelten im Jahr 1752 in der Nähe der Station und bildeten eine eigene kleine Kolonie. Bis 1899 blieb die Mission hier, anschließend stand die Kirche lange Zeit leer. 1987 wurde sie vollständig renoviert und beherbergte bis Anfang 2009 die 1984 gegründete Universität Grönlands (Ilisimatusarfik).

Straße Aqqusinersuaq 21

Entlang der Straße Aqqusinersuaq, der großen Straße, stehen einige der größten und höchsten Gebäude der Stadt wie das moderne Bürohaus der Telefongesellschaft oder das Hotel Hans Egede. Gegenüber dem Hotel hält der Linienbus, der in die neuen Stadtteile fährt (s. Entdeckungstour S. 96). Außerdem sind hier die ersten Ampeln des Landes platziert, die Menschen sicher über die Straße leiten. Die riesige Grönlandflagge am Giebel eines der Wohnblocks wurde 2009 aus alten Kleidern und Stoffen gefertigt. Gerne würde man heute die riesigen **Gebäuderiegel aus den 1960er-Jahren,** die wie ungeheure Fremdkörper wirken, abreißen. Aber zum einen wäre das Projekt zu teuer und zum anderen kann man nicht so schnell in der großen Zahl neue Wohnungen bauen.

Rathaus 22

Kuussuaq 2, Mo–Do 10–17,
Fr 10–12 Uhr
Ein Besuch im Rathaus (Kommunep allafia) lohnt sich, um den Wandteppich von Hans Lynge zu betrachten. Er zeigt Motive der Stadtgeschichte und wurde aus naturfarbener Wolle aus Südgrönland gewoben. Das Gebäude bietet Platz für Ausstellungen und ist heute der Sitz der Gesamtkommune Semersooq, zu der auch Ostgrönland gehört.

Nuuk Kunstmuseum 23

Kissarneqqortuunnguaq 5, Tel. 32 77
33, www.nuukkunstmuseum.gl,

Mein Tipp

Frisch gezapftes Bier im Godthåb bryghus 1

Spaziergänge machen durstig, deshalb sollte man eine kleine Pause bei einem grönländischen Bier einlegen. In der kleinen Brauerei Godthåb bryghus wird Bier gebraut, dessen guter Geschmack nicht zuletzt vom hervorragenden Wasser des Landes herrührt. Meist stammt es von Gletschern und dem Inlandeis. Der Schankraum wirkt mit seiner pseudo-rustikalen Ausstattung recht witzig, aber dem Bier tut es keinen Abbruch (Nuuk Bymidte, Tel. 34 80 80, Mo–Do 12–24, Fr/Sa 12–3 Uhr).

Sommer Di, Do, Sa/So 13–17, Winter
Sa/So 13–17 Uhr, 50 DKK
Der Bestand des Museums basiert auf der Kunstsammlung von Svend und Helene Junge, die diese nach ihrem Tod der Stadt vermachten. Heute ist die Sammlung, die rund 300 Bilder und grafische Werke sowie 400 Figuren aus Speckstein, Elfenbein und Holz umfasst, in der ehemaligen Kirche der Adventisten untergebracht. In dem angeschlossenen Neubau finden regelmäßig wechselnde Ausstellungen zeitgenössischer Künstler statt. Das Museum vermittelt einen guten Eindruck des künstlerischen Schaffens in Grönland von den früheren Jahrhunderten bis heute.

Übernachten

Nuuk bietet einige recht komfortable Unterkünfte, nicht zuletzt da es zur Konferenzstadt ausgebaut werden

Auf Entdeckungstour

Mit dem Linienbus in die Neustadt von Nuuk

Hauptstädte verfügen über öffentliche Verkehrsmittel, und das ist in Nuuk nicht anders. Es gibt drei Busrouten, auf denen man zu den unterschiedlichen Stadtteilen gelangt. Ideal, um einmal die Ausdehnung der stetig wachsenden Hauptstadt kennenzulernen.

Karten: S. 88, zw. Universität und Qinngorput S. 103

Bus: Linie Nr. 3

Start: Haltestelle im Stadtzentrum gegenüber dem Hotel Hans Egede

Dauer: ca. 1 Std.

Infos: www.bus.gl. Hier findet man die Fahrpläne. Die einfache Fahrt kostet 15 DKK.

Nuuk wächst und wächst, doch letztlich kann die große Nachfrage nach Wohnraum gar nicht so schnell befriedigt werden. Die Erschließung von Bauland zwischen den umliegenden Bergen und Höhenzügen kostet viel Zeit. Während im Stadtzentrum noch die riesigen Wohnblöcke dominieren, sind die jüngeren Stadtteile schon ganz anders gestaltet.

Wohnblocks der 1960er- und 1970er-Jahre

Gegenüber dem **Hotel Hans Egede** 1 steigt man in den Bus der Linie Nr. 3 Richtung Qinngorput (s. Foto links). Gleich am ersten Stopp, am **Samuel Kleinschmidtsvej** 18, hält man vor den großen Wohnriegeln aus den 1960er-Jahren, den weniger schönen Wahrzeichen der Stadt. Weiter geht es zum großen **Krankenhaus** 24, in dessen Nähe sich auch die Fachhochschule für die Schwesternausbildung befindet. Auf dem Weg zum **Atlantikhafen** 25, dem Anlegeplatz für Container- und Kreuzfahrtschiffe, kommt man an Neubauten vorbei, modern und sicher von gefälligerer Architektur als die Bauten der 1960er- und 1970er-Jahre an der Straße **Aqqusinersuaq**, an denen der Bus im Weiteren entlangfährt.

Neues Universitätsgelände

Fast einer Schnellstraße gleichen **Sipisaq Kangilleq** und **Eqalugalinnguit**, die Verbindung in die jüngeren Bezirke. An den Felsen kann man an vielen Stellen die Sprengbohrungen erkennen. Die Grundversorgung ist in den Stadtteilen mit Schulen, Kindergärten und zumindest einem kleinen Laden gegeben. An der Haltestelle Naturinstitutet an der Straße Siaqqinneq lohnt ein Stopp. Fast wie auf freiem Feld liegend erscheinen die beiden architektonisch gelungenen Gebäude. Im ersten ist seit 2008 die **Universität von Grönland** 26 (Ilisimatusarfik, www.uni.gl) mit den Fachbereichen Journalismus, Sozialarbeit, Theologie, Kultur, Sozialgeschichte (Schwerpunkt Arktis), Sprache, Literatur, Medien und Verwaltung untergebracht. Die Bibliothek, die Gäste besuchen können, beherbergt die Groenlandica, eine Sammlung aller Bücher auf Grönländisch aus dem In- und Ausland. So befindet sich auch Samuel Kleinschmidts erste Grammatik hier. Die sehr sehenswerte Innengestaltung stammt von der Künstlerin Aka Høegh (s. S. 76). Im Nachbargebäude, im gleichen Stil errichtet, sitzt seit 1998 das **Grönländische Institut für natürliche Ressourcen** 27, das in erster Linie die Veränderungen in der Arktis untersucht (www.natur.gl). Beide Gebäude sind durch einen Neubau verbunden. Auf der gegenüberliegenden Seite hat man nicht nur einen schönen Blick auf das Meer, sondern hier befindet sich auch der größte **Friedhof** der Stadt.

Moderne Architektur in Qinngorput

Vorbei geht es mit dem Bus an Grönlands einzigem **Golfplatz** 28 mit Rasen. Danach erreicht man den **Flughafen** 29. Auf der gegenüberliegenden Seite ist das **Skigebiet** mit Lift und Kiosk, im Winter ein beliebtes Ziel, dann steigen viele Nuuker mit ihren Skiern in den Bus, besonders am Wochenende. Weiter geht die Fahrt nun in den jüngsten Stadtteil **Qinngorput** 30. Glas und eine verhaltene Farbigkeit zeichnet die mehrstöckigen Gebäude aus, viele mit einem fantastischen Blick auf Nuuk und die umliegenden Berge. Derzeit gehören die Wohnungen hier mit zu den teuersten der Stadt. Nach einer kleinen Rundfahrt geht es wieder zurück ins alte Zentrum.

soll. Preiswertere private Bed-&-Breakfast-Übernachtungen vermittelt die Touristeninformation.

Das erste Haus der Stadt – **Hotel Hans Egede** 🔳: Aqqusinersuaq 1–5, Tel. 32 42 22, Fax 32 44 87, www.hhe.gl, DZ ab 1800 DKK. Für alle, die die Bequemlichkeit und den internationalen Standard eines Vier-Sterne-Hotels schätzen. Restaurants und Bar sind im Haus. Hier steigen auch schon mal Präsidenten ab.

Hafennähe – **Sjømandshjemmet** 🔳: Marinevej 3, Tel. 32 10 29, Fax 32 21 04, www.soemandshjem.gl, DZ 1300 DKK. Im ehemaligen Seemannsheim, ideal, wenn man mit dem Schiff reist, da direkt am Hafen. Ansonsten ruhige und komfortable Zimmer mit der Ausstattung eines Drei-Sterne-Hauses. Angenehme Aufenthaltsräume.

Ein kleines Zuhause – **Hotel Nordbo** 🔳: Vandsøvej 13, Tel. 32 66 44, Fax 32 66 00, www.hotelnordbo.dk, Apartments ab 800 DKK. Gut ausgestattete bis zu 85 m² große Apartments. Sehr praktisch, wenn man länger in der Stadt bleiben möchte. Man muss eine Kaution hinterlegen.

Sehr einfach – **Godthåb Hallen** 🔳: Vandsøvej 2, Reservierung und Infos: Nuuk Tourism, s. S. 82, Bett 150 DKK. Stockbetten in Gemeinschaftsraum, Schlafsack ist notwendig. Kleines Bad und kleine Küche für alle.

Am Fjord und außerhalb – **Zelten:** Es gibt keinen ausgewiesenen Zeltplatz in Nuuk. Wer dennoch campen möchte, sollte das weit außerhalb der Stadt machen.

Essen & Trinken

Neben einigen Restaurants in der Innenstadt gibt es auch kleinere Lokale in den anderen Stadtteilen. Außerdem bieten die großen Lebensmittelläden im Zentrum Gerichte und Salate zum Mitnehmen an.

Ganz weit oben – **Sarfalik** 🔳: 5. Etage im Hotel Hans Egede, Tel. 32 42 22, Gerichte ab 215 DKK. Eine ausgezeichnete Küche und sehr ansprechendes Ambiente. Besonders zu empfehlen sind die Gerichte mit grönländischen Produkten wie Lachs, Lamm oder Moschusochse.

Mein Tipp – **Restaurant Nipisa** 🔳: Hans Egedesvej 29, Tel. 32 12 10, Mo–Sa 18–22.30, Sa/So 11–14 Uhr, Gerichte ab 150 DKK (s. S. 85).

Ganz gediegen – **Sjømandshjemmet** 🔳: Restaurant im Seemannsheim, s. links, Gerichte ab 120 DKK. Hier gibt es gute Hausmannskost und immer leckeren Fisch, beliebt bei den Fischern und Hafenarbeitern.

Essen und Kultur – **Cafetuaq** 🔳: Cafeteria im Kulturzentrum Katuaq (s. S. 91), Gerichte ab 100 DKK. Neben kleinen Imbissen gibt es sehr leckere Gerichte (dänische und internationale Küche) zu durchaus akzeptablen Preisen. Ein beliebter Platz, um Freunde zu treffen und die Spaziergänger zu beobachten.

Klein und gemütlich – **Esmeralda** 🔳: Aqqusinersuaq 6, Tel. 32 90 95, So–Do 11–23, Fr/Sa 11–1 Uhr, Gerichte ab 100 DKK. Ein breites Angebot von leckerem Kaffee über Cocktails bis zu schmackhaften Gerichten. Freitags und samstags gibt es ab 17 Uhr aus grönländischem Fisch zubereitetes Sushi.

Sehr beliebt – **Café Mik** 🔳: Sipisaq Avannarleq 2B, Tel. 32 15 06, Mo–Fr 8–17, Sa/So 10–18 Uhr, Gerichte ab 50 DKK. Hier kann man nicht nur Büfett bestellen, sondern auch leckere Sandwiches im Café essen, z. B. ein Krabben-Sandwich. Das Café ist immer gut besucht.

Espresso im Netz – **barista** 🔳: Sipisaq Avannarleq 10C, Tel. 32 11 14, tgl. 11–24 Uhr. Internetcafé und ausgewie-

Frischer geht's nicht: Speisefische auf dem Fisch- und Fleischmarkt von Nuuk

senes Nichtraucher-Café. Vielfältige Espresso-Spezialitäten.

Einkaufen

In Nuuk gibt es einige Geschäfte mit sehr schönem Kunsthandwerk wie Schmuck aus Walrosszahn oder Specksteinfiguren, die meist von Künstlern aus der Stadt oder Umgebung stammen. Außerdem findet man grönlän-

dische Designermode und attraktive Fellprodukte, die von Näherinnen der Region gefertigt werden.

Mein Tipp – **Atlantic Music** ◼1◼: H. J. Rinksvej 7, Tel. 32 78 80. www.atlanticmusic.gl (s. S. 100).

Typisch grönländisch – **Anori Art** ◼2◼: Indaleeppaq Aqqutaa 14, Tel. 32 78 74. Hier findet man sehr schönen Schmuck und Kunsthandwerk.

Traditionelle Motive – **Arktis Gaveshop** ◼3◼: H. J. Rinksvej 23, Tel. 32 49 44. Ein

99

Mein Tipp

Grönländische Rhythmen bei Atlantic Music [1]

Vom Trommeltanz bis Ice-Pop: Wer grönländische Musik kennenlernen möchte, kommt an diesem Laden nicht vorbei. Hier findet man alle Interpreten des Landes und erhält eine gute Beratung. Natürlich kann man die CDs auch anhören. Wie vielfältig die Musik ist, erstaunt, vor allem wenn man bedenkt, dass gerade 56 000 Menschen in Grönland leben. Vielleicht hat man auch Glück, und der Gründer des Labels und Besitzer Eyvin Elsner ist da (H. J. Rinksvej 7, Tel. 32 78 80. www.atlanticmusic.gl).

breites Angebot an Schmuck und Kunsthandwerk sowie Souvenirs.

Besonders künstlerisch – **galleri, roar christiansen** [4]: Tuapannguit 8, Tel. 32 13 93. Wer nicht gleich ein Gemälde mit Rahmen mitnehmen möchte, der findet hier sehr schöne Kunstdrucke und Postkarten.

Bücher und mehr – **Atuagkat** [5]: Imaneq 9, Tel. 32 17 37, Fax 32 24 44, www.atuagkat.gl. Die Buchhandlung ist Teil des gleichnamigen Verlages. Ideal für alle, die Dänisch verstehen, um nach interessanten Büchern über und aus Grönland zu suchen. Zugleich Internet-Buchhandlung.

Aktiv & Kreativ

Für jeden etwas – **Nuuk Tourism A/S** [1]: Adresse s. Infobox S. 82. Hier kann man Stadtführungen zu Fuß oder mit dem Bus, Besichtigungen des Parlaments

und des Rathauses sowie Touren in die Umgebung buchen. Für Nicht-Wanderer gibt es zahlreiche Bootsausflüge, sei es zur Walbeobachtung, um die Eisberge im Fjord Nuup Kangerlua nördlich von Nuuk zu bewundern oder um Hans Egedes ersten Wohnort auf der heute unbewohnten Insel Håbets Ø im Süden der Hauptstadt aufzusuchen. Heute sieht man hier allerdings nur noch Ruinen. Die Fahrt zu der ebenfalls südlich von Nuuk gelegenen ehemaligen Siedlung Kangeq, wo der bekannte Maler Aron gelebt und gearbeitet hat, bietet meist auch eine gute Möglichkeit für Walbeobachtungen. Weitere Angebote sind eine Fahrt zum Eisfjord Kangersuneq mit einem Stopp in der verlassenen Siedlung Qoornooq und Angelausflüge zu bekannten Lachsflüssen. Angler finden in den Fjorden und Flüssen reichlich Fische. Der notwendige Angelschein ist bei Nuuk Tourism erhältlich.

Erlebnistouren – **Tupilak Incoming** [2]: Imaneq 18, Tel. 31 32 18, www.tupilaktravel.gl, Mo–Fr 8.30–16.30, im Sommer auch Sa 10–14 Uhr. Organisieren Reisen für ganz Grönland und Touren in und um Nuuk. Neben Bootstouren, Stadtführungen auch ein traditionelles Kaffemik (250 DKK), d.h. ein Kaffeekränzchen mit selbstgebackenem Kuchen und Plausch bei einer grönländischen Familie.

Schwimmen – **Schwimmhalle Malik** [3]: Sarfaarsuit 4, Nuussuaq, Tel. 36 33 11, Mo–Fr 6–8, 12–16, 18–21, Sa/So 6–19 Uhr, 35/45 DKK. Hier kann man nicht nur mit Blick auf Fjord und Berge schwimmen, sondern auch saunieren und sich massieren lassen. Für Wellness-Freunde ideal.

Putten um Mitternacht – **Nuuk Golfklub** [4]: an der Straße Richtung Flughafen. Für den Golfspieler bietet Nuuk eine 9-Loch-Anlage – die einzige Rasenanlage in ganz Grönland. Die

Rasenplatten stammen übrigens aus Island. Im Juni und Juli kann man praktisch 24 Stunden spielen. Weitere Informationen in der Touristeninformation (s. S. 82).

Berge und Wandern – **64° North:** Lasse Nymand Petersen, Tel. 48 35 25. www.64.gl. Hier werden Wanderungen und Bergtouren für erfahrene Bergsteiger angeboten, außerdem diverse Wintertouren mit Schneemobil. Buchungen sind auch über die Touristeninformation (s. S. 82) möglich.

Abends & Nachts

Die Grönländer lieben es zu tanzen – es gibt kein Fest ohne anschließenden Schwoof. Der bei Jung und Alt beliebteste Tanz ist die Polka. Nuuk bietet gute Möglichkeiten zum Mitmachen, z. B. an Feiertagen in der alten Kommunehalle. Ansonsten gibt es angenehme Bars.

Bier mit Ausblick – **Skyline Bar 1:** im Hotel Hans Egede, s. S. 98. Über den Dächern von Nuuk und bei Pianoklängen oder der Musik lokaler Bands genießt man hier seinen Drink.

Mein Tipp – **Godthåb bryghus 1:** Nuuk Bymidte, Tel. 34 80 80, Mo–Do 12–24, Fr/Sa 12–3 Uhr (s. S. 95).

Angesagt – **Manhattan Nightclub 2:** Samuel Kleinschmidtsvej, Do 21–24, Fr/Sa 22–3 Uhr, Eintritt 100 DKK. Hier wird gerockt und hier geht man am Wochenende hin.

Infos & Termine

Infos
Nuuk Tourism A/S: s. S. 82.

Verkehr
Flug: www.airgreenland.gl, regelmäßige Flugverbindungen von und nach Kangerlussuaq, Narsarsuaq, Maniitsoq, Sisimiut sowie Ilulissat.
www.airiceland.is, im Sommer Direktflüge von Keflavík/Island nach Nuuk.
Schiff: Artic Umiaq Line, Aqqusinersuaq 52, Tel. 34 91 90, www.aul.gl. Wöchentlich verkehren Schiffe zwischen Qaqortoq und Ilulissat. Außerdem fahren Regionalboote die kleineren Siedlungen an.
Bus: www.bus.gl, Preis für Erwachsene 15 DKK, Kinder 5 DKK. Die Fahrkarte gilt 1,5 Std. Die drei Buslinien fahren alle Stadtteile an, in der Regel verkehren sie auf den Strecken jede Viertelstunde, die genauen Fahrplaninformationen stehen im Netz.
Taxi: Tel. 36 36 36 oder 32 13 21. Entweder man bittet die Angestellten an der Hotelrezeption, einen Wagen zu rufen – vor Hotel Hans Egede stehen häufig Taxis –, oder man stoppt sie auf der Straße.

Termine
Eisskulpturenfestival (Feb. oder März): www.snow.gl. Neben Künstlern aus aller Welt kann jedermann daran teilnehmen und die 3 m^3 großen Blöcke in ein Kunstwerk auf Zeit verwandeln. Aufgrund der Klimaerwärmung haben sich die Schneeverhältnisse und Temperaturen geändert, sodass die Veranstalter von Schneeblöcken auf Eis umstellen mussten.
Nationalfeiertag (21. Juni): Mit entsprechendem Umzug, die meisten Teilnehmer in der Nationaltracht, musikalische Begleitung und Versammlung mit Reden am Kolonialhafen. Tagsüber verschiedene Veranstaltungen.
Nuuk-Marathon (Anfang Aug.): www.marathon.gl. Für den professionellen Marathonläufer wie für den Amateur ist der Nuuk Marathon ein wichtiges Ereignis. Als man erstmals 1990 startete, nahmen 50 Läufer teil, 2009 waren es schon 375.

Nuuk und Umgebung

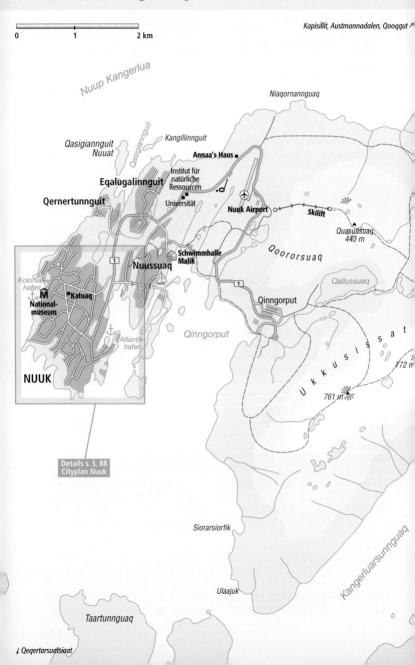

0   1   2 km

Kapisillit, Austmannadalen, Qooqqut ↗

Nuup Kangerlua

Niaqornannguaq

Qasigiannguit
Nuuat

Qasigiannguit

Kangillinnguit

Annaa's Haus ■

Eqalugalinnguit

Institut für
natürliche
Ressourcen

Qernertunnguit

Universität

Nuuk Airport

Skilift

Quasussuaq
443 m

Koloni-
hafen

Nuussuaq

**Schwimmhalle
Malik**

Qoororsuaq

Qallussuaq

**National-
museum**

■**Katuaq**

Qinngorput

Atlantik-
hafen

Qinngorput

U k k u s i s s a t

772 n

761 m

NUUK

Details s. S. 88
Cityplan Nuuk

Siorarsiorfik

Kangerluarsunnguaq

Ulaajuk

Taartunnguaq

↓ Qeqertarsuatsiaat

Touren und Orte in der Umgebung

Tagesausflüge von Nuuk

Annaa's Haus

Öffnungszeit bei Nuuk Tourism (s. S. 82) erfragen

Eine schöne Tagestour führt zu Annaa's Haus (Aanaat Illuat), einem traditionell ausgestatteten Sodenhaus, in dem Picknicks veranstaltet und der jungen Generation die alten Lebensformen wieder nahegebracht werden sollen. Man erreicht es entweder mit dem Flughafenbus, oder man fährt bis zum nördlichen Stadtteil Eqalugalinnguit und wandert am Meer entlang.

Berg Quassussuaq

Von Annaa's Haus kann man eine Wanderung um den Berg Quassussuaq (443 m; dän. Lille Malene) starten, die im Stadtteil Nuussuaq endet. Von der Ostseite gelangt man bequem auf den Berg, der einen guten Blick auf Nuuk und die Fjordlandschaft ermöglicht. Trotz der unmittelbaren Nähe zur Stadt erhält man auf dieser Wanderung schon einen Eindruck von der Weite und Unberührtheit der Landschaft. Die Westseite des Berges erschließen zwei **Skilifte,** ein 200 m langer für Kinder und ein 1150 m langer für Erwachsene, die im Winter stark frequentiert werden. Dann sind auch Schneemobilfahrten möglich, und ein kleiner Kiosk versorgt Durstige mit heißem Kaffee.

Berg Ukkusissat

Um auf den Berg Ukkusissat (761 m) zu wandern, startet man von Nuussuaq aus, geht bis zum See Qallussuaq und von dort hinauf. Vom Gipfel hat man einen fantastischen Blick über Nuuk und die weite Fjordlandschaft.

Wanderung nach Qooqqut und Kapisillit

▶ D 19/20

Eine Tour führt von Nuuk nach **Qooqqut,** wo Lars Rasmussen, der Enkel von Knud Rasmussen, 1974 ein Hotel errichtete, das er 15 Jahre lang leitete. Leider brannte es zweimal völlig aus. Für die viertägige Wanderung braucht man ein Zelt. Qooqqut bietet ausgezeichnete Angelmöglichkeiten. Nur sehr erfahrene Trecker sollten sich auf die Tour begeben, denn die Region ist alpin mit teilweise vergletscherten Bergen. In der Gegend leben die meisten Rentiere Grönlands. Wer die anstrengende, aber landschaftlich faszinierende Wanderung nicht unternehmen will, kann auch mit dem Boot nach Qooqqut gelangen.

Von Qooqqut kann man weiter bis nach **Kapisillit** wandern. Auf dieser Strecke kommt man an zahlreichen **normannischen Ruinen** und an **Itinnera** vorbei, wo die Saqqaq-Inuit schon vor 4000 Jahren ein Rentierlager besaßen und wo heute alljährlich von den Rentierzüchtern aus Kapisillit die Tiere für die Jagd zusammengetrieben werden. Für diese Strecke sollte man mindestens weitere fünf Tage rechnen.

Übernachten

Angeln – **Camp:** in Qooqqut, Buchung über Nuuk Tourism (s. S. 82). Ideal für Angler, da nur wenige Kilometer entfernt drei fischreiche Flüsse sind.

Infos

Verkehr

Boot: von Nuuk nach Qooqqut. Informationen bei Nuuk Tourism (s. S. 82).

Kapisillit ▶ D 19

Die rund 80 Einwohner von Kapisillit leben außer von der Rentierzucht vor allem vom Lachsfang. In der Nähe der Siedlung befindet sich der einzige Laichplatz für Lachse in Grönland, der Fluss Kapisilik, ein Paradies für Angler. Der Ort ist Ausgangspunkt für Wanderungen zum Inlandeis, ins Austmannadalen (s. S. 105) und zum Fjord Ameralik, der sich von Nuuk bis hierher erstreckt.

Übernachten

Rustikal – **Paarnat Hütte:** im Ort, Buchung über Nuuk Tourism, s. S. 82, Hütte 2500 DKK, 3-Bett-Zimmer 525 DKK, EZ 350 DKK, Bett 275 DKK. Die Hütte bietet Platz für zehn Personen in drei Zimmern. Sie hat eine Küche und einen Aufenthaltsraum. Die Toilette ist simpel, und eine Duschmöglichkeit besteht im Servicehaus des Dorfes. Wunderschöner Blick von der Terrasse auf den Fjord.

Sehr einfach – **Barakki:** im Ort, Buchung über Nuuk Tourism, s. S. 82, Hütte 1300 DKK, DZ 300 DKK, EZ 200 DKK, Matratze 80 DKK, Bettzeug 50 DKK. Sieben Personen stehen sechs Räume und eine Gemeinschaftsküche zur Verfügung, insgesamt eine sehr einfache Ausstattung. Einfache Toilette und Duschmöglichkeit im Dorf.

Aktiv & Kreativ

Sorglos wandern – **Nuuk Tourism A/S:** s. S. 82. Das Touristeninformationsbüro bietet eine einwöchige Wanderung entlang des sogenannten Nansen Trail nach Kapisillit an. Inklusive Wanderführer und Hotelaufenthalt in Nuuk 6550 DK.

Erfreut Wanderer auf allen Touren: das pinkfarbene Weidenröschen

Infos

Verkehr

Schiff: Arctic Umiak Line, www.aul.gl.
2 x wöchentl. von Nuuk nach Kapisillit.

Austmannadalen ▶ D/E 20

Vom Fjord gelangt man in das Austmannadalen, wo die meisten Höfe der mittelalterlichen isländischen Ostsiedlung standen. Bei Sandnæs, dem heutigen Kilaarsarfik, stand eine der drei Kirchen der Westsiedlung. Die Grundmauern sind nur noch schwach zu erkennen, da die Ebene mit Gras und Gebüsch überwachsen ist. Entlang der Küste und im Austmannadalen haben Archäologen zahlreiche Ruinen der Nordmännergehöfte gefunden.

Hier schlug auch Nansen sein Zeltlager auf, nachdem er 1888 in 42 Tagen mit seiner Mannschaft das Inlandeis von der Ostküste her überquert hatte. Mit selbst gebauten Ruderbooten aus Weidenästen und Segeltuch gelangten die Männer dann nach Nuuk, wo sie den Winter verbrachten.

Wanderung

Die Wanderung Kapisillit – Austmannadalen – Kapisillit (rund 80 km) dauert ungefähr 10 Tage, und man bewegt sich in absoluter Einsamkeit, wenn man von Rentieren und Mücken einmal absieht. Die Landschaft, von Fjorden, Gletschern und dem grünen Austmannadal begrenzt, zählt zu den schönsten Wandergebieten Westgrönlands. Meist wandert man auf einem seenreichen Hochplateau. In Kapisillit kann man Lebensmittel für die Wanderung einkaufen, ansonsten braucht man noch ein Zelt. Von dem Gebiet gibt es eine Wanderkarte, am besten vorab bei Nuuk Tourism A/S besorgen. Dort gibt es auch weitere Informationen.

Qeqertarsuatsiaat ▶ D 21

Wenn man mit dem Küstenboot von Süden kommt, passiert man die Siedlung Qeqertarsuatsiaat, die 100 km südlich von Nuuk liegt. Gegründet wurde der Ort 1754 von dem dänischen Kaufmann Anders Olsen als geografische Zwischenstation zwischen Paamiut und Nuuk. Wichtigstes Handelsgut waren Robbenfelle und -fett. In den alten Zeiten erzählte man von einer alljährlichen glänzenden Erscheinung in den Fjorden um Qeqertarsuatsiaat: riesige Schwärme von atlantischem Wildlachs. Kabeljau ist ebenfalls in großen Mengen in den Gewässern zu finden, entsprechend leben die rund 250 Einwohner des Ortes heute von der Fischerei. Berühmt ist der Ort auch für die farbenprächtigen Taschen aus Robbenleder, die die Frauen in mühsamer Handarbeit herstellen. Interessant ist die **Kirche,** die zu Teilen aus der ehemaligen Herrnhuter-Mission Lichtenfels (Akunnaat) stammt. Qeqertarsuatsiaat ist ein Ort, in dem man noch viel vom Leben der Jäger und Fischer mitbekommt.

Übernachten

Einfach, aber gut – **EP Turist:** nur 5 Min. vom Hafen entfernt, Erling Pedersen, Tel. 35 90 83, E.P.enterprise@green net.gl, DZ 450 DKK. Renoviertes Haus mit fünf Zimmern, Gemeinschaftsküche, Bad und Aufenthaltsraum. Terrasse mit Seeblick.

Infos

Verkehr

Schiff: www.aul.gl. Das Küstenschiff legt auf der Strecke Qaqortoq–Ilulissat in Qeqertarsuatsiaat an.

Südgrönland

Highlights‼

Qaqortoq und Umgebung: Die ›weiße‹ Stadt gehört zu den schönsten Orten des Landes mit ihren am Hang gelegenen Häusern und natürlich den zahllosen Eisbergen im Fjord. S. 127

Hvalsø: Die gut erhaltene Kirchenruine gibt noch immer ein beredtes Zeugnis aus der Siedlungszeit der Nordmänner. Damals stand hier einer der größten Höfe der Siedler. S. 133

Auf Entdeckungstour

Die Siedlung Eriks des Roten – Brattahlid: Ob Erik der Rote der erste europäische Siedler in Grönland war oder nicht – allein die Geschichten um ihn und auch die Geschichte der Besiedlung bei einer Führung durch Brattahlid zu hören ist ein Vergnügen. Die Rekonstruktionen eines Langhauses und einer Kirche veranschaulichen das Leben der Nordmänner. S. 116

Schafe und Gewächshäuser in Upernaviarsuk: Landwirtschaft betrieben schon die nordischen Siedler, und ihre Spuren erkennt man nicht nur an den Ruinen, sondern auch an den ehemaligen Weiden wie in Hvalsø. Bei einem Ausflug dorthin stoppt man auf der Rückfahrt in dem landwirtschaftlichen Versuchszentrum Upernaviarsuk. S. 134

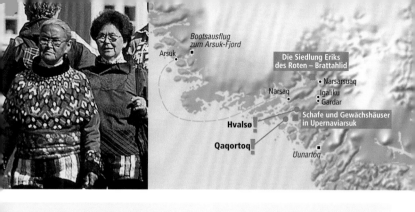

Bootsausflug
zum Arsuk-Fjord

Arsuk

Die Siedlung Eriks
des Roten – Brattahlid

Narsarsuaq

Narsaq
Igaliku
Gardar

Schafe und Gewächshäuser
in Upernaviarsuk

Hvalsø

Qaqortoq

Uunartoq

Kultur & Sehenswertes

Museum in Narsarsuaq: In dem Museum im ehemaligen Headquarter und jetzigen Blue Ice Café lernt man die Geschichte der Air Base Bluie West One kennen. S. 110

Ehemaliger Bischofssitz Gardar: Im mittelalterlichen politischen und geistlichen Zentrum Grönlands wurde um 1200 die große Domkirche St. Nikolaus errichtet, deren Grundmauern noch deutlich zu erkennen sind. S. 120

Aktiv & Kreativ

Wanderung von Igaliku nach Qaqortoq: Die klassische Wanderung ist eine der beliebtesten Wanderrouten, die an Ruinenplätzen vorbeiführt. S. 120

Bootsausflug zum Arsuk-Fjord: Glitzernde Eisberge, vielleicht auch einen seltenen Seeadler – sicher aber sieht man auf der Tour zahlreiche Vögel und einen schönen Wasserfall. S. 148

Genießen & Atmosphäre

Hotel Qaqortoq: Mit Blick auf die Kolonialhäuser und den Hafen, zudem noch angenehmer Komfort – ein erholsamer Aufenthaltsort. S. 131

Warme Quellen von Uunartoq: Das Bad in den warmen Quellen schätzten schon die nordischen Siedler, vielleicht wegen des zauberhaften Blicks? S. 137

Abends & Nachts

Hønekroen in Narsaq: Quasi ein Traditionshaus, denn es ist die älteste Kneipe des Ortes. Regelmäßig spielt man hier auf. S. 127

Sagaland

Dem Süden verdankt Grönland seinen Namen, denn ein mildes Klima, eine vergleichsweise üppige Vegetation und sogar bis zu 7 m hohe Bäume lassen das Land wirklich grün erscheinen. Zahlreiche Ruinen aus der Zeit der Wikinger und Qaqortoq, die schönste Stadt des Südens, machen die Region zum touristischen Hotspot – nicht nur für Wanderer und Alpinisten.

Hier landeten vor über 1000 Jahren die isländischen Siedler an der Küste (s. S. 56), und noch heute ist der Süden ein hervorragender Einstieg in dieses große und großartige Land. Die einzelnen Orte sind gut mit Flugzeugen und per Boot zu erreichen. Beliebt sind auch die zahlreichen Wanderrouten im Süden, die immer besser markiert werden und auf denen die freilaufenden Schafe eine gute Vorarbeit bei der Anlage der ›Wege‹ geleistet haben.

Infobox

Reisekarte: ▶ F 22–24
Karten: S. 121 und 139

Internet
www.southgreenland.gl: Informationen zu den vier wichtigsten Orten.

Anreise und Weiterkommen
Flug: Regelmäßig gibt es Direktflüge von Kopenhagen und Reykjavík (im Sommer) nach Narsarsuaq. Von dort regelmäßig Flüge nach Paamiut und Helikopterverbindungen in die Orte.
Schiff: Die Städte werden von den Küstenschiffen zwischen Qaqortoq und Ilulissat angelaufen und die kleinen Siedlungen von Regionalbooten.

Zahlreiche Ruinen erinnern an eine der größten Normannensiedlungen außerhalb ihrer Heimatländer Norwegen und Island. Die Ostsiedlung (Eystribygd) erstreckte sich vom heutigen Narsarsuaq bis südlich von Nanortalik, in den besten Zeiten lebten hier rund 4000 bis 5000 Siedler. Damals wie heute ist die Schafzucht ein wichtiger Wirtschaftszweig in Südgrönland, und so trifft man während der Sommermonate oft die Muttertiere mit ein oder zwei Lämmern an, die sich unbeirrt über die Berge und Hänge fressen und die Vegetation recht kurz halten. Wanderer haben manchmal Kontakt, wenn die Tiere direkt am Zelt vorbeiziehen.

Doch nicht nur die Geschichte macht diese Region zwischen Paamiut und dem Kap Farvel so faszinierend. Während der Sommermonate treiben in den Fjorden zahllose Eisberge, die zum einen den langen Weg von der Ostküste um Kap Farvel gekommen sind und zum anderen von den zahlreichen Gletschern des Inlandeises stammen. Manchmal ›fährt‹ ein Eisbär auf dem Treibeis mit und ist für die Jäger eine leichte Beute. Das türkisblaue Wasser mit den weißen Eisskulpturen bildet einen reizvollen Kontrast zu den grünen Wiesen und den grauen, bizarr geformten Gebirgen, die in der Gegend um Nanortalik unmittelbar an den Fjorden aufragen. Wer einmal mit dem Schiff die Küste entlanggefahren ist, versteht, dass Erik der Rote so begeistert von dem Land war, dass er ihm den Namen ›grünes Land‹ gab.

Narsarsuaq ▶ F 23

Das Rollfeld von Grönlands zweitgrößtem internationalem Flughafen zer-

Viele kleine Fischkutter laufen in den südgrönländischen Häfen zum Fischfang aus

schneidet die riesige Fläche, nur wenige Meter vor dem Fjord mit den blauweiß schimmernden Eisbergen endet die Bahn. Fast möchte man dem Piloten zurufen, endlich zu bremsen, denn wer möchte schon in einem Eisfjord schwimmen? Wenn man die Landemanöver vom Boden aus beobachtet, wirken sie noch abenteuerlicher, hier zeigt sich das fliegerische Können der Airgreenland-Piloten.

Narsarsuaq heißt übersetzt ›die große Ebene‹ und ist das Tor zum Süden. Wie hingeworfen wirken die weit verstreuten Gebäude, in denen die rund 160 Einwohner leben und arbeiten. Wer einen Ort erwartet, wird enttäuscht sein, irgendwo zwischen Hotel und Flughafen liegt das imaginäre Zentrum. Doch alle notwendigen Einrichtungen vom Geschäft über Schule bis zum Café findet man hier. Es gibt sogar einen Bus, der regelmäßig zwischen Jugendherberge, Flughafen, Hotel und Hafen verkehrt. Narsarsuaq ist sowohl ein idealer Ausgangspunkt für

Tagestouren als auch für mehrtägige Wanderungen.

Gegründet wurde Narsarsuaq von den Amerikanern, sie errichteten hier 1941 die Militärbasis Bluie West One, einen ersten wichtigen Stützpunkt zwischen den USA und Europa während des Zweiten Weltkrieges. Bis zu 3000 Mann waren in den Hochzeiten hier stationiert. Die vorhandenen Gebäude sind überwiegend Relikte der Basis, einige der Containerbauten hat man etwas verschönert, indem man ihnen, wie z. B. dem heutigen Hotel Narsarsuaq, ein Dach aufgesetzt hat.

Rundgang

Um sich einen ersten Eindruck von der Größe des ehemaligen militärischen Areals zu verschaffen, kann man die Straße in nordöstlicher Richtung zum Gletscher gehen. Von der Wendeschleife der Straße direkt hinter dem See überblickt man das Gelände. Die

Grundmauern des ehemaligen Krankenhauses sind noch zu erkennen. Einsam ragt ein Kamin mit Schornstein aus den Ruinen (s. Lieblingsort S. 112). Um dieses Krankenhaus mit einer Kapazität von 250 Betten, die während des Korea-Krieges auf 1000 erweitert wurden, ranken sich noch immer die wildesten Gerüchte, denn diese Größenordnung war in der Tat im Verhältnis zur Mannschaftsstärke überwältigend. Es heißt, die Amerikaner hätten die Schwerstverwundeten während des Korea-Krieges hierhin transportiert, weil man der amerikanischen Bevölkerung den demoralisierenden Anblick der Soldaten ersparen wollte.

Am 11. November 1958 verließen die letzten amerikanischen Soldaten Narsarsuaq und die Dänen übernahmen den Flughafen, der zum zentralen Transithub im Süden wurde. Seit 1987 steht er unter der Regie der grönländischen Selbstverwaltung.

Ice Patrol

Am Flughafen hat die Ice Patrol ihren Stützpunkt. Sie kontrolliert den Fluss und die Konzentration der Eisberge, die vor allem von März bis Juni in großer Zahl entlang der Südwestküste treiben. Der Treibeisgürtel kann sogar so dicht werden, dass er für kleinere Schiffe in den Sommermonaten vollständig unpassierbar wird. Regelmä-

Wanderkarte

Eine gute Karte für die Region ist die Wanderkarte Narsarsuaq von Arctic Sun Maps (1 : 50.000), die auch die kleinen Orte der Umgebung abdeckt. Die Erklärungen sind auf Dänisch und Englisch, zusätzlich ist die Karte beschichtet, so dass sie auch mal nass werden kann. Im Museum bzw. Blue Ice Café kann man sie kaufen.

ßig unternimmt man Kontrollflüge, um den aktuellen Stand an die Schiffe weiterzugeben. Gegründet wurde der grönländische Eisservice 1959 nach dem tragischen Unglück der ›Hans Hedtoft‹ (s. S. 130).

Museum

Im Blue Ice Café, zwischen Flughafen und Hotel Narsarsuaq, www.blue ice.gl, Juni–Aug. tgl. 8.30–18 Uhr
In dem seit 1991 eingerichteten Museum im ehemaligen Headquarter und jetzigen Blue Ice Café kann man die Geschichte der Air Base anhand von Fotos, Modellen, Dokumenten u. Ä. studieren. Auch Marlene Dietrich besuchte die Soldaten. Doch das Museum informiert nicht nur über die Air Base, sondern auch über die Geschichte und das Leben in Südgrönland, die Schafzucht, einen der wichtigsten Wirtschaftszweige, und über die ehemaligen Siedlungen der Nordmänner.

Wanderungen

Zum Inlandeis

Hin und zurück 16 km, mit Anstiegen und Pausen rund 8 Std., Karte S. 121
Überaus beliebt ist der Weg ins nordöstlich gelegene **Blomsterdalen** (Blumental), wo man die regionale Flora studieren kann. Von hier aus ist es nicht mehr weit bis zum **Gletscher Kiattuut Sermiat,** wo man einen ersten direkten Kontakt zum Inlandeis bekommt, das nur 8 km vom Flughafen entfernt ist. Etwas Ausdauer braucht man allerdings für die Tageswanderung. Über 4 km hat man befestigte Straße, anschließend Piste und dann einen gut markierten Weg.

Wer sich die Wanderung nicht zutraut, kann den Eisschild vom 226 m hohen **Signalhøjen** aus bestaunen, der sich hinter dem Hotel erhebt. Nordöstlich der Jugendherberge führt ein befestigter Weg auf den Hügel.

Johan-Dahl-Land

12 Tage, Anfahrt per Boot, Übernachtung im Zelt, gesamter Proviant muss mitgenommen werden, Karte S. 121
Alpine Kenntnisse setzt die Wanderung ins Johan-Dahl-Land voraus, wo man auf einer Höhe von ca. 1000 m wandert. Doch bevor man dorthin gelangt, muss man sich mit einem Boot über den breiten **Fluss Kuusuaq** setzen lassen, der vom Kuussup-Gletscher gespeist wird – oder die entsprechenden Gezeiten abwarten. Das Johan-Dahl-Land liegt zwischen zwei Gletscherzungen des Inlandeises und bietet außer den immer wieder tollen Blicken auf das Inlandeis ein großes Naturerlebnis. Die Tour führt vom **Gletscher Kiattuut Sermiat** ins Hochland, wo man an den zahlreichen Seen schöne Zeltplätze findet. Das erste Ziel ist der **See Kuukuluup Tasia,** in den der Gletscher Kuukuluup Sermia kalbt. Anschließend folgt man dem Flusslauf des Qinngua, überquert ihn kurz vor der Mündung in den Fjord über eine Brücke und läuft auf der anderen Seite bis nach **Qassiarsuk.**

Übernachten

Sehr großzügig – **Hotel Narsarsuaq**: Tel. 66 52 53, Fax 66 53 70, www.airport hotels.gl, DZ 1345 DKK, ohne Bad 925 DKK. Gut ausgestattete Zimmer, Laden im Haus, Internetzugang.
Im Grünen – **Narsarsuaq Hostel:** Tel. 66 54 99, Mobil 49 73 71, Fax 66 54 98 www.blueice.gl, Bett 240 DKK, Schlafsack mit Laken 50 DKK. Einfache, funktional eingerichtete Mehrbettzimmer. Gemeinschaftsraum, Küche und Waschmaschine vorhanden. Frühstück wird angeboten (60 DKK).

Im Freien – **Zeltplatz:** In Narsarsuaq gibt es in Richtung Gletscher schöne Plätze, um wild zu zelten. Ansonsten liegt direkt ein Platz neben dem Hostel. Gegen eine Gebühr kann man Duschen und die Küche benutzen.

Essen & Trinken

Mit Fjordblick – **Hotel Narsarsuaq:** Adresse s. Übernachten links, nur im Sommer geöffnet, Gerichte ab 120 DKK. Wer ein Dinner mit Blick auf den Fjord schätzt, hat dazu im Restaurant auf der ersten Etage Gelegenheit. Hier werden gute Menüs mit Lamm oder Moschusochse angeboten. Weine sind gut, aber natürlich teuer.
Für jeden – **Cafeteria Hotel Narsarsuaq:** Adresse s. Übernachten links, tgl. 6.30–20 Uhr, Gerichte ab 50 DKK. Neben dem Frühstücks- und Mittagsbüfett sind Sandwiches oder einfache Gerichte im Angebot. Auch beliebt bei den Bewohnern des Ortes.
Historisch mit Terrasse – **Blue Ice Café:** zwischen Flughafen und Hotel Narsarsuaq, ww.blueice.gl, Juni–Aug. 8.30–18 Uhr. Hier sitzt man im ehemaligen Air-Force-Headquarter. Bieten keine Gerichte, nur Gebäck, aber dafür reichlich Lesestoff über Grönland. Beliebt ist die Terrasse.
Vor dem Flug – **Flughafencafeteria:** Der Flughafen hat eine kleine Cafeteria, die bei Ankünften und Abflügen geöffnet hat. Kleinere Speisen.

Einkaufen

Souvenirs – **Hotel Narsarsuaq:** Adresse s. Übernachten links. In dem Hotelladen werden Kunsthandwerk und Fellprodukte angeboten.
Andenken – **Blue Ice Café:** Adresse s. Essen & Trinken oben. Kunsthandwerk.

Lieblingsort

Einsamer Wächter – der Kamin des alten Krankenhauses in Narsarsuaq ▶ F 23

Da steht er, fest gemauert, einsam und zugleich ein überraschender Anblick in der lieblichen Landschaft. Einige Spuren zeigen, dass er ein gern genutzter Grillplatz ist. Im Hintergrund rauscht ein Wasserfall, die Vögel zwitschern, die Raben krächzen in den Felsen und die Mücken surren und stechen. Es ist ein friedlicher Platz, dieses Relikt der Air Base Bluie West One. Die Baracken des mythenumrankten Krankenhauses standen hier, die Grundrisse sind noch erkennbar. Welche Geheimnisse überwachsen die Blumen? Intakt sind nur noch die alte Straße und der Kamin – ein Mahnmal (mit Fahrrad ca. 15 Min. vom Flughafen).

Mein Tipp

Honig von arktischem Blütennektar

Im Blue Ice Café in Narsarsuaq wird Honig aus Südgrönland angeboten. Sein Geschmack und seine Konsistenz sind sehr angenehm, vor allem ist er nicht so furchtbar süß. Die Bienen sammeln den Nektar von den Wiesenblumen, die vielfach und farbenprächtig im Sommer blühen. Eine der positiven Folgen der Klimaveränderungen, die seit 2008 genutzt wird.

Aktiv & Kreativ

Wildnisexperte – **Blue Ice Explorer:** Jacky Simoud, Tel. 66 54 99, 49 73 71, www.blueice.gl, Buchungen im Blue Ice Café (s. u.). Jacky Simoud ist der Experte für Südgrönland und arrangiert alle Outdoor-Aktivitäten wie auch individuelle Wünsche, z. B. Bootsfahrten, zu schönen Plätzen, von denen man weiterwandern kann, geführte Wanderungen mit Gepäcktransport z. B. zum Narsarsuaq Gletscher sowie Angelscheine und Touren zu den Flüssen der Region.

Geräteverleih – **Blue Ice Café:** Adresse s. Infos & Termine unten. Es stehen mehrere Mietfahrräder zur Verfügung. An erfahrene Kajakfahrer werden Boote verliehen.

Infos & Termine

Touristeninformation: Der Informationsstand im Flughafengebäude ist bei der Ankunft der Maschinen besetzt.

Blue Ice Café: zwischen Flughafen und Hotel Narsarsuaq, Tel. 66 54 99, www.blueice.gl, Juni–Aug. 8.30–18 Uhr. Das Café ist zugleich Touristeninformation.

Verkehr

Flug: www.airgreenland.gl. Von Narsarsuaq kann man die Orte im Süden direkt anfliegen.

Boot: Blue Ice Explorer (s. Aktiv & Kreativ links) bietet den Regionalverkehr um Narsarsuaq einschließlich Qaqortoq und Narsaq an. Die Verbindungen werden jeweils eine Woche im Voraus festgelegt.

Termine

Greenland Adventure Race (Ende Aug./ Anfang Sept.): Ein Sportevent für ganz Fitte. Es stehen 100 km Laufen – u. a. über den Gletscher –, 60 km Mountainbikefahren und 30 km Kajakpaddeln auf dem Programm. Start ist in Narsarsuaq.

Qassiarsuk ▶ F 23

Zwei Möglichkeiten hat man, um Qassiarsuk von Narsarsuaq aus zu erreichen: eine zweitägige Wanderung um den Fjord herum oder – bequemer – eine 20-minütige Bootsfahrt über den Tunulliarfik, den Waldfjord, der seinen Namen dem vor rund 1000 Jahren reichen Baumbestand verdankt. Gegründet wurde das Dorf von Otto Frederiksen, der sich hier 1924 als Schafzüchter niederließ und bewies, dass man auch so seinen Lebensunterhalt bestreiten kann. Daraus entwickelte sich eine der größten Zuchtstationen Grönlands. Die Familie Frederiksen stellte jahrzehntelang den Dorfvorstand, und ihre Stellung im 50 Einwohner zählenden Dorf ist zu vergleichen mit der Bedeutung, die Erik der Rote für die Siedler hatte, als er sich hier niederließ. Erik wählte für sich und die Seinen diesen Platz, den er Brattahlid, steiler Hang, nannte. Ein Gedenkstein neben dem Hostel erinnert an die Landung Eriks im Jahr 982 in Grönland und seine endgültige Niederlassung 985.

Leif-Eiriksson-Statue

Hinter dem Hostel führt ein Pfad zur Leif-Eiriksson-Statue, die im Sommer 2000 anlässlich der 1000-Jahr-Feier zur Erinnerung an Leifs Fahrt von Qassiarsuk gen Westen aufgestellt wurde. Eine Kopie der Figur steht im norwegischen Tromsø. August Werner entwarf die Statue ursprünglich für die Weltausstellung in Seattle 1962 und die dortige Leif Eiriksson Foundation war maßgeblich an der Errichtung des Denkmals in Qassiarsuk beteiligt. Als besonderer Clou wurde es von einem direkten Nachfahren Leifs enthüllt. Energisch und kraftvoll ist die Körperhaltung des großen Seefahrers, dessen Blick nach Westen über den Fjord – vielleicht sogar zum Flughafen – schweift. Er war der erste Europäer, der seinen Fuß auf den Boden der Neuen Welt setzte. Am Wegesrand stehen ein Runenstein sowie ein Steinmann der kanadischen Inuit, Issuk, symbolisch für die historische und kulturelle Verbindung zwischen Europa und Kanada.

Otto-Frederiksen-Wohnhaus

Meist geöffnet

Geht man auf dem Hauptweg entlang dem Fjord in nördlicher Richtung, gelangt man zum einst geplanten Museum, dem ehemaligen Wohnhaus von Otto Frederiksen. Hier kann man neben seiner alten Couchgarnitur auch einige alte landwirtschaftliche Werkzeuge betrachten. Leider kümmert sich keiner mehr darum, so droht das Zeugnis aus der Gründerzeit des Dorfes zu verfallen. Das Grab von Frederiksen befindet sich auf dem Friedhof.

Brattahlid

Die Sehenswürdigkeit, die jährlich zahlreiche Touristen nach Qassiarsuk zieht, sind die Ruinen der Normannen und die seit 2000 bestehenden Repliken eines Langhauses und einer kleinen Kirche (s. Entdeckungstour S. 116).

Wanderungen

Von Qassiarsuk aus lohnen Wanderungen zu **Schaffarmen wie Tasiusaq, Qorlortoq oder Inneruulalik** (s. Mein Tipp S. 119, Karte S. 121). Auf den Höfen kann man das Leben der Schafzüchter kennenlernen, außerdem sind sie gute Standorte, wenn man Tagestouren entlang des Fjords Nordre Sermilik mit seinen Eisbergen unternehmen will. Hier findet man immer wieder Spuren und Ruinen der Normannen.

Reizvoll ist eine Zweitagestour zum nördlich gelegenen **Gletscher Eqaloorutsit Kangilliit Sermiat,** der unmittelbar in den Nordre-Sermilik-Fjord kalbt. Äußerst beliebt ist die vier bis sechs Tage dauernde Wanderung nach **Narsaq,** dabei kann man entweder einige Schaffarmen ansteuern, wo man meist auch eine Unterkunft findet, oder man läuft über die Hochebene und übernachtet im Zelt. Für beide Touren muss man die Lebensmittel mitnehmen. Vor allem für Einsteiger, die zum ersten Mal in Grönland wandern, sind die Touren ideal, weil sie durch gut überschaubares Terrain führen und man keine besonders großen Höhenunterschiede bewältigen muss.

Übernachten, Essen

Gemütlich – **Leif Eriksson Hostel:** wenige Gehminuten vom Hafen, Tel. und Fax 66 50 10, www.qassiarsuk.com, Bett 225 DKK, Schlafsack 55 DKK, Früh-

Auf Entdeckungstour

Die Siedlung Eriks des Roten – Brattahlid

Ob Erik der Rote der erste europäische Siedler in Grönland war oder nicht – allein die Geschichten um ihn und auch die Geschichte der Besiedlung bei einer Führung durch Brattahlid zu hören ist ein Vergnügen. Die Rekonstruktionen eines Langhauses und einer Kirche veranschaulichen das Leben der Nordmänner.

Karte: S. 121

Infos: Führung 375 DKK

Dauer: 3 Std.

Anfahrt: mit dem Boot von Narsarsuaq

Buch: Jette Arneborg, Saga Trails. Es werden alle wichtigen Orte der nordischen Siedler beschrieben (Englisch, im Museum in Narsarsuaq erhältlich).

Ein guter Einstieg in die Besiedlungsgeschichte durch die Isländer ist ein Besuch der Replikate am nördlichen Ortsrand von Qassiarsuk. Im Jahr 2000 feierte man neben der Entdeckung Vinlands – so nannte der Sohn Eriks des Roten, Leif Eriksson, die Küste Kanadas – auch 1000 Jahre Christentum in Grönland, was natürlich nur bedingt stimmt, denn die Christianisierung der Urbevölkerung begann erst im 18. Jh. Die Jubiläumsfeiern waren der Anlass, die beiden Replikate einzuweihen: Eriks Langhaus, ein Gebäude aus dem 11. Jh., und Thjodhilds Kirche.

Nachbauten machen mit der Welt vor 1000 Jahren vertraut

Durch eine niedrige Tür tritt man in die winzige Kirche aus Holz und Grassoden. Besonders schön ist in dem Innenraum das Kreuz aus Treibholz, das die grönländische Künstlerin Aka Høegh geschaffen hat. Die Glocke ist ein Geschenk aus Island und trägt als Inschrift Zeilen von Stefán frá Hvítádalur: »Lausche der Stimme des Erzes und preise Gott.« Der Altarteppich vereinigt alle beteiligten Nationen, denn er wurde aus isländischer, grönländischer und norwegischer Wolle gewoben.

Das Langhaus neben der Kirche ist sehr schön mit Fellen, Webstuhl und Feuerstelle in der Mitte gestaltet. Die jungen Frauen und Mädchen schliefen auf einem Zwischenboden unter dem Dach, geschützt vor den Männern, die – ohne Leiter – nicht hinaufgelangen konnten. Die Waffen der Inuit sind natürlich Attribute, die man im Mittelalter nicht in den grönländischen Langhäusern fand.

Edda Lyberth erklärt auf ihrer Führung Besuchern sehr anschaulich, wie man sich das Leben der Nordleute vorstellen muss, besonders wenn sie zu den Disputen zwischen Erik und seiner

Frau Thjodhild kommt, die ihrem ›ungläubigen‹ Gatten den Zutritt zur ehelichen Bettstatt verwehrte. Für sie als Christin war der Umgang mit einem Heiden nicht mehr akzeptabel, entsprechend hatte ihre Kammer einen Riegel von innen.

Die Überreste von Brattahlid

Geht man von den Nachbauten wieder in Richtung Dorf, führt rechts ein Weg zu einem Aussichtspunkt, von dem man einen guten Blick auf die Ruinen hat und wo man zudem einige Erklärungen auf Englisch vorfindet. Ein kleiner Pfad führt von dem Aussichtspunkt hinunter zur Anlage. Das Bronzerelief an der Felswand ist ein stilisierter Lageplan der einzelnen Gebäude und wurde von dem Künstler Havsteen Mikkelsen gefertigt.

Zahlreich sind die Gebäude, die man hier gefunden hat, und besonders die Überreste eines großen Hofes mit Nebengebäuden weisen darauf hin, dass hier reiche Bauern gelebt haben. Somit war es ein entsprechend bedeutender Ort, der mehrere Jahrhunderte bewohnt war. In dem großen Hof, direkt am Hauptweg des Dorfes gelegen, befand sich eine imposante Halle und definitiv ein Küchenraum, die anderen Räume ließen sich trotz diverser Knochenfunde nicht bestimmen. Vermutlich gab es einen Vorratsraum und Schlafräume. Auf jeden Fall hat man eine Zisterne gefunden, somit war Wasser direkt im Haus vorhanden.

Die große Kirche südlich des Haupthofes stammt aus dem 13. Jh. Sie war von einem Friedhof umgeben, der über Jahrhunderte benutzt wurde, denn es fanden sich mehrere Schichten von Gräbern. Die kleineren Gebäude der Ruinenanlage waren Scheunen, Stallungen und Lagerhäuser. Ein großes Lagerhaus stand direkt am Fjord.

Hier lagerten die Bewohner ihre Handelswaren für Europa, z. B. das Elfenbein der Walrösser. In den Stallungen waren neben Schafen vor allem auch Rinder untergebracht.

Vorbei an dem Inuit-Winterhaus aus dem 18. Jh., das noch komplett erhalten nahe dem Fjord zu sehen ist, führt ein Abzweig vom Hauptweg zu den Überresten einer kleinen Kirche. Ihr Grundriss misst nur 2 x 3,5 m. Da sich die Ruine in die Zeit um 1000 datieren lässt, wäre es möglich, dass sie Eriks Frau Thjodhild nach ihrer Christianisierung errichten ließ. Rund um Thjodhilds Kirche befand sich ein Friedhof mit nachweislich 143 Gräbern. Es zeigte sich, dass die sozial höhergestellten Bewohner auf der Südseite der Kirche beerdigt wurden, Kindergräber befanden sich an der Ostseite. Außerdem gab es noch ein Gruppengrab, in dem man nur die Gebeine von Männern fand. Einige starben offensichtlich im Schwertkampf.

Geht man den Weg weiter in westlicher Richtung, erkennt man – mit viel Mühe – den Grundriss eines Langhauses, das um 1000 errichtet worden ist und somit Erik zugeschrieben wird. Die Anordnung von kleiner Kirche und Langhaus bildeten die Grundlage für die Positionierung der Repliken.

Ein politisch bedeutsamer Ort

Die Anzahl von weiteren Spuren, die die Archäologen gefunden haben, ist sehr groß, und die Gebäude waren über den ganzen Ort verteilt. Die Ausgrabung einer Thingstätte belegt außerdem, dass Brattahlid eine zentrale Rolle im politischen und kulturellen Leben der Ostsiedlung eingenommen hatte. Wie in Island wurden hier Versammlungen abgehalten und Rechtsprechung geübt. All diese archäologischen Befunde legen nahe, dass der erste Siedler ein bedeutender Mann gewesen sein muss – also was spricht gegen Erik den Roten?

Rustikale Wohnwelt im rekonstruierten Langhaus

stück 40 DKK, Abendessen 150 DKK. Einfach eingerichtete Zweibettzimmer, Küche und gemütlicher Gemeinschaftsraum. Sehr beliebt ist auch die Terrasse.

Urig – **Schaffarmen Tasiusaq, Qorlortoq und Inneruulalik:** Über Blue Ice Explorer in Narsarsuaq (s. Aktiv & Kreativ S. 114) kann man Übernachtungen mit Verpflegung auf den Schaffarmen reservieren lassen (225 DKK, s. auch S. 115 und Mein Tipp rechts). Der Transfer wird arrangiert.

Freiluft – **Zeltplatz:** neben dem Hostel.

Aktiv & Kreativ

Fast alles für alle – **Tasermiut – South Greenland Expedition:** B-873, Tel. 66 50 10, www.tasermiut.com. Tagesausflüge und mehrtägige Touren mit dem Boot, Kajak oder zu Fuß. Auch für Anfänger interessant sind die Kajaktouren mit Equipment und Guide (ab 4 Pers. 450 DKK pro Pers.).

Infos

Regionalinformationen: im Leif Eriksson Hostel (s. Übernachten S. 115).

Verkehr
Boot: Die Tourenveranstalter Tasermiut und Blue Ice Explorer (s. S. 114) bieten Bootsverbindungen von und nach Narsarsuaq an. Bootsfahrten zu den Schaffarmen, Camps und Orten in der Region nach Absprache.

Igaliku ► F 23

Nur knapp eine Stunde dauert die Bootsfahrt von Narsarsuaq über den Fjord zwischen den Eisbergen hindurch und entlang dem steil aufragenden

Mein Tipp

Ausspannen in ländlicher Idylle – die Schaffarm Inneruulalik
Die 8 km von Qassiarsuk entfernte Schaffarm mit ihren rund 1200 Lämmern ist im Sommer ein idealer Platz, um sich zu erholen (s. Karte S. 121). Hier lernt man eine reizende Familie kennen und erfährt viel über das Leben auf dem Land. Zahlreiche Fotos in den Räumen erzählen die Familiengeschichte, denn Jørgen Lund, der Farmbesitzer, ist Enkel des ehemaligen Farmgründers Henrik Lund. Außerdem kann man in der schönen Umgebung erholsame Wanderungen unternehmen. In vollkommener Ruhe genießt man den Blick vom Haushügel auf den Fjord mit seinen Eisbergen. Übrigens bedeutet Inneruulalik Löwenzahnplatz, durchaus treffend (Hendrine P. Lund, Tel. 53 11 88, inneruulalik@green net.gl, Bett ab 225 DKK, Mahlzeiten können vereinbart werden, Abendessen 145 DKK).

Gebirge von Mellem Landet mit seinen zahlreichen Wasserfällen. Auf der gegenüberliegenden Seite liegt Erik den Rødes Land: sanft ansteigende Hänge mit saftig grünen Weiden. **Itilleq** heißt die Anlegestelle, an der je nach Wasserstand und Schiffsgröße das Aus- und Einsteigen etwas abenteuerlich ist. Von hier führt ein Wirtschaftsweg, der **Kongevejen**, nach Igaliku. Nicht weniger reizvoll ist die Fahrt von Qaqortoq aus und damit die Annäherung von dem Fjord Igalikup Kangerlua (dän. Einarsfjord).

Igaliku ist ein Bilderbuchdorf! Wenn man über die letzte Kuppe kommt, liegen die hingestreuten Häuser inmitten von Wiesen und einigen Kartoffelfeldern. Viele Häuser sind aus dem rötlichen Sandstein der umgebenden Berge gemauert, doch die Erbauer machten es sich damals einfach, indem sie das vorhandene Steinmaterial der Ruinen der Nordmänner verwendeten. Umrahmt wird die idyllische Szenerie von den Bergen jenseits des Igaliko-Fjords. Die rund 30 Einwohner leben von der Schafzucht und der Landwirtschaft, wie es schon der Ortsgründer Anders Olsen 1782 tat. Ein **Gedenkstein** erinnert in der Mitte des Dorfes an ihn. Auch wenn Igaliku ein reizvoller Flecken ist, der im Sommer sehr von den Städtern aus Qaqortoq als Sommersitz geschätzt wird, so ist es doch vor allem seine bemerkenswerte Geschichte, die den Besuch lohnt.

Kirche

Die kleine Kirche aus rotem Sandstein ist innen in den traditionellen Farben Blau, Weiß und Gold gestaltet. Entsprechend der Geschichte hängt hier ein altes Wikingerschiff. In einem Nebenraum werden noch alte Fotos aufbewahrt, auf denen die Ausgrabungen von 1926 und vor allem das Leben auf dem Lande dokumentiert sind.

Ehemaliger Bischofssitz Gardar

Gardar, wie der Platz während der Normannenzeit hieß, war neben Brattahlid ein weiterer bedeutender Ort der Ostsiedlung, an dem das regelmäßige Thing abgehalten wurde. Zusammen mit Erik kam Einar 985 nach Grönland, ließ sich hier nieder und gab dem Fjord den Namen Einarsfjord. Später lebte hier laut der Vinland Saga Eriks uneheliche Tochter Freydis mit ihrem Mann Thorvard. Politisches und geistliches Zentrum wurde Gardar, als 1126 der Bischofssitz hierhin kam und um 1200 die große **Domkirche St. Nikolaus**

errichtet wurde, deren Grundmauern noch deutlich zu erkennen sind. Mit einer Grundfläche von über 400 m^2 zählte die Kirche zu den größten im skandinavischen Raum. Archäologen sind sich sicher, dass die Ausstattung sehr prächtig war. Im Chor befindet sich das Grab des 1209 gestorbenen Bischofs Jon Smyrill.

Über 40 **Ruinen** hat man in Igaliku ausgegraben. Deutlich zu erkennen sind aber nur wenige, weil die Steine als Baumaterial benutzt wurden. Die Größe der Stallungen, die in unmittelbare Nähe neben der Kirche liegen, bezeugen, dass es sich um einen reichen Bischofssitz gehandelt haben muss, bis zu 100 Kühe konnten hier gehalten werden. Auch die Lagerhäuser für die Naturalabgaben der Gemeindemitglieder hatten eine beachtliche Größe. Schon damals betrieb man hier intensiv Landwirtschaft. Die Weiden wurden über ein – bis heute teilweise noch genutztes – Bewässerungssystem versorgt. Mittels kleiner Staudämme wurde das Wasser an den Wasserfällen gesammelt und über gemauerte Rinnen weitergeleitet. Bis 1378 residierte hier ein Bischof, danach bestand nur noch die Diözese.

Wanderungen

Igaliku ist ein hervorragender Ausgangspunkt für Wanderungen. Vom 824 m hohen **Nuuluk**, der südlich des Dorfes aufragt, hat man einen schönen Blick über den Ort, die Qaqortoq-Halbinsel und den Fjord. Der markierte Weg führt an den Staustufen des alten Bewässerungssystems vorbei.

Den ersten Teil muss man auch erklimmen, wenn man die klassische Wanderung zur rund 60 km entfernten Stadt **Qaqortoq** laufen will, eine der beliebtesten Wanderrouten, die an

Südgrönland – Sagaland

5 10 km

Eqaloorutsit
Killiit Sermiat

Akuliaru-
sersuaq

Eqaloorutsit
Kangilliit Sermiat

Johan Dahl Land

Kuukuluup Tasia

Kiattuut
Sermiat

Nordre Sermilik

Qajuuttap
Nunaa

Qorlortoq

Kiattut

Quimgua

Kuusuuaq

Blomster-
dalen

Brattahlid

Narsarsuaq

Tasiusaq

Qassiarsuk

Signalhøjen

Eqaluit Iluat

Inneruulalik

Mellem
Landet

Quingaarsuaq

Sermilik

Erik den Rødes Land

Tuniliarfik

Illerfissalik
1622 m

Ilimmaasaq
1390 m

Narsaq
Bræ

Itilleq

Konngevejen

Igaliku

Kuannersuit
879 m

Gardar

Dyrnæs

Taseq

Nuuluk
823 m

Narsap Ilua

Tasigaaq

Narsaq

Qaqortoq
Halvø

Qaqqarsuaq
685 m

ttutuup
Isua

Illutalik

Killavaat

Sissarluttoq

Igarlikup Kangerlua

Igaliku
Kujalleq

Alanngorsuúp
Nunaa

Kangerluarsuk

Hvalsø

Arpatsivik

Saqqaarsik
412 m

Upernaviarsuk

Eqaluit

Vatnahverfi

Uglespils
Hule

Tasersuaq

Alanngor-
suaq

Akurnaat

Qaqortoq

Tasiluk

Qallimiut

Akia

Kangeq

Kangerluarsorujuk

Eqalugaarsuit

Alluitsoq, Quellen von Uunartoq, Alluitsup Paa

Ammasivik

weiteren herausragenden Ruinenplätzen vorbeiführt, wie z. B. Sissarluttoq am Igaliko-Fjord und Hvalsø (s. S. 133). Diese Strecke führt durch eine grüne Landschaft vorbei an malerisch gelegenen Seen. Auch wenn die Ruinen von Sissarluttoq nicht direkt am Weg liegen, so lohnen sie den Abstecher. Die zahlreichen Gebäude lassen sich gut erkennen, und der geschützte Platz wird heute noch von den Fischern genutzt. Für die Route sollte man sechs Tage einplanen, fast überall gibt es hervorragende Zeltplätze.

Der 1752 m hohe **Berg Illerfissalik** nördlich von Igaliku war der Signalberg der Normannen. Seine Besteigung (pro Strecke ca. 15 km) setzt alpine Erfahrung voraus und muss als mehrtägige Tour geplant werden. Übernachten kann man im Blue Ice Camp Narsarsuk direkt am Eisfjord Qooqqut.

Mit einem Boot kann man sich nach **Igaliku Kujalleq** auf der anderen Seite des Fjords bringen lassen. Von hier führen zahlreiche Wanderrouten durch das Seengebiet Vatnahverfi, wo auch Hütten zur Übernachtung zur Verfügung stehen. Viele Ruinen zeugen davon, dass das Gebiet schon zur Zeit der Normannen sehr beliebt war, heute gibt es hier mehrere Schaffarmen.

Übernachten

Ländliche Idylle – **Igaliku Country Hotel:** Buchungen über Blue Ice Explorer, Tel. 66 54 99, www.blueice.gl, DZ mit Frühstück 990 DKK, Hütte mit Frühstück pro Pers. 545 DKK. Sowohl die Doppelzimmer im Hotel als auch die kleinen Hütten sind bequem ausgestattet. Gemeinschaftstoiletten und -duschen. Im Hotel gibt es Mahlzeiten (Gerichte ca. 120 DKK). Auf der Terrasse kann man die dörfliche Ruhe ohne Mücken (!) genießen.

Für Gruppen – **Gardar Hostel:** Buchungen über Blue Ice Explorer, Tel. 66 54 99, www.blueice.gl, Schlafsackbett 260 DKK, Schlafsackmiete 50 DKK. Einfache Zimmer, meist für zwei Personen. Gemeinschaftsräume und gut ausgestattete Küche.

Infos

Verkehr
Boot: Blue Ice Explorer bietet Bootsfahrten von und nach Narsarsuaq und Qaqortoq an. Weitere Ziele auf Nachfrage. Gepäcktransport möglich.

Narsaq ▶ F 23

Der Name Narsaq bedeutet ›die Ebene‹ und bezeichnet die Lage zu Füßen des 685 m hohen Berges Qaqqarsuaq. Der Halbinsel, auf der die Stadt liegt, sind zahlreiche Inseln vorgelagert, in den Sommermonaten treiben unzählige Eisberge im Fjord. Vom Berg hat man einen herrlichen Blick über die Stadt, den Fjord und über die Berge bis zum Inlandeis. Die bunten Häuser fügen sich harmonisch in die Landschaft ein, und viele Besucher haben sich in die malerische kleine Stadt, über der oft im Sommer ein strahlend blauer Himmel zu sehen ist, geradezu verliebt.

Zahlreiche Spuren der ersten Siedler, die sowohl mit den Einwanderungswellen der Saqqaq-Kultur als auch mit den Normannen kamen, lassen sich in der unmittelbaren Umgebung der Stadt finden. Gegründet wurde Narsaq 1830 als Handelszentrum Nordprøven der Kolonie Julianehåb (heute Qaqortoq). Doch ein größerer Ort entstand erst mit der Errichtung der Fischfabrik 1953, und sechs Jahre später erhielt Narsaq den Stadtstatus. Heute sind sowohl Fischverarbeitung als auch Schafzucht für die gut 1600 Einwohner wichtige wirtschaftliche Standbeine. Jährlich werden hier in Grönlands einzigem Schlachthof Rentiere und rund 20 000 Lämmer geschlachtet und verarbeitet.

Rundgang

Narsaq-Museum

In den alten Kolonialhäusern, Kirkevej B 84, Tel. 66 16 59, www. narsarq-museum.org, Mai–Sept. tgl. 13–16 Uhr

Den Stadtrundgang beginnt man am alten Hafen, wo mehrere alte Häuser aus der Kolonialzeit stehen, in denen heute Ausstellungen zu sehen sind. Die Nummern auf den Dächern stammen aus der Zeit der amerikanischen Militärbasis und dienten den Piloten zur Orientierung beim Anflug. Im Gebäude A-34, dem Haupthaus mit Museumsladen und Informationsstelle für Führungen und Sonderausstellungen, gibt eine **kulturhistorische Ausstellung** Einblick in die Geschichte der Region von den Inuit-Kulturen bis in die Gegenwart. Im Haus B-61, dem ältesten Gebäude der Gruppe, 1830 errichtet, ist die **ehemalige Druckerei** von Frederik Høegh untergebracht, in der in den 1930ern und 1940ern die landesweit verbreitete Zeitung »Sujumut« (Vorwärts) gedruckt wurde. Auf dem Dachboden ist ein **historischer Laden** aus der Zeit zwischen 1930 und 1950 aufgebaut, der die Waren aus der ›guten‹ alten Zeit anbietet. Eine **Wohnung** aus den 1950ern hat man im Haus B-59 eingerichtet. Interessant ist der Vergleich mit den Wohnverhältnissen in dem rekonstruierten **Torfhaus,** das im Stil der 1930er–1960er eingerichtet ist und sich in unmittelbarer Nachbarschaft zu den Kolonialhäusern befindet. Das ehemalige Speckhaus

beherbergt eine **geologische Sammlung** mit Gesteins- und Mineralienfunden aus der Gegend um Narsaq.

Fisch- und Fleischmarkt – Brædtet

Direkt am Louisevej liegt der Fischmarkt, Brædtet, wo die Jäger und Fischer das dunkelrote, fast schwarze Robbenfleisch und Fische anbieten. Der aus dem Dänischen stammende Name bedeutet ›das Brett‹, denn früher wurde der Fang einfach auf Pappen liegend unmittelbar am Hafen verkauft, heute in eigenen Gebäuden mit Steintheken. Wer sich selber versorgen will, kann dort fangfrische Ware erstehen. Manchmal gibt es auch noch Engelwurz als Gemüse im Angebot. Die Grönländer essen es vorzugsweise roh, entweder knabbern sie die Stiele oder machen aus den Blättern Salat. Wer Maggi mag, wird den Geschmack von Engelwurz lieben.

Kirche

Wenn man den Louisevej in westlicher Richtung geht, sieht man die etwas erhöht liegende Kirche, die der bekannte grönländische Architekt Pavia Høegh 1927 erbaute. Bis zu dem Zeitpunkt waren die Gotteshäuser aus Dänemark oder Norwegen importiert worden. Das Innere der Kirche ist in den Farben Gelb, Weiß und Blau gestaltet, die Sonne, Eis und Meer symbolisieren. 1981 wurde die Kirche erweitert, was die Proportionen etwas veränderte, und neu geweiht.

Henrik-Lund-Haus

Tgl. 14–16 Uhr

Der weitere Weg führt zum Henrik-Lund-Haus neben dem Friedhof. Henrik Lund (1875–1948) lebte hier zusammen mit seiner Frau Malene von 1918 bis zu seinem Tod. Von ihm stammt der Text der grönländischen Nationalhymne »Nunarput, utoqqarsuanngoravit« (Unser Land, das so alt geworden ist). Er war nicht nur ein bekannter Dichter und Maler, sondern auch Pfarrer und lange Jahre Mitglied des Landrats in Südgrönland. Malene, die das Andenken ihres Mannes pflegte und Ehrenbürgerin der Stadt war, starb 1979 mit 102 Jahren und wurde damit die älteste Grönländerin. Die Größe des Hauses und zahlreiche Kunstgegenstände zeigen, dass die Familie zur Oberschicht gehörte.

Steinmuseum

Mestervej B-866, Tel. 66 10 62, Öffnungszeiten telefonisch erfragen
Nur wenige Meter vom Henrik-Lund-Haus entfernt hat Børge Brodersen ein Steinmuseum eingerichtet. Mit Begeisterung erklärt der Hobbygeologe seine zahlreichen Funde, die fast alle aus Grönland stammen. Vor allem die Gegend um Narsaq ist bekannt für ihre zahlreichen Mineralien, von denen der berühmteste der rote Tuttupit ist.

Kommunehaus A 21

Fiskervej B-98
Diese Einrichtung ist Begegnungsstätte und Betreuungsort für Kinder und Jugendliche. Zugleich haben Touristen eine gute Möglichkeit, mit den Bewohnern in Kontakt zu kommen. Regelmäßig finden hier Informationsveranstaltungen zu vollwertiger Ernährung und ökologischem Alltagsverhalten statt. Es gibt ein Café mit Internetzugang und wechselnden Ausstellungen. Dauerhaft zu sehen ist eine **Ausstellung zu den Nordmännern,** denn gerade hier in Narsaq gab es zahlreiche Ruinen, von denen die meisten aber dem Städtebau zum Opfer fielen. In der Nähe des Kommunehauses befinden sich die gut erhaltenen Grundmauern eines ehemaligen Langhauses, der Landnám Farm (Landnehmer- bzw. Siedlerhof).

Wanderungen und Ausflüge

Wanderungen in der Umgebung

Es gibt schöne Wandermöglichkeiten in der näheren Umgebung (s. Karte S. 121). Eine Wanderung von insgesamt ca. 4 Std. Dauer führt nach **Dyrnæs** am Nordufer der Bucht Narsaq Ilua. Dort sind die Überreste einer weiteren Siedlung der Normannen zu sehen. Vermutlich handelt es sich um die von Ivar Bardarsson in seinen Reiseaufzeichnungen aus der Mitte des 14. Jh. erwähnte Kirche, die damals zur größten grönländischen Gemeinde gehörte. Ohne die Erklärungen wären die Ruinen kaum noch zu erkennen, zudem hat man nur wenige Ausgrabungen vorgenommen. Von 1956 bis 1985 befand sich hier die geologische Forschungsstation, die die Mineralvorkommen von Ilimmaasaq und die Uranvorkommen am Kvanefjeld untersuchten.

Ausgesprochen lohnend ist eine insgesamt 8-stündige Wanderung zum **Kuannersuit** (Kvanefjeld). Hier hat man in den 1970ern Uran entdeckt, aber den Abbau damals sowohl wegen ökonomischer als auch ökologischer Bedenken unterlassen. Heute wird dagegen heftig im Parlament diskutiert, ob die Mine wieder geöffnet werden soll. Der Weg zur Mine ist befestigt, reizvoll ist der weitere Aufstieg auf den 879 m hohen Berg. Auf dem Gipfel findet man viele seltene und schöne Gesteine. Auffallend ist auch die Vegetationsarmut, die vermutlich auf die radioaktive Strahlung des Urans zurückzuführen ist.

Nur jeweils ca. 2 Std. dauert die Besteigung der beiden **Hausberge Tasigaaq** (350 m) und **Qaqqarsuaq** (685 m), von denen man einen guten Blick auf den im Sommer mit Eisbergen gefüllten Fjord hat.

Reizvoller Farbkontrast: rote Bojen und blau-weiße Eisberge im Hafen von Narsaq

Mehrtägige Wanderungen

Eine zweitägige Bergtour führt auf den 12 km entfernten **Berg Ilimmaasaq** (1390 m) und zum **Gletscher Narsaq Bræ** (s. Karte S. 121). Hier findet man schöne Mineralien, auch den Tuttupit. Da das Gestein vegetationshemmend wirkt, hat die Umgebung fast den Charakter einer Mondlandschaft. Man kann aus der Tour einen mehrtägigen Aufenthalt machen, gute Zeltmöglichkeiten finden sich am Fluss Narsaq Elv, der aus dem Narsaq Bræ entspringt.

Für die 4- bis 6-tägige Wanderung nach **Qassiarsuk** bietet sich Narsaq als Ausgangspunkt an. Hier erhält man alle Informationen und kann sich reichlich mit Lebensmitteln ausstatten. Manche Wanderer besorgen sich eine Angellizenz und versorgen sich unterwegs selbst. Die ideale Einsteigerwanderung beginnt entweder direkt hinter dem Hotel Inuili und führt zwischen den beiden Hausbergen hindurch, oder man geht in Richtung Kuannersuit (Kvanefjeld) und quert dort den

Narsaq Elv. Ziel des ersten Tages ist der See Taseq. Nach dieser ersten, etwas steilen Etappe bleibt man auf einer sehr grünen Hochebene. Von hier aus eröffnen sich immer wieder schöne Ausblicke über die Fjorde und die weiten Gebirgslandschaften. Man braucht Verpflegung für sechs Tage und natürlich ein gutes Zelt, denn im Süden herrschen häufiger starke Föhnwinde. An der Küste vermieten einige Schaffarmen auch Unterkünfte.

Bootsausflug zur Insel Tuttutuup Isua

Ein Bootsausflug zur Insel Tuttutuup Isua westlich von Narsaq führt zu den Ruinen einer Inuit-Wintersiedlung, der größten und besterhaltenen Südgrönlands, insgesamt hat man 24 Gebäude gefunden. Hier lebten die Menschen von 1300 bis 1800, und man kann gut die Entwicklung von den kleinen, runden Häusern zu größeren, rechteckigen Gemeinschaftshäusern sehen. Die Bootsfahrt kann man über die Touristeninformation buchen, sie dauert mit Besichtigung ca. 4 Std. (s. Karte S. 121).

Übernachten

Der Monopolist – **Hotel Narsaq:** Sarqanguaqvej B-819, Tel. 66 12 90, 49 75 69, www.hotel-narsaq.com, DZ im Hotel 1200 DKK. Das Hotel bietet nicht nur Zimmer mit Bad und Fernseher im eigenen Haus, sondern auch alle übrigen Übernachtungsmöglichkeiten. In insgesamt fünf Häusern kann man auch Apartments anmieten oder einfacher im Jugendherbergsstil übernachten. Alle Häuser sind angenehm, teilweise mit sehr schönen Ausblicken. *Ganz für sich –* **Haus Isikkivik:** Monika Brune und Paul Cohen, Mestervej B-520, Tel. 66 20 80, www.silamut.com, Haus/Woche 400 €. Kleines, gemütlich

ausgestattes Haus mit allen Details, inkl. Lektüre. Die Sanitäranlagen sind alt-grönländisch einfach (ohne Dusche, Chemietoilette). Wer länger bleiben möchte, hat hier einen idealen Platz. *Auf dem Lande –* **Narsaq Farm House:** Dyrnæsvej B-645, Tel. 66 10 49, Fax 66 10 64, helgioutfitter@greennet.gl, Schlafsackbett 160 DKK. Liegt auf dem Weg zum Kvanefjeld und wird von dem Isländer Helgi Jonasson bewirtschaftet, der zugleich als Outfitter tätig ist. Einfache Zimmer mit 2–5 Betten. Touren und Ausrüstungen werden angeboten, auch den Transport aus oder in die Stadt kann man organisieren sowie zum Hafen oder Heliport. Fahrradverleih (50 DKK pro Tag). *Unter freiem Himmel –* **Zelten:** In der Nähe der Farm, Übernachtung pro Pers. 70 DKK. Dusch- und Toilettenmöglichkeiten im Haus.

Essen & Trinken

Gemütlich, beliebt – **Restaurant Klara:** im Hotel Narsaq, Adresse s. Übernachten links, Gerichte ab 120 DKK. Es ist das einzige Restaurant des Ortes, doch das stört nicht, denn die Küche mit grönländischen Produkten wie Lamm ist empfehlenswert.

Einkaufen

Für Selbstversorger – **Lebensmittelgeschäfte:** Sie bieten alles, was man zum Kochen braucht, und haben oft auch Fertiggerichte oder zumindest ein leckeres Teilchen. *Wollig –* **Meqqileriffik:** Fiskervej, Mo–Fr 8–16 Uhr. Wollwerkstatt, in der eine spezielle Verarbeitung praktiziert wird. Die Wollsachen sehen wie Filz aus. *Regional –* **Touristeninformation:** Adresse s. Infos rechts. In dem kleinen

Shop gibt es schönes Kunsthandwerk von Künstlern aus der Region. Besonders hübsch sind die Stricksachen aus Moschusochsenwolle.

Aktiv & Kreativ

Outdoor-Aktivitäten – **Touristeninformation:** Adresse s. Infos unten. Bootsfahrten und Wanderungen sowie Stadtführungen.

Abends & Nachts

Livemusik – **Hønekroen:** Tobiasvej, Do–Sa 21–3 Uhr. Die älteste Kneipe des Ortes – und auch die einzige. Am Wochenende gibt es hier regelmäßig Livemusik zu hören.

Infos

Touristeninformation: Aadaliarsip Aqqutaa B-523, Tel. 66 13 25, Fax 66 13 94, www.nto.gl.

Verkehr

Flug: www.airgreenland.gl. Helikopterflüge von und nach Narsarsuaq und Qaqortoq.
Schiff: Mit dem Küstenschiff (www.aul.gl) und Booten von Blue Ice Explorer (s. S. 114) von und nach Narsarsuaq oder zu anderen Orten Südgrönlands.

Qaqortoq und Umgebung! ▶ F 23

›Die Weiße‹, so die Übersetzung des Namens, ist die größte Stadt Südgrönlands mit immerhin 3200 Einwohnern und weiteren knapp 300 in den übrigen Orten der Kommune. Der Name leitet sich von den zahlreichen Eisbergen in der Bucht ab, die zwar schön sind, aber leider auch dafür verantwortlich, dass zwischen März und Juli nicht immer alle Schiffe den Hafen anlaufen können. Vielleicht ist Qaqortoq sogar die schönste grönländische Stadt, nicht nur von ihrer Lage, denn fast alle sind malerisch und beeindruckend gelegen, sondern aufgrund ihrer Architektur. Ob man per Schiff oder Helikopter ankommt, sofort fällt ein mit Kupfer und Messing beschlagener Schornstein ins Auge. Die Bildhauerin und Malerin Aka Høegh hat den 36 m hohen Turm des Wärmekraftwerks von Qaqortoq 1990 als Symbol für Feuer, Wärme und Kraft gestaltet. Architektonisch gelungen sind auch die Wohnblocks, die sich farbenfroh und aufgelockert am Hang gruppieren. Die versetzt gebauten Häuser schaffen kleinere, menschenfreundliche Einheiten, anders als die Bausünden der 1960er- und 1970er-Jahre, die leider auch in der Stadt zu sehen sind.

Gegründet wurde Qaqortoq 1775 von dem norwegischen Kaufmann Anders Olsen, der einen geeigneten Handelsplatz in Südgrönland suchte und den geschützten Naturhafen für ideal hielt. Doch schon damals bereiteten die Eisberge Probleme, und oft musste die Fracht im nördlich gelegenen, eisfreien Paamiut gelöscht und anschließend mit kleinen Booten in die Kolonie transportiert werden. Im 18. Jh. lebten viele Inuit in dem Gebiet, das aufgrund der zahlreichen Meeressäuger gute Jagdgründe bot. Der dänische Name Julianehåb ging zurück auf die Witwe von König Frederik V., Juliane Marie. 1779 stellten zwei Dänen übrigens definitiv fest, dass in diesem Gebiet die ehemalige Ostsiedlung der Normannen gelegen hatte und nicht an der Ostküste. Sie bereisten ganz Südgrönland und untersuchten die

127

Der Hafen von Qaqortoq

Ruinen. Anhand des Materials konnten alle aus den Sagas bekannten Ortsnamen auf die Orte der Gegend übertragen werden. Mit ein Grund für die Anlage dieses Handelspostens, der zugleich als Missionsstelle fungierte, war, einen guten Zugang zum Osten zu erhalten. Die Suche nach den ersten nordischen Kolonisten hielt noch bis ins frühe 19. Jh. an. Das moderne Qaqortoq ist nicht nur das kulturelle Zentrum des Südens, sondern mit Gymnasium, Berufsschule, Tourismus- und Business-Hochschule sowie der Arbeiterhochschule vor allem ein Ausbildungszentrum, das Lernwillige aus dem ganzen Land anzieht. Wichtigster Wirtschaftszweig ist die Fischerei mit einer entsprechend großen Fabrik.

Rundgang

Kolonialhäuser

Das alte Qaqortoq liegt in der Nähe des Hafens, und in seinem Zentrum befindet sich der älteste **Springbrunne**n Grönlands. Gebaut hat ihn der Architekt des Ortes, Pavia Høegh, 1927 aus Igaliko-Sandstein und Holz. Auf dem Brunnenrand stehen bzw. standen Namen verdienter Grönländer wie An-

Die Böttcher zählten zu den bedeutenden Handwerkern, da sie die Fässer für den Speck und Tran herstellten, dem wichtigsten Exportartikel. Heute ist das Restaurant Ban Thai hier.

Richtung Hafen kommt man an einem kleinen **roten Haus** vorbei, in dem von 1863 bis 1900 der Verwaltungsvorstand von Südgrönland tagte. Die erste politische Versammlung, durch die die Bevölkerung eine Mitverantwortung bei der Entwicklung des Landes erhielt, war von Heinrich Rink und Samuel Kleinschmidt initiiert worden.

Museum

Torvevej B 29, Tel. 64 10 80, tgl. 10–16 Uhr, ansonsten anrufen

In dem dunklen Haus aus dem Jahr 1871 ist das Museum untergebracht. Die **Dauerausstellungen** vermitteln viel über die Geschichte der Inuit, außerdem finden jeden Sommer zusätzliche **Wechselausstellungen** statt, oft mit Werken bekannter Künstler Grönlands. Interessant sind die oberen Räume, vor allem das blaue Zimmer. Hier nächtigten die prominenten Besucher des Ortes, so z. B. Charles Lindbergh mit seiner Frau im Jahr 1933. Zum Museum gehört ein **Sodenhaus,** das eingerichtet ist wie zu Beginn des 20. Jh. Vor dem Museum steht eine kleine **Kanone,** die ursprünglich von einem Walfänger stammt und die Knud Rasmussen aus Ostgrönland hierhinbrachte. Außerdem kann man an einem alten **Umiak** sehr gut die Bauweise aus den Häuten studieren (s. S. 67).

Radiomuseum

Besuche werden über das Museum arrangiert

Über der Stadt steht unterhalb der Satellitenantenne ein grünes Haus, das das Radiomuseum beherbergt. In der interessanten Ausstellung mit zahlreichen Fotos, alten Funkanlagen, Telefo-

ders Olsen, Henrik Lund oder Knud Rasmussen.

Das älteste Gebäude ist die **alte Schmiede,** erbaut 1775, heute auffallend gelb und zwischenzeitlich auch mal Sitz des Museums. Das mehrgeschossige, **schwarz geteerte Haus,** 1797 gebaut, ist ein hervorragendes Beispiel für die dänische Tradition der Fertigbauhäuser: Alle Teile kamen damals aus Dänemark und wurden mithilfe der Nummerierung vor Ort aufgebaut. Auffallend ist das **gelbe Fachwerkhaus,** das in den 80er-Jahren des 19. Jh. gebaut wurde und damals die Werkstatt der Zimmermänner und Böttcher war.

nen etc. kann man gut die Entwicklung der Kommunikation im Land nachvollziehen, auch wenn die Erklärungen nur auf Dänisch und Grönländisch sind. Was in Europa der reitende Bote und die Postkutsche war, war in Grönland die Kajakpost.

Die Kirchen
Auf dem Spaziergang durch den Ort fällt immer wieder die **rote Kirche** mit dem leuchtend grünen Schindeldach ins Auge. Sie wurde 1832 gebaut, nachdem das aus Norwegen stammende Baumaterial zuvor fast vier Jahre in Paamiut gelegen hatte, wo das Schiff auf Grund gelaufen war. Das Innere der Kirche ist in den Farben Grönlands, Gelb, Weiß und Blau, gestaltet. Hier findet sich das einzige Zeugnis von der Havarie der MS Hans Hedtoft, bei der alle 95 Mann Besatzung vor Kap Farvel am 30. Januar 1959 ertranken: der ein Monat nach dem Unglück in Island angetriebene Rettungsring. In der Kirche hängt außerdem eine Tafel mit den Namen der Besatzung und der Reisenden. Die **neue Kirche** neben dem Hotel oberhalb der Stadt wurde 1973 gebaut, sehenswert ist vor allem die Altartafel von Maria Haagen-Müller. Die Jesusdarstellung sowie die Kanzel schuf Kîstat Lund 1996. Der großzügige Raum wird auch für Aufführungen und andere Veranstaltungen genutzt.

Great Greenland
Infos in der Touristeninformation, Führung (1 Std.) 85 DKK
Ein wichtiger Arbeitgeber ist das staatlich subventionierte, pelzverarbeitende Unternehmen Great Greenland, zu dem eine Gerberei, Färberei und Nähstube gehören. Die Produkte zeichnen sich aus durch hohe Qualität und perfekte Verarbeitung – jährlich wird nur eine begrenzte Anzahl an Mänteln und Jacken hergestellt, alle Kleidungsstücke haben eine Nummer. Ein Gang durch die Anlage ist sehr interessant, und mit einem kundigen Führer kann man viel über Robben und die Fellverarbeitung in Grönland lernen. Leider sind die Umsätze in den letzten Jahren stark zurückgegangen. Ein großes Problem stellt der EU-Einfuhrstopp für Robbenprodukte dar, obwohl die zertifizierten Produkte der Inuit davon ausgenommen sein sollten (s. S. 65). Entsprechend entwickelt man neue Produkte aus Schaffellen.

Wanderungen und Ausflüge

Qaqortoq ist der Ausgangspunkt – oder das Ziel – einer sechstägigen Wanderung nach **Igaliku** (s. S. 120). Um sich vorher schon etwas einzulaufen, kann man schöne Tagestouren unternehmen (s. Karte S. 121).

Wanderungen in der Umgebung
Reizvoll ist der ca. 4- bis 5-stündige Gang um den **See Tasersuaq** mit fast ständigem Blick auf die Stadt. Ganz Mutige nehmen an einem warmen Sommertag schon mal ein Bad darin.

Einen fantastischen Blick auf die Stadt, den Fjord und im Norden bis hin zu dem markanten Bergmassiv Killavaat, auf Dänisch Redekammen (Haarkamm), hat man von dem **Berg Saqqaarsik** (412 m) aus, den man in gut 2,5 Std. von der Volkshochschule aus besteigen kann.

Beliebt ist auch die Wanderung zu der **Höhle Uglespils Hule** in der Nähe der Bucht Akunnaat westlich der Stadt, für die man hin und zurück ca. 8 Std. einplanen muss. Zunächst geht man am See Tasersuaq entlang, lässt den Berg Alanngorsuaq links liegen und orientiert sich in Richtung Bucht. Benannt ist die Höhle nach der deutschen Schelmenfigur Till Eulenspiegel, dessen Geschichten auch in Dänemark bekannt sind. Doch warum es eine Höhle mit seinem Namen in Grönland gibt, weiß man nicht.

Bootsausflüge

Bootstouren führen zur Schaffarm Kangerluarsorujuk oder in den kleinen Ort Eqalugaarsuit auf der **Insel Kangeq**, wo man einen kleinen Eindruck vom dörflichen Leben erhält. Die Fahrten gehen zwischen zahlreichen Inseln hindurch und haben daher einen landschaftlich großen Reiz. Außerdem ist die Chance bei den Ausflügen groß, Robben und Wale zu sehen.

Die Bootsfahrt zu den warmen **Quellen von Uunartoq** dauert vier Stunden. Wer nicht mehr weiter in den Süden nach Alluitsup Paa will, hat hier eine gute Gelegenheit, ein warmes Bad im Anblick der Eisberge zu genießen (s. Foto S. 12).

Übernachten

Mit Blick und Komfort – **Hotel Qaqortoq:** Anders Olsensvej, Tel. 64 22 82, Fax 64 12 34, www.hotel-qaqortoq.gl, DZ 1395 DKK. Die geschmackvoll eingerichteten Zimmer haben auch einen Wasserkocher für Kaffee und Kakao. Internetspot ist im Lobbybereich.
Studentenleben – **Sulisartut Hochschule:** Kamikorfik B-1021, Tel. 64 24 66, Fax 64 29 73, www.sulisartut.gl, DZ mit Vollpension 1300 DKK, Schlafsackbett 225 DKK. Zimmer vom Hotelniveau bis zum Jugendherbergsstandard. Alle sehr angenehm. In der Jugendherberge (Juni–Aug.) gibt es Küchen und Essräume.
Rentierfarm – **Isortoq:** ca. 100 km von Qaqortoq, Tel. 64 95 25, www.isortoq.com. Die Rentierfarm liegt in Isor-

Mein Tipp

»Stein und Mensch« – Skulpturenrundgang

Ein lohnender geführter Stadtspaziergang sowohl durch das alte als auch das neue Qaqortoq folgt den Skulpturen des Kunstprojektes »Stein und Mensch«. 1993 und 1994 fertigten Künstler aus Skandinavien und Grönland ca. 30 Skulpturen, die nun im Ort aufgestellt sind. Initiiert hatte das Projekt die Bildhauerin **Aka Høegh,** die in Qaqortoq lebt und arbeitet (s. S. 76). Ein weiteres Werk von Aka Høegh ist in der Aula des Gymnasiums zu sehen – ein 40 m langes Fries, inspiriert von den Volkserzählungen »Die Mutter des Meeres« und »Die Sonne und der Mond« (geführte Tour 1,5 Std., 150 DKK, Buchung in der Touristeninformation; für einen Gang ohne Führung kann man einen Stadtplan kaufen).

toq in der Nähe des Inlandeises. Stefan H. Magnusson bietet außer Übernachtungen Angeln und Wanderungen.
Camping – **Zeltplatz:** direkt neben der Hochschule.

Essen & Trinken

Mit Ausblick – **Steakhaus Nanoq:** im Hotel Qaqortoq, Adresse s. Übernachten links, 12–14, 18–24 Uhr, Gericht um 200 DKK. Neben dem schönen Blick auf den Hafen bekommt man hervorragende Fleisch- und Fischgerichte aus grönländischen Produkten.
Asiatisch – **Restaurant Ban Thai:** Torvet, Tel. 64 30 67, 18–22 Uhr, Gericht um 150 DKK. Das gemütliche Lokal in dem

alten Fachwerkhaus bietet eine interessante Mischung aus asiatischem und rustikalem Interieur. Am Wochenende besser reservieren.

Britisch – **Mikisoq:** im Hotel Qaqortoq, Adresse s. Übernachten S. 131, 12–24 Uhr, Gerichte ab 50 DKK. Beliebt für Drinks, mittags kleine Gerichte wie Hamburger oder Salate und nachmittags Kuchen. Die Einrichtung ist im Stil eines Pubs gehalten.

Einfach und gut – **Sømandshjem:** Ringvej B-40, Tel. 64 22 39, Fax 64 26 78, www.soemandshjem.gl, Mo–Sa 7–20 Uhr, So 8–20 Uhr, Gerichte ab 50 DKK. Hat eine gute Cafeteria mit Tagesgerichten und kleineren Snacks. Hier essen viele Einheimische zu Mittag.

Einkaufen

Souvenirs – grönländisches **Kunsthandwerk** bekommt man in der Touristeninformation, dem Museum sowie im örtlichen Pisiffik (Supermarkt). Great Greenland bietet **Fellwaren** von Taschen über Garderobe bis zu Schlüsselanhängern.

Aktiv & Kreativ

Ausflüge, Kulturevents – **Qaqortoq Tourist Service:** Adresse s. Infos rechts. Neben Bootsausflügen und Wanderungen, z. B. nach Upernaviarsuk und Hvalsø, bietet die Touristeninformation noch kulturelle Veranstaltungen, Vorträge und Besuche bei Familien an, entweder zum grönländischen Essen oder zu einem Kaffemik (s. S. 33).

Outdoor-Touren – **Sulisartut Hochschule:** Adresse s. Übernachten S. 131. Touren unterschiedlicher Art, besonders beliebt sind die Bootsfahrten.

Wintersport – **Langlauf:** Im Winter sind hier gute Langlaufmöglichkeiten.

Abends & Nachts

Fast ein Rockcafé – **Arctic Café:** Augo Lyngesvej B278, Tel. 64 80 80, tgl. 12–24, Fr bis 3, Sa bis 1 Uhr. Gut zu erkennen an dem gelben VW-Vorderteil aus der Fassade. Bietet Billard, Spielautomaten und am Wochenende Disco mit Livemusik.

Infos & Termine

Qaqortoq Tourist Service: Vatikanbakken B-68, Tel. 64 24 44, www.qaq.gl, Sommer tgl. 9–17.30, Winter Mo–Fr 12–17 Uhr.

Verkehr

Flug: www.airgreenland.gl, Mo–Sa Flüge von und nach Narsarsuaq.

Boot: www.blueice.gl und www.aul.gl. Mehrmals wöchentlich Bootsverbindungen von und nach Narsarsuaq sowie zu den anderen Orten im Süden und entlang der Westküste.

Stadtbusse: In der Stadt fährt zwischen 7 und 21 Uhr ein Bus, entsprechende Haltestellen sind zu sehen. Aussteigen kann man nach Wunsch.

Taxis: Tel. 64 11 11, 64 14 14. Zwischen 6.30 und 3 Uhr fahren auch Taxis.

Termine

Sommerfest (Juni/25. Woche): Ein Mittsommernachtskulturfest mit Ausstellungen, Veranstaltungen und Aufführungen.

Greenland Adventure Race: s. S. 114. Die Mountainbike-Etappe findet in und um Qaqortoq statt.

Upernaviarsuk ▶ F 23

Die Schafzuchtstation Upernaviarsuk ist vor allem auch eine Pflanzenversuchsstation und ein Ausbildungsplatz für Landwirte. In der 1953 gebauten Einrichtung versucht man mithilfe isländischer Erfahrungen bessere Zucht- und Haltungsergebnisse für Schafe zu erzielen (s. Entdeckungstour S. 134).

Aktiv & Kreativ

Organisierte Tour – **Qaqortoq Tourist Service:** Adresse s. links. Hier kann man Touren nach Upernaviarsuk mit Führung buchen. Bei dem Ausflug wird auch Hvalsø angesteuert.

Hvalsø! ▶ F 23

Als der Cousin von Erik dem Roten, Thorkel Farserk, 985 nach Hvalsø (Qaqortukulooq) kam, gelangte er durch Ackerbau und Viehzucht schnell zu Reichtum, denn die Gegend war fruchtbar. Hvalsø ist die alte isländische Bezeichnung, benannt nach der gegenüberliegenden Insel, die je nach Blickwinkel die Form eines Wales hat, also Walinsel, auf Dänisch Hvalsø. Die Vermutungen über die Kirche und den Hof sind vielfältig, vielleicht war es der Sitz des Vertreters des norwegischen Königs. Die große **Ruinenanlage** zeugt von dem damaligen Wohlstand. Das große Langhaus wurde im Verlauf der Jahrzehnte um mehrere Anbauten erweitert. Die Halle mit ihren 41 m^2 ist die zweitgrößte nach der in Gardar und dokumentiert die gesellschaftliche Stellung des Hofes innerhalb der Ostsiedlung. Insgesamt gab es nur vier Hallen dieser Größe im Land. Entlang der Wände waren Sitzbänke aus Treibholz und in der Mitte das Feuer. Thorkels Grab vermutet man in der Nähe der runden Pferdekoppel und es zeigt die typische Form eines Heidengrabes.

Zu besonderen Feiern tragen Grönländer die Nationaltracht

Auf Entdeckungstour

Schafe und Gewächshäuser in Upernaviarsuk

Landwirtschaft betrieben schon die nordischen Siedler, und ihre Spuren erkennt man nicht nur an den Ruinen, sondern auch an den ehemaligen Weiden wie in Hvalsø. Bei einem Ausflug dorthin stoppt man auf der Rückfahrt in dem landwirtschaftlichen Versuchszentrum Upernaviarsuk, wo heute erfolgreich Gemüse angebaut wird.

Karte: S. 121

Infos: Der Besuch der Forschungsstation ist nur im Rahmen einer organisierten Bootstour von Qaqortoq aus mit Aufenthalt in Hvalsø und Upernaviarsuk möglich. Buchung unter www.qaq.gl, 550 DKK inkl. Führung.

Dauer: insg. 4 Std., Juni–Mitte Sept.

Wenn man in Upernaviarsuk anlandet, fällt das bunte Durcheinander der Häuser und unterschiedlichen Anbaugebiete auf. Man erkennt einige Beete mit Gemüse, Versuchsweiden und auch kleine Wälder. Hin und wieder läuft ein Lamm über den Weg, das sich erfolgreich aus den umzäunten Gebieten gemogelt hat. Schafzucht – wen wundert es – ist eines der Versuchsfelder hier in Upernaviarsuk.

Grönlands Schafe – Importe von nordischen Inseln

Das grönländische Schaf, von denen rund 50 000 auf den 50 Schaffarmen Südgrönlands leben, ist eine eigene ›Mixtur‹. 1906 kamen die ersten von den Färöer und 1915 dann weitere aus Island, die offensichtlich erfolgreich gekreuzt wurden. Das Lammfleisch wird vor allem nach Dänemark exportiert. Zum einen versucht man die Tiere, die sich während der Sommermonate frei durchs Land fressen, so widerstandsfähig wie möglich zu bekommen, und zum anderen erforscht man, welche Weiden die ideale Heumischung und Silage ergeben. Entsprechende Weiden kann man hier in Upernaviarsuk sehen, wo immer neue Grasmischungen erprobt und auch Methoden entwickelt werden, wenn die Weiden z. B. übersäuern. Die Bauern können sich nicht nur vor Ort informieren, sondern die Mitarbeiter fahren auch zu den Farmen.

Ein kleiner Wald

Hinter den rechts gelegenen Versuchsweiden sieht man einen kleinen Wald. Die Bäume, meist Nadelhölzer, stammen aus arktischen und subarktischen Gebieten wie Alaska, Sibirien, Island und Norwegen. Mit all diesen Ländern kooperieren die Grönländer in der Wiederaufforstung. Das Ziel ist, so viele Wälder und Bäume wie möglich im Süden anzupflanzen, ein Projekt, das seit den 1970er-Jahren recht erfolgreich betrieben wird. Das größte Waldgebiet des Landes liegt bei Narsarsuaq. Der deutliche Temperaturanstieg in Südgrönland beschleunigt das Wachstum und erhöht die Artenvielfalt.

Tomaten im Gewächshaus

Wiederaufforstung und insbesondere der Gartenbau standen seit der Etablierung von Upernaviarsuk 1953 im Zentrum der Bemühungen. Trotz der Tierhaltung, wie die schon erwähnte Schaf-, aber auch Rinderzucht, hat sich bis heute daran nichts geändert.

In zahlreichen Beeten sprießen die kleinen Kohlpflanzen, abgedeckt und geschützt wachsen die Karotten bei 20,4° C, und in dem 125 m² großen Gewächshaus gedeihen Tomaten und Gurken. Draußen hinter dem Gewächshaus gibt es mehrere Beete mit Kartoffeln, bei denen man schon seit Jahren recht gute Erträge erzielt. Dazwischen stehen Büsche als Windschutz, wie der Leiter des Gartenanbaus, Anders Iversen, erklärt. In der angegliederten Landwirtschaftsschule lernen 15 Schüler alles über Gartenbau, Gewächshäuser und auch Buchhaltung, eine gute Mischung aus Theorie und Praxis, und auch hier gibt es Kooperationen mit Ländern wie Island oder Norwegen. Das erklärte Ziel der landwirtschaftlichen Bemühungen ist, dass die Grönländer unabhängig von importiertem Gemüse werden. Erste Erfolge zeigen sich schon. Regelmäßig kommen die Bewohner aus der Umgebung, um hier sowohl kleine Salatpflanzen für den eigenen Anbau als auch die frischen Tomaten oder den Kohl zu kaufen. Und noch etwas erfreut sich großer Beliebtheit: die Blumen, die im Gewächshaus blühen.

Mein Tipp

Eine Reise in die Vergangenheit – Alluitsoq bei Alluitsup Paa ► F 23

Alluitsoq ist die frühere **Herrnhuter-Mission Lichtenau** (ca. 5 km nördlich von Alluitsup Paa und in nur zwei Stunden von dort zu Fuß zu erreichen). Lichtenau wurde 1774 für die Bewohner in Süd- und Ostgrönland errichtet. Die Missionare machten es sich zur Aufgabe, die Menschen aus den anderen Siedlungen hierherzulocken, was nicht zuletzt auch wegen der lebendigen und musikreichen Gottesdienste gelang. 1929 war Alluitsoq mit 447 Einwohnern die größte Siedlung Grönlands. Die geschützte und fruchtbare Gegend bot eine gute Voraussetzung für Landwirtschaft. In Lichtenau wurde 1814 Samuel Kleinschmidt, der Verfasser der Grammatik der grönländischen Sprache (1851), geboren, der nach seiner Ausbildung in Deutschland 1841 hier als Missionar tätig war und anschließend nach Nuuk zog.

Heute spürt man nichts mehr vom regen Leben, ein friedlicher Ort mit der Kirche aus dem Jahr 1871 im typischen Herrnhuter-Stil. Auch das Haupthaus erinnert an deutsche Architektur. Auf dem Weg dorthin steht ein Gedenkstein mit den Namen der hier tätigen Missionare. Außer dem Friedhof der Herrnhuter liegt auf einer kleinen Anhöhe der Inuit-Friedhof.

Die heute noch imposante, 16 x 8 m große Kirchenruine wurde um 1300 mit dem Granit vom Berg Qaqortoq gebaut. Die Steine verfugte man mit Mörtel aus Ton und vielleicht aus Muscheln gewonnenem Kalk. Die Verbindung war so haltbar, dass die Mauern bis heute der Witterung standhielten.

Drei Eingänge führen ins Innere. Der Westeingang war der Haupteingang für die ansässigen Bauern und ihre Familien, die Besucher der Nachbarhöfe hatten am Südende den westlichen Eingang zu nutzen, und der Pfarrer betrat die Kirche am Südende durch die östliche Tür. Neben den sieben Fenstern, die, so vermutet man, sogar mit Glas versehen waren, spendeten noch zusätzlich kleine Öllampen Licht. In den Wänden kann man entsprechende Nischen erkennen.

Vom Stil erinnert die Kirche mehr an die anglo-norwegische Tradition, die auf den nordschottischen Inseln wie den Orkneys und den Shetlands zu finden ist. Das Dach war vermutlich spitz, eine mit Grassoden bedeckte Holzkonstruktion. Rund um das Gebäude befand sich ein Friedhof.

Die Wände sind in den letzten Jahren stabilisiert worden, nachdem sie immer weiter auseinanderzudriften schienen. Wahrscheinlich war das Gotteshaus auf einem alten Friedhof errichtet worden, der ehemals neben der kleineren Vorgängerkirche lag. Nach und nach sackte der Boden weg.

Die mittelalterliche Kirchengemeinde umfasste insgesamt 30 kleine Höfe und hatte einen eigenen Priester. Die letzte Eintragung in Verbindung mit Hvalsø datiert vom 14. September 1408: die Hochzeit des Isländers Thorsteinn Olafsson mit der Grönländerin Sigrid Bjørnsdóttir.

Innerhalb der Ruinenanlage liegen die Grundmauern weiterer Gebäude – ein Haupthaus mit diversen Nebenräumen, Lagerhäuser und Stallungen. Entsprechende Tafeln klären über die früheren Funktionen auf, sodass man sich gut in die damalige Zeit zurückversetzen kann. Die herrliche Lage inmitten bunter Wiesen mit Blick auf den Fjord begeistert nicht nur Touristen, auch die Bewohner von Qaqortoq machen häufig Ausflüge hierhin.

Aktiv & Kreativ

Ausflug – **Qaqortoq Tourist Service:** Die Touristeninformation bietet Touren nach Hvalsø an (s. S. 132).

Alluitsup Paa ▶ F 23

Die größte Siedlung des Distrikts ist das weiter südlich gelegene Alluitsup Paa mit seinen 390 Einwohnern, die heute vor allem vom Krabbenfang leben. Gegründet wurde der Ort Sydprøven – so der dänische Name – als Handelsstation, eine Nebenstation von Julianehåb. Der grönländische Name bedeutet ›außerhalb von Alluitsoq‹. 1774 wurde an dem Ort die Herrnhuter-Mission Lichtenau gegründet (s. Mein Tipp links). Alluitsup Paa liegt malerisch auf einer Halbinsel und ist von den zackigen Riesen der entfernteren Gebirge umgeben. Bedauerlicherweise ist seine rote Bilderbuchkirche aus dem Jahr 1926, die mehr als sehenswert war, am Neujahrsabend 2008 abgebrannt. Vom Aussichtspunkt hat man einen schönen Blick auf das Dorf.

Der Ort ist ein guter Ausgangspunkt für Wanderungen im **Vatnahverfi**, dem Gebiet mit der größten Bevölkerungsdichte zur Zeit der Normannen. Es ist auch die einzige Region, die offiziell ihren altnordischen Namen behalten hat. Die klassische Route geht über Igaliku Kujalleq (Søndre Igaliku) über das zentrale Hochland nach Qorlortorsuaq, wo Grönlands größter gleichnamiger Wasserfall aus einem See 62 m in die Tiefe stürzt, und dann weiter nach Alluitsup Paa. In dem Gelände kann man gut wandern, größtes Problem ist

der Buschbewuchs, der aber auf einer Höhe von 300 bis 500 m nur noch kniehoch ist. Viele Schafpfade erleichtern das Fortkommen.

Ausflug nach Uunartoq
▶ F 23

Von Alluitsup Paa lohnt eine Bootsfahrt zu den **heißen Quellen** auf der östlich gelegenen Insel Uunartoq. Der genaue Ursprung der Quellen, die eine angenehme Badetemperatur von 37 °C haben, ist nicht geklärt, auf jeden Fall kann es kein vulkanischer sein, wie auf der Disko-Insel an der Westküste. Schon die Normannen schätzten die Quellen, denen sie sogar eine heilende Wirkung nachsagten. Auch wenn die heilende Kraft nicht mehr verbrieft ist, so hat ein Bad in dieser Umgebung mit Blick auf die Eisberge im Fjord sicher eine positive Wirkung auf die Seele. Nur 400 m entfernt hat man eine große Inuit-Siedlung mit 26 Gebäuden gefunden. 15 Häuser sind wohl im 15. Jh. errichtet worden, die übrigen stammen aus dem 17. und 18. Jh. Bei Ausgrabungen fand man auch Knochen von Rentieren und Eisbären.

Übernachten, Essen

Der Name ist Programm – **Sea Side Whale Hotel:** direkt am Meer am Ortsrand, Tel. 61 92 09, Fax 61 90 90, www.

Eine neue Kirche für Alluitsup Paa
Wenn Sie die Bewohner von Alluitsup Paa beim Wiederaufbau ihrer Kirche unterstützen wollen, so besuchen Sie die Internetseite www.sydproven.net. Dort finden Sie entsprechende Ansprechpartner für Spenden.

seaside.gl, DZ 1175 DKK. Modernes Haus mit hellen und freundlich ausgestatteten Zimmern inkl. Meerblick. Hier gibt es auch Infos für Touristen und Tourangebote. Gäste können im Hotel Qaanivik (s. u.) essen.

Zentral – **Hotel Qaanivik:** im Zentrum, Gerichte ab 100 DKK, DZ 925 DKK. Älteres Haus mit Restaurant und Bar auch für das Sea Side Whale Hotel. Einfachere Ausstattung. Im Nebengebäude sind Schlafsackplätze vorhanden, Zelten in der Nähe des Hotels erlaubt.

Infos

Verkehr

Flug: www.airgreenland.gl. Regelmäßige Helikopterflüge von und nach Qaqortoq und Nanortalik.

Boot: www.ral.gl. Regionalboote zwischen Narsaq und Nanortalik.

Nanortalik und Umgebung ► F 24

Nanortalik ist die südlichste Stadt des Landes und von hier aus können Naturliebhaber fantastische Ausflüge in die Welt der Fjorde unternehmen. Alpinisten finden eine Vielzahl lohnender Berge entlang des Tasermuit-Fjords, und Kulturinteressierte können die zahlreichen Ruinen der Normannen und Inuit aufsuchen. Die Inuit schätzten das Gebiet wegen des Robbenreichtums. Im Mittelalter lebten zahlreiche Normannen in den fruchtbaren Tälern im Innern der Fjorde, und der Hof Herjolfsnes zählte zu den bedeutendsten der damaligen Zeit.

Der Name Nanortalik bedeutet ›Ort der Bären‹, die tatsächlich regelmäßig im Frühjahr auf Eisschollen antreiben und eine willkommene Beute für professionelle Jäger sind. Hier im Süden könnten die zumeist ausgehungerten Bären durchaus Schaden für Mensch und Tier verursachen. Manchmal treiben sie sogar noch weiter nach Norden bis auf die Höhe von Qaqortoq.

1797 gründeten der norwegische Kaufmann Johan Christian Mørch und der Böttcher David Kleist zunächst eine Station in Sissarissoq, nördlich des jetzigen Standortes von Nanortalik. 1830 zog man wegen der wesentlich besseren Voraussetzungen für einen Hafen um. Die damalige Handelsstation hatte Verbindungen bis zur Ostküste, und nicht selten kamen Inuit von dort, die selbst für die Süd- und Westküsten-Inuit wie Wilde aussahen. Sie trugen lange Haare und zahlreiche Amulette, wie es vor der Christianisierung auch im Westen üblich gewesen war. Die Haupthandelsgüter waren Felle und Speck von den Inuit und Waffen und Kleiderstoffe von den Europäern.

Zunächst stagnierte die Entwicklung des Ortes, da die Tuberkulose grassierte. Außerdem ging der Robbenfang in der Region zurück, und der Fischfang konnte sich aufgrund des Treibeises nicht so gut entwickeln. Von 1915 bis 1925 brachte die Graphit-Mine auf der Insel Amitsoq einigen Gewinn. Erst im Jahr 1950 wuchs der Ort mit zunehmender Fischerei, heute ist der Haupterwerb die Schafzucht, außerdem spielt die Robbenjagd noch eine größere Rolle. Im Frühjahr wird Jagd auf die Klappmützenrobben gemacht, die dann in großer Zahl von Neufundland herüberschwimmen. Am 26. August 2004 wurde offiziell die erste Goldmine in der Nähe von Nanortalik am Tasermiut beim Napassorsuaq eröffnet. Probebohrungen hatten gezeigt, dass die Qualität der hiesigen Goldvorkommen sehr hoch ist. Die Nalunaq-Mine wurde immer wieder untersucht auch hinsichtlich der

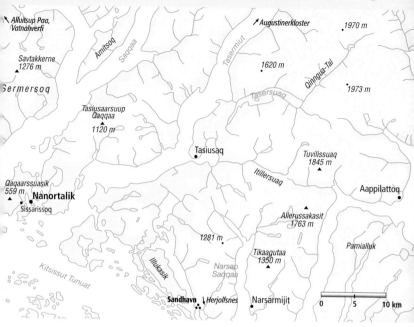

Umweltbeeinflussung. Nach einer vorübergehenden Schließung im Jahr 2009 wurde die Arbeit dort wieder aufgenommen.

Rundgang

Nanortalik-Museum

Tel. 61 34 06, 28 64 20, Juni–Sept.
So–Do 13–16 Uhr oder auf Anfrage
Nanortalik ist eine hübsche, überschaubare Stadt, mit dem größten Freilichtmuseum Grönlands, das im alten Kolonialhafen liegt. In den neun Häusern des Nanortalik-Museums wird nicht nur viel Wissenswertes über den Alltag im 19. und 20. Jh. vermittelt, sondern es gibt auch eine umfangreiche Ausstellung mit Exponaten der Ausgrabungen von Herjolfsnes. Interessant sind besonders die Informatio-

nen über die Bekleidung der Nordmänner, zu der u. a. eine Kapuze gehörte, die in gleicher Form auch in Europa getragen wurde, was auf den regen Austausch zwischen den Siedlungen in Grönland und Europa schließen lässt. Nicht weniger interessant ist das Sodenhaus mit seiner originalgetreuen Einrichtung. Zudem erfährt man viel über das traditionelle Leben der Inuit, lernt Kayak und Umiak kennen (s. S. 66). Wenn Kreuzfahrtschiffe anlanden, werden entsprechende Bootsvorführungen geboten. Von einem **Aussichtsstein** inmitten der Häuser hat man einen schönen Blick auf die alte Anlage (s. Lieblingsort S. 140).

Kirche und neuer Stadtteil

Ein kurzer Gang führt zur weißen **Kirche** aus dem Jahr 1916. Die Orgel in

139

Lieblingsort

Fürs Fotoalbum – Blick vom Aussichtsstein in Nanortalik
▶ F 24
Kann es eine pittoreskere Ansicht geben als diese Komposition aus Gelb, Rot, Weiß und Granitgrau? In dieser friedlichen Atmosphäre steht die Zeit für einen (Foto-)Moment still.

dem schön gestalteten Innenraum stammt von der Herrnhuter-Mission in Frederiksdal. Direkt neben der Kirche steht ein großer Granitblock, der Knud-Rasmussen-Stein. Von der richtigen Seite und Perspektive aus betrachtet, ähnelt er Rasmussens markantem Profil.

Von der Kirche verläuft die Straße weiter in den modernen Teil des Ortes mit der **Anlegestelle** für die Passagierboote und dem **Kommunehaus** mit einer Elefantenskulptur davor. Auch in Nanortalik stößt man auf die **Wohnblöcke** aus den 1960er- und 1970er-Jahren. Auf der Nordseite der besiedelten Landzunge liegen **Krankenhaus** und **Hotel Kap Farvel.**

Handelsstation Sissarissoq

Wenn man in westlicher Richtung aus dem Ort geht und um die **Bucht** herumläuft, gelangt man zu der alten Handelsstation **Sissarissoq.** Der Platz ist zum einen gut an dem Kreuz zu erkennen, und zum anderen sieht man noch zahlreiche Grundmauern und etliche Inuit-Gräber. Auf dem Weg dorthin kommt man an dem sogenannten **Eisbärstein** vorbei. Hier soll früher ein Inuit-Junge seinen jungen Bären angebunden haben, wenn er nicht mit ihm spazieren gehen wollte. Vermutlich handelt es sich um einen Türstein eines ehemaligen Nordmännerhofes. Direkt hinter dem alten Siedlungsplatz kann der 559 m hohe **Qaqaarssuasik** bestiegen werden, der höchste Berg der Nanortalik-Insel. Von ihm hat man einen hervorragenden Blick über den Atlantik und ins Hinterland.

Ausflüge

Die folgenden Ausflüge (s. Karte S. 139) kann man über die Touristeninformation (s. Infos S. 144) buchen.

Siedlung Narsarmijit

Narsarmijit, in einigen Karten heißt es noch Narsaq Kujalleq, hat rund 130 Einwohner, die von der Schafzucht und der Jagd leben. Der Ort wurde 1824 von Konrad Kleinschmidt als Frederiksdal, die südlichste Missionsstation der Herrnhuter, gegründet. Für die 1826 gebaute Kirche musste das Holz mit dem Umiak, dem Frauenboot, aus Qaqortoq herangefahren werden. Frederiksdal war auch ein beliebter Handelsplatz für die Inuit der Ostküste, die hierhin paddelten. Während des Zweiten Weltkrieges errichteten die Amerikaner in der Nähe der Siedlung eine Rundfunknavigationsstation, die einige Arbeitsplätze schuf.

Ruinen von Herjolfsnes und Sandhavn

Auf der gegenüberliegenden Seite des Fjords Narsap Sarqaa liegen die Ruinen der Normannensiedlungen Herjolfsnes und Sandhavn. Die Kirche von **Herjolfsnes** zählt zu den drei bedeutendsten der Ostsiedlung und wurde vermutlich im 13. Jh. gebaut. Ausgrabungen zeigen, dass es nicht die erste Kirche auf diesem Platz war, doch die frühere war wesentlich kleiner und hatte ein Innenmaß von 14,5 m Länge und 6,5 m Breite. Ausgrabungen im Jahr 1921 brachten den Archäologen entscheidende Kenntnisse über die Lebensweise und vor allem über die Kleidung der Nordmänner.

Die exponierte Lage von **Sandhavn,** das rund 5 km von der Kirche von Herjolfsnes in westlicher Richtung liegt, erklärt sich damit, dass der erste Siedler Herjolf ein Handelsmann war. Sandhavn war der erste bzw. letzte Hafen, den die Seeleute auf ihrem Weg zwischen Island bzw. Grönland ansteuerten. Vermutlich erhielt auch die Kirche besondere Einnahmen von den vorbeisegelnden Händlern. Herjolf begleitete Erik den Roten 985, es heißt, er stamme von dem ersten Siedler Islands, Ingolfur Arnarson, ab. In Sandhavn hat man rund 20 Ruinen gefunden, Wohnstätten und Packhäuser für die Handelsgüter der damaligen Zeit wie Felle, Narwal- und Walrosszähne oder Trockenfisch.

Siedlung Aappilattoq

Die östlichste Siedlung des Distriktes ist Aappilattoq mit 140 Einwohnern. Die isolierte Lage wird verstärkt in den Monaten Mai bis Juli, wenn das Packeis die Bootsverbindung erschwert. In der Siedlung leben die Menschen noch auf sehr traditionelle Weise von der Jagd auf Robben und auch Eisbären. Einige Bewohner stammen von der Ostküste, und die Lebensweise hier ähnelt sehr der im Osten. Für Bergsteiger ist der Ort ein beliebter Ausgangspunkt, um sich zur **Insel Pamialluk** bringen zu lassen, einem Paradies für Bergsteiger! Allein die Bootsfahrt durch die Fjorde vorbei an den steil aufragenden Zinnen ist ein überwältigendes Erlebnis. Aappilattoq liegt am Fjord Ikerasassuaq, an dem sich auch die gleichnamige Wetterstation befindet und durch den kleinere Boote zur Ostküste gelangen.

Tasermiut-Fjord

Der 75 km lange Tasermiut-Fjord führt hinein in eine Landschaft der Riesen aus Granit und endet am Inlandeis. Ausgangspunkt für Wanderungen in der Gegend ist die kleine Siedlung **Tasiusaq**, ein Schafzuchtort mit 80 Einwohnern. Von hier aus kann man zum **See Tasersuaq** wandern und von dessen Ostrand in das **Qinngua-Tal,** wo Grönlands einziges ›richtiges‹ Waldgebiet mit bis zu 7 m hohen Bäumen liegt. Über 300 Pflanzenarten findet man in dem Naturschutzgebiet. Weiter nördlich, nur 14 km vom Inlandeis ent-

fernt, finden sich **Ruinen eines Augustinerklosters** aus dem 14. Jh. Die Mönche hatten sich einen sehr schönen Platz ausgesucht mit dem Wasserfall in dem vegetationsreichen Tal, umgeben von imposanten Bergen. Hinweis: Als Wanderer kann man von Süden kommend den Fluss Kuua nicht furten.

Die Bootsfahrt durch den Tasermiut-Fjord führt an Bergen vorbei, die immer wieder eine Herausforderung für erfahrene Alpinisten darstellen. Früher nannten Reisende die Gegend auch »das Italien Grönlands«.

Übernachten

Das erste Haus – **Hotel Kap Farvel:** Isua B-304, Tel. 61 32 94, Fax 61 31 31, www. kapfarvel.gl, DZ mit Bad 1390 DKK, ohne Bad 1050 DKK. Schöne Lage, angenehm hell eingerichtete Zimmer und Fjordblick.

Etwas privater – **NTS:** Lundip B-254, Tel. 61 33 86, nicoh@greennet.gl, DZ 750 DKK, Apartment 950 DKK. Nico Hansen bietet funktional ausgestattete Privatzimmer und Apartments an, kein Frühstück.

Zentral – **Jugendherberge Tupilak:** Lundip Avquta B-497, in der Nähe der Kirche, Tel. 61 32 94, Fax 61 31 31, ab 250 DKK. Gehört zum Hotel Kap Farvel, liegt näher am Passagierhafen und im Zentrum, ist kleiner und einfacher ausgestattet. Küche und Gemeinschaftsräume, Transportmöglichkeit.

Historisch – **Jugendherberge:** Buchung über den Touristenservice s. Infos S. 144, 210 DKK. In der Nähe des Freilichtmuseums. Einfache Ausstattung in altem Haus, gemütlich.

Unter freiem Himmel – **Zeltplatz:** neben der Jugendherberge. Waschgelegenheiten können mit benutzt werden, geringe Gebühr. Andere Zeltplätze außerhalb des Ortes.

Essen & Trinken

Gediegen – **Hotel Kap Farvel:** Adresse
s. Übernachten S. 143, 12–13.30, 18–20
Uhr, Gerichte ab 90 DKK. Gute Küche
in angenehmer Atmosphäre. Regelmäßig Tagesgerichte, auch vegetarische,
zu akzeptablen Preisen.
Schnellgerichte – **Nan Grill:** Illivileq B-
1344, tgl. 11–21 Uhr, Gerichte ab 50
DKK. Übliches Grillangebot.

Einkaufen

Gehobene Souvenirs – **Touristeninformation:** Adresse s. Infos rechts. Schönes Kunstgewerbe, z. B. Tupilaks, von
regionalen Künstlern.
Für Selbstversorger – **Geschäfte:** Brugsen hat auch am Wochenende geöff-
net, der Nan-Kiosk tgl. 12–22 Uhr. In
den kleinen Siedlungen ist das Angebot beschränkt, deshalb besser vorher
Lebensmittel einkaufen.

Aktiv & Kreativ

Outdoor-Touren – **Touristeninformation:** Adresse s. Infos. Hier erhält man
Angelscheine und kann Kajaks ausleihen. Außerdem geben die Mitarbeiter
hilfreiche Tipps für die Planung indivi-
dueller Wanderungen und Bergtouren, für die man die Ausrüstung selbst
mitbringen muss.

Infos

Touristeninformation: Lundip Aqqutaa
B 128, im Zentrum, Tel. 61 36 33, 49 02
98, www.nanortaliktourism.com, Mo–
Fr 8–17, Sa/So 8–14 Uhr.

Verkehr

Flug: www.airgreenland.gl. Flüge nach
Qaqortoq und Alluitsup Paa.
Boot: www.ral.gl. Regionalboote im
Süden, weitere Chartermöglichkeiten
über den Touristenservice.

Fantastische Kulisse: Granitriese im Klosterdalen am Tasermiut-Fjord

Südwesten

Die Region gehört seit der Kommunalreform 2009 zur Großkommune Sermersooq, sprich zu Nuuk und Ostgrönland. Geografisch liegen beide Orte, Paamiut und Ivittuut, aber eindeutig im Südwesten des Landes.

Paamiut ▶ D 22

Paamiut ist die nördlichste Stadt Südgrönlands oder auch die südlichste Stadt Grönlands, die ganzjährig per Schiff angesteuert werden kann. Rund 1800 Einwohner leben hier. Der Lage direkt am **Kuannersooq-Fjord** verdankt Paamiut seinen Namen, er bedeutet ›Volk an der Mündung‹.

Der Ort wurde 1742 als Handelsstation für die umliegenden Siedlungen gegründet, wichtige Produkte waren Speck und Felle. Die Gründer waren der Kaufmann Jacob v. d. Geelmuyden und der Missionar Arnoldus Sylow. Der dänische Name Frederikshåb leitete sich von Kronprinz Frederik (1723–1766) ab, der 1746 König Frederik V. wurde. Nach anfänglichen Schwierigkeiten, bedingt durch schlechte Wetter- und Eisverhältnisse, konnte die Königlich Grönländische Handelsgesellschaft 1774 ihre Arbeit aufnehmen.

Paamiut zählt sicher nicht zu den schönsten Orten Grönlands. Die zahlreichen großen Wohnungsbauten sind unrühmliche Relikte aus der Zeit, als man Paamiut zu Grönlands zweitgrößter Stadt mit 10 000 Einwohnern machen wollte. In den 1960er-Jahren gab es große Kabeljauvorkommen vor der Küste, deshalb sollte hier eine riesige Fischfabrik errichtet werden. Doch der Kabeljau verschwand, und zurück blieben die Pläne sowie die ersten Wohnblöcke. Dennoch wurde die Fischfabrik fertiggestellt, sie ist heute Royal Greenlands wichtigste Kabeljaufiletierfabrik, die ihre Produkte direkt nach Dänemark verkauft. Eine kleinere Fischfabrik im rund 100 km südlich gelegenen Arsuk ist seit 1980 in der Hand einer Kooperative von ca. 30 Fischern, die ihre Fänge nach Paamiut liefern. Die große Bedeutung der Fischerei für Paamiut zeigt sich darin, dass hier seit 1996 die Fischerei- und Schifffahrtsschule des Landes angesiedelt ist.

Rundgang

Sehenswert sind die Kolonialbauten in Hafennähe, in denen sich das **Museum** und das **Touristenbüro** befinden. Das Museum zeigt u. a. Objekte der alten Inuit-Kulturen und eine Ausstellung über die Zeit der europäischen Walfänger an der Westküste (Mo–Fr 10–12, 13–15, So 13–16 Uhr). Die **Friedenskirche** (Eqqisinerup Oqaluffia) erinnert

Infobox

Reisekarte: ▶ D/E 22/23

Anreise und Weiterkommen
Flug: Mehrmals wöchentlich Air-Greenland-Flüge zw. Paamiut und Narsarsuaq sowie Nuuk. Außerdem Flugverbindungen nach Qaqortoq und Narsaq. Manchmal fliegen Helikopter von Paamiut nach Ivittuut.
Schiff: Das Küstenschiff fährt über Paamiut nach Qaqortoq und läuft auf der Fahrt auch Arsuk an. Nach Ivittuut gelangt man nur mit dem regionalen Frachtboot.

in ihrer Form an norwegische Stabkirchen und wurde 1909 errichtet. Ihre Vorgängerin entstand 1722 – aus Stein und Soden – auf Veranlassung von Otto Fabricius, der von 1768 bis 1773 in Frederikshåb als Missionar tätig war. Fabricius schrieb umfangreiche wissenschaftliche Abhandlungen über Grönland und blieb später als Professor und Titularbischof im Land. Neben der Kirche erinnert ein **Denkmal** an Otto Fabricius.

Nicht weit entfernt ist ein schöner **Park** mit einem Torbogen aus Walknochen. Ein bemerkenswerter moderner Bau ist die größte **Sportanlage** Grönlands mit zwei Volleyballfeldern.

Wanderungen und Ausflüge

Für Wanderer bieten die nähere und weitere Umgebung gute Möglichkeiten. Wer Mehrtagestouren plant, sollte trekkingerprobt sein, da man hier keine Siedlungen oder Höfe vorfindet, in denen man übernachten oder Proviant aufnehmen kann. Besonders die Umgebung am **Eqaluit** hat sowohl für Botaniker als auch für Ornithologen großen Reiz. Hier leben und nisten Jagd- und Wanderfalken, außerdem kann man Seeadler sehen.

Eine Bootsfahrt durch den Fjord ist unglaublich beeindruckend, da zwei große Inlandeisgletscher, der **Avannarleq** und der **Nigerlikasik,** in den Meeresarm kalben. Dicht an dicht liegen die Eisberge, wie eine Wand ragen der Nigerlikasik-Gletscher und Berge, die eine Höhe bis zu 1000 m erreichen, vor dem Betrachter auf.

Paamiut gilt als Küstenregion mit der größten Walpopulation. Von August bis Oktober ist es schon fast garantiert, dass man auf einer **Wal-Safari** Buckel- und Finnwale sieht.

Übernachten

Ein Dach über dem Kopf – **Hotel Paamiut:** Kirkegardsvej B-346, Tel. 68 17 98, Fax 68 13 28, DZ 1000 DKK. Das Hotel ist nicht der Hit, aber man hat zumindest eine Unterkunft.

Essen & Trinken

Mit Kunst – **Café Paamiut:** Illoqarfip Qeppa 5, Tel. 68 17 79, Mo–Fr 9–18.30, Sa bis 13, So 12–16 Uhr, Gerichte ab 60 DKK. Künstlerisch angehauchte Dekoration, ansonsten das beliebte Fastfood.

Einkaufen

Kunsthandwerk – **Paamiut Tourist Service:** Adresse s. Infos. Es werden Besuche in der örtlichen Lederwerkstatt vermittelt. Paamiut ist bekannt für bunte Lederwaren, die z.B. zur Verzierung von Kamiks verwendet werden, sowie hervorragende Specksteinarbeiten.

Aktiv & Kreativ

Outfitter – **Birger Knudsen:** Tel. und Fax 68 10 19. Ein Experte für Vogel- und Walbeobachtungen, Touren zu Siedlungen, Ruinen und im Juli Ausflüge zu Adlerhorsten. Bei ihm kann man auch Zelte und Equipment leihen. *Wintersport –* **Skilanglauf:** Im Winter bestehen in der Region ausgezeichnete Möglichkeiten.

Infos

Paamiut Museum & Tourist Service: Othorsuup Aqqutaa 2, Tel. 68 16 73, Fax 68 18 54, www.paamiut.gl, Di–Fr 10–

12, 13–16, Sa 13–16 Uhr. Hier werden folkloristische Veranstaltungen und Ortsbesichtigungen organisiert.

Arsuk ▶ E 22/23

Arsuk ist eine kleine, 1805 gegründete Siedlung. Kaum etwas erinnert daran, dass der Ort während des Kabeljau-Booms einmal zu den reichsten der Welt gehörte. Heute ist es ein beschaulicher Platz mit einer hübschen Kirche von 1930. Da Arsuk vom Küstenschiff angelaufen wird, ist es Ausgangsort für Fahrten nach Ivittuut, außerdem kann man von hier aus Wanderungen in den gleichnamigen Fjord unternehmen, wo man noch **Ruinen der nordischen Siedler** findet. Die Reste von 16 **Bootsplätzen der Inuit,** die nach 1400 hierherkamen, liegen ebenfalls in der Umgebung.

Übernachten

Eine grüne Überraschung – **Motel Kialaaq:** im Ort, Tel. 68 50 33, DZ 700 DKK. Eine einfache und kleine Unterkunft mit Aufenthaltsraum und Kochgelegenheit.

Infos

Verkehr
Boot: Regionales Frachtboot von/nach Kangillinnguit.

Ivittuut und Kangilinnguit ▶ E 22/23

Grönlands kleinste Kommune ist Ivittuut, doch die rund 170 Einwohner leben im 6 km entfernten Kangilinnguit.

Beide Orte verbindet eine Straße, von der man stolz sagt, es sei die einzige Straße Grönlands, die zwei Orte verbinde. Ivittuut bedeutet die ›Grasreiche‹. Die Umgebung ist für Naturliebhaber wegen der vielfältigen Flora und des reichen Vogellebens einzigartig, entsprechend versucht man in der Region einen sogenannten Thementourismus zu etablieren, z. B. geführte **Vogelbeobachtungen** – hier ist der Seeadler heimisch – oder **geologische Fahrten** – über 90 Mineralien kommen in der Gegend vor. Individualreisende sind auf viel Improvisationstalent angewiesen, da es kein Geschäft im Ort gibt. Doch wer sich darauf einlässt, findet Natur pur. Seit 1987 gibt es hier auch **Moschusochsen.** Der Bestand von damals 15 Tieren ist auf fast 150 angewachsen. Vor der Küste halten sich zahlreich **Wale** und **Robben** auf.

Berühmt wurde Ivittuut aufgrund seines **Kryolithvorkommens,** dem bedeutendsten der Welt, das die Dänen ab 1857 förderten. Viele Jahre war Kryolith die wichtigste Einnahmequelle, um das dänische Engagement in Grönland zu finanzieren. In den Jahren bis zum Zweiten Weltkrieg hatte die Mine ihre Blütezeit, da Kryolith ein wichtiger Stoff für die Herstellung von Aluminium ist. Während des Zweiten Weltkrieges beschützte die amerikanische Küstenwache die Mine vor möglichen deutschen Überfällen. Nachdem man die Vorkommen endgültig ausgebeutet hatte, wurde die Mine 1987 geschlossen. Zurückgeblieben ist ein 30 000 m^2 großes Abraumloch, das sich langsam mit Wasser füllt. Die gut erhaltenen Häuser stammen überwiegend aus der Zeit zu Beginn des 20. Jh.

Den ehemaligen amerikanischen Marinestützpunkt bei Kangilinnguit, bekannt unter dem dänischen Namen **Grønnedal,** haben 1951 die Dänen übernommen, heute ist hier das Grön-

Südgrönland

land-Kommando der Dänischen Marine stationiert. Seine Aufgaben sind die Überwachung der Fischerei, die Seerettung und die Beobachtung der Meeresverhältnisse.

Bergbau- und Mineralien-Museum
Öffnungszeiten muss man vereinbaren: museum.ivittuut@sermersooq.gl
Seit August 2006 kann man in einem 254 m² großen Gebäude mit dem schönen Namen Valhal inmitten des ehemaligen Bergbauareals Fotos aus den Bergbauzeiten, alte Gerätschaften, Maschinen und Karten sehen.

Ausflüge

Umgebung und Arsuk-Fjord
Wanderungen in der Umgebung können mithilfe der regionalen Wanderkarte gut bewerkstelligt werden. Reizvolle Bootsfahrten führen zu den Inlandeisgletschern, die in die Fjorde kalben, z. B. in den Arsuk-Fjord. Hier kommt man an dem imponierenden Wasserfall am Fox Havn vorbei, wenn man Glück hat, sieht man dort einen Seeadler.

Ikka-Fjord
Eine lohnende Tour führt von Ivittuut zum südlich gelegenen Ikka-Fjord. Auf dem Fjordboden nördlich von Snævringen, wo auch eine Nordmännerruine liegt, befinden sich einzigartige Mineralienformationen, die sogenannten Ikkait. Auf einer Fläche von 750 000 m² stehen mehr als 500 Säulen, die bis zu 20 m hoch sein und einen Durchmesser von 15 m erlangen können, jährlich wachsen sie bis zu einem halben Meter. Entstanden sind diese Kalziumkarbonatverbindungen vermutlich vor rund 10 000 Jahren. Bei ruhiger See kann man die Säulen gut erkennen. Diese geologische Besonderheit, die sonst nur aus den abflusslosen Seen des amerikanischen Westens bekannt ist, bietet einer einzigartigen Lebensgemeinschaft terrestrischer und mariner Organismen Schutz vor den Widrigkeiten des arktischen Wetters. Forscher der Universität von Kopenhagen schlagen deshalb vor, den Fjord als Weltkulturerbe unter den Schutz der UNESCO zu stellen. Boote dürfen in dem Gebiet nur einen Tiefgang von max. 1,3 m haben. Diese Tour kann man als Wanderung machen, indem

Schiebt sich mit Macht ins Meer: der Arsuk-Gletscher im Arsuk-Fjord

man einem Pfad, der von der Straße zwischen Ivittuut und Kangilinnguit abzweigt, in südlicher Richtung folgt. Der Fjord liegt ungefähr 8 km entfernt.

Übernachten

Einfach – Über die Kommune kann man folgende Unterkünfte buchen: **Hotel Ivittuut** (2 DZ, 1 EZ, 2 Aufenthaltsräume, Küche und Waschmaschine) und **Hotel Humbelo** (1 DZ, 6 EZ, Küche, Aufenthaltsraum, Bett 250 DKK).

Infos

Ivittuut Kommune: in Kangilinnguit, Radhuspladsen, Tel. 69 10 77, Fax 69 10 73, www.ivittuut.gl. Es werden Veranstalter von Tierbeobachtungsfahrten, Wanderungen und geologischen Rundgängen vermittelt.

Verkehr
Boot: www.ral.gl. Das Regionalboot, genauer Versorgungsboot mit nur vier Plätzen, fährt nach Kangilinnguit und Arsuk.

Westgrönland

Highlights❗

Von Kangerlussuaq zum Inlandeis: Ob man nun zum Eisschild fährt oder wandert, auf jeden Fall sollte man die Gelegenheit nutzen, auf die Eisfläche zu gehen – und dann kommt der Moment, wo man die grenzenlose Weite des Eises erlebt. S. 161

Kangerlussuatsiaq: Eine Bootsfahrt durch einen der längsten Fjorde Grönlands beeindruckt vor allem wegen der bis zu 2000 m hohen, steilen Berge und zahlreichen Gletscher. S. 179

Auf Entdeckungstour

Das zivile Erbe der US-Armee – der Flughafen Kangerlussuaq: Im Zweiten Weltkrieg bauten die USA in Kangerlussuaq einen Militärflughafen. Heute landen und starten hier zivile Maschinen und nur noch selten Armeeflugzeuge. Das ehemalige Hauptquartier wurde in ein Museum umgewandelt. Zum Wrack eines abgestürzten Jagdbombers führt eine Wanderung. S. 156

Winterabenteuer – Hundeschlittenfahrt in Kangerlussuaq: »Gebt mir Winter, gebt mir Hunde … alles andere könnt ihr behalten.« Wer einmal an einer Hundeschlittenfahrt teilgenommen hat, wird Knud Rasmussen zustimmen. S. 162

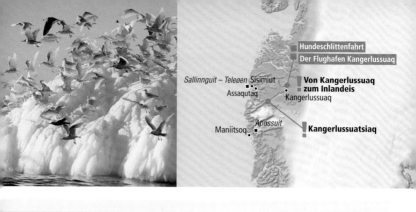

Kultur & Sehenswertes

Sisimiut-Museum: Mehrere Häuser aus der Kolonialzeit beherbergen interessante Ausstellungen zur Geschichte und Kultur. S. 166

Assaqutaq: Das in den 1960er-Jahren verlassene Dorf in hübscher Umgebung wird heute von Wochenendbesuchern wiederbelebt. S. 168

Aktiv & Kreativ

Tauchen in Sisimiut: Es muss nicht immer die Karibik sein, auch Grönland hat eine faszinierende Unterwasserwelt, die man mit dem Veranstalter Sirius Greenland entdecken kann. S. 172

Sommerskigebiet Apussuit: In dieser Schneewelt in der Nähe von Maniitsoq findet jeder seine Abfahrt. S. 179

Genießen & Atmosphäre

Sallinnguit – Teleøen: Von der kleinen Insel in unmittelbarer Stadtnähe hat man einen reizvollen Blick auf die Häuser von Sisimiut. S.166

Hotel Maniitsoq: In gehobener Atmosphäre kann man hier ein leckeres Essen und gleichzeitig das Fjord-Panorama genießen. S. 178

Abends & Nachts

Grønne Bar in Kangerlussuaq: Irgendwie schräg, aber dennoch ideal, um abzuhängen. S. 160

Kulturhaus Taseralik in Sisimiut: Einen Film in einem grönländischen Kino sehen oder einfach auf eine Tasse Kaffee hereinschauen. S. 168

Zu West- bzw. Mittelgrönland zählt das Gebiet zwischen Nuuk und Sisimiut. Die landschaftlich abwechslungsreiche Region, die größer ist als Großbritannien, umfasst die größten eisfreien Gegenden der Westküste, entsprechend artenreich sind Flora und Fauna. Hier trifft man Moschusochsen und Rentiere auf den Wanderungen, sieht Schneehasen und nördlich des Polarkreises auch Schlittenhunde. In Mittelgrönland leben die meisten Grönländer, rund 30 000, doch wenn man wandert, ist man alleine in der Natur, in der die Farben Granitgrau und Grün vorherrschen.

Auch historisch ist Mittelgrönland höchst interessant, denn hier siedelten in der sogenannten Westsiedlung

Infobox

Reisekarte: ▶ C/D 17/18
Karten: S. 154 und 170

Internet
www.qeqqata.gl: Das ist die Website der neuen Kommune West, die die früheren Kommunen Sisimiut, Kangerlussuaq und Maniitsoq umfasst, mit Links zu den jeweiligen Ortsseiten.
www.sisimiut.gl: Allgemeine Informationen zu Tourismus in Sisimiut und in der Arctic Circle Region. Entsprechende Tourenveranstalter werden genannt.

Anreise und Weiterkommen
Flug: Von Kangerlussuaq kann man in die anderen Orte des Westens sowie direkt nach Ilulissat und Aasiaat fliegen.
Schiff: Kangerlussuaq ist in der Regel der Starthafen von Kreuzfahrten.
Regionaltransport: Im Winter kann man Hunde- und Motorschlittenfahrten nach Sisimiut organisieren.

nicht nur die Normannen, sondern von hier aus begann auch die dänische Kolonisierung des Landes im 18. Jh. Noch heute konzentriert sich in dieser Region die politische und wirtschaftliche Macht. Die wichtigsten Fischfabriken sind an der Küste angesiedelt, und der zentrale Flughafen des Landes liegt hier. Die Häfen sind fast ganzjährig eisfrei, was den Transport enorm erleichtert. Interessanterweise gab es in den letzten Jahren, so z.B. 2008, ungewöhnlich kalte Winter mit viel Eis und sogar etlichen Eisbären. Ein Grund dafür ist in der Tat die Klimaerwärmung mit einer erhöhten Eisbergproduktion der schneller schmelzenden Gletscher. Werden die Beschlüsse des Parlaments in die Tat umgesetzt, wird im Westen ein neues Wasserkraftwerk entstehen, das die geplante Aluminiumschmelze bei Maniitsoq mit Strom versorgen soll. Aufgrund der Weltwirtschaftskrise wurden diese Pläne seitens des amerikanischen Aluminiumkonzerns Alcoa aber zurückgestellt.

Nirgendwo sonst in Grönland sieht man dieses unmittelbare Nebeneinander von traditioneller Lebensweise und Hightech. Im Winter kann man mit dem Hundeschlitten zum Skilift fahren. Im Sommer macht man Jeepausflüge zum Inlandeis oder eine Motorbootfahrt durch die endlos langen und verzweigten Fjordsysteme.

Kangerlussuaq und Umgebung ▶ D 17

Kangerlussuaq, das übersetzt ›der lange Fjord‹ bedeutet, ist kein Ort, sondern der Flughafen des Landes schlechthin. Rund 90 % aller Reisenden von und nach Grönland kommen hier an und steigen meistens nur um, um in die Küstenstädte zu fliegen. Doch seit

Das Inlandeis ist eine der größten Attraktionen von Kangerlussuaq

die Amerikaner am 30. September 1992 die ehemalige Basis aufgegeben haben (s. Entdeckungstour S. 156), ist Kangerlussuaq mehr als nur ein Transitflughafen.

Kangerlussuaq zählt heute 530 Einwohner. Eine ursprüngliche Inuit-Siedlung gab es hier nicht, das Gebiet wurde lediglich für die Sommerjagd genutzt. Die Bevölkerung arbeitet vor allem im Flughafenbetrieb. Entsprechende Einrichtungen wie Schule, Kindergarten und Geschäft sind vorhanden, und seit dem Abzug der Amerikaner steht eine Vielzahl von Freizeiteinrichtungen zur Verfügung, die natürlich auch die Reisenden nutzen können. Kangerlussuaq ist schon lange ein beliebter Ausgangspunkt für wissenschaftliche Expeditionen und Standort mehrerer wissenschaftlicher Einrichtungen.

Die Umgebung des Ortes bietet Wanderern zahlreiche Möglichkeiten.

Die klimatisch geschützte Lage mit Temperaturen von durchschnittlich 10° C im Sommer und nur –20° C im Winter hat eine enorme Pflanzenvielfalt hervorgebracht – über 200 Arten, von denen sicher das arktische Weidenröschen entlang der Landebahn oder der Flussläufe mit seinen leuchtend pink-violetten Blüten die auffallendste Blume ist. Ebenso reich ist auch die Fauna. Außer den rund 3000 Rentieren treiben sich hier Moschusochsen herum. Aus den ehemals 27 einjährigen Kälbern, die man zwischen 1962 und 1965 hier ausgesetzt hat, sind heute rund 3500 Tiere geworden. Die an sich scheuen Moschusochsen können sehr angriffslustig werden, wenn sie sich provoziert fühlen, daher ist ein respektvoller Abstand immer angeraten. Auch wenn die Tiere etwas behäbig wirken, sie sind es mitnichten. Weniger angriffslustig, aber umso neugieriger sind Füchse.

Kangerlussuaq und Umgebung

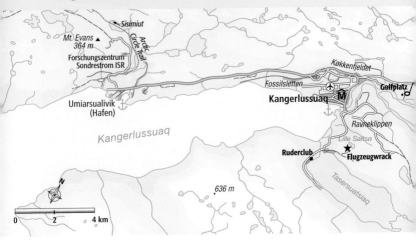

Ziviler und militärischer Ortsteil

Auch wenn Kangerlussuaq kein richtiger Ort ist, lohnt sich doch ein Gang durch die zivile Siedlung und das ehemalige Militärcamp. Der zivile Teil umfasst die Gegend um den **Flughafen** mit dem Transithotel, wo neben dem Geschäft, dem Club und der Schule der Campingplatz liegt. Direkt gegenüber vom Zeltplatz zeigt eine **Felsmalerei** von Alibak Johansen sehr schön die Region mit ihrer Flora und Fauna.

Eine der jüngsten Einrichtungen ist das **Kangerlussuaq Museum,** das in dem ehemaligen Casino neben den alten Soldatenunterkünften untergebracht ist. Gezeigt wird anhand von Tafeln die Geschichte der Besiedlung Grönlands und vor allem erfährt man viel über die Natur der Gegend. Ein Besuch ist ein guter Einstieg, um erste Informationen über das Land, seine Kultur sowie das Leben mit der Natur zu erhalten. Die Räumlichkeiten mit einer Cafeteria bieten auch die Möglichkeit für Vorträge (Tel. 84 13 00, Öffnungszeiten telefonisch erfragen).

Das **Museum zur Geschichte der Air Base** liegt im militärischen Ortsteil südlich der Rollbahn und zeigt in erster Linie die Originaleinrichtung der damaligen Zeit (tgl. 13–17 Uhr, s. Entdeckungstour S. 156).

Ein Spaziergang in die letzte Eiszeit vor rund 12 000 Jahren führt über die Ebene **Fossilsletten,** die sich unmittelbar westlich des Rollfeldes erstreckt. Hier wäscht der Regen regelmäßig Fossilien aus dem Boden: kleine Fische, Pflanzen oder Muscheln. Am Rand der Ebene muss man auf Treibsandstellen achten. Der Weg dorthin führt an den Öltanks vorbei.

Ausflüge und Wanderungen

Forschungszentrum Sondrestrom Incoherent Scatter Radar

In der Nähe des Hafens (Umiarsualivik), 18 km von Kangerlussuaq-Zentrum, am besten mit dem Fahrrad erreichbar, Besuche tagsüber möglich
Das Forschungszentrum wird von der amerikanischen National Science Foundation finanziert und von der amerikanischen Firma SRI Internatio-

154

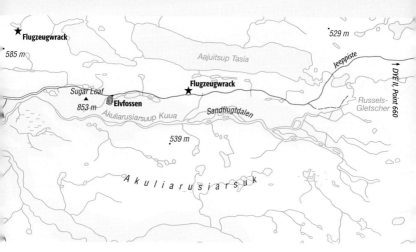

nal in Zusammenarbeit mit dem Dänischen Meteorologischen Institut betrieben. Hauptaufgaben sind die Grundlagenforschung über die Ionosphäre, z. B. auch das Nordlicht, und die äußere Atmosphäre, u. a. um die Dichte der Ozonschicht zu kontrollieren. Außerdem hat die grönländische Selbstverwaltung eine Einrichtung geschaffen, die internationalen Wissenschaftlern und Studenten bei ihren Feldforschungen über die Arktis Unterkunft und Basisausrüstung zur Verfügung stellt. Diese Einrichtung nennt sich Kangerlussuaq International Science Support (KISS) und arbeitet mit dem Dänischen Polarcenter zusammen.

Ravneklippen

Vom Zentrum aus bis zu dem kleinen Hügel mit Radarhaus sind es rund 6 km (eine Strecke). Der Weg ist zunächst asphaltiert, weil man der Straße folgt, und anschließend führt eine Schotterpiste hinauf. Von oben hat man einen hervorragenden Blick auf den Fjord und das nahe Inlandeis. Von Ravneklippen, was so viel wie Rabenfelsen

bedeutet, kann man die Wanderung noch zum Store Saltsø ausdehnen, in dem man zunächst auf einer Piste in westlicher Richtung und dann weiter auf den See zu geht. Wer nicht denselben Weg zurückgehen möchte, kann entlang dem Fluss Qinnguata Kuussua wandern, bis man wieder auf die Straße gelangt.

Sugar Loaf und Elvfossen

Der Weg zu dem idealen Aussichtsberg, der rund 8 km nordöstlich vom Zentrum liegt, führt entlang der Jeeppiste. Zunächst passiert man nach rund 2 km den Golfplatz, den nördlichsten der Welt mit einem 18-Loch-Parcours auf Sand. Auf den 353 m hohen **Sugar Loaf,** benannt nach seiner Form, die ihn im Winter mit der weißen Schneedecke wie ein süßes, dänisches Kuchenstück aussehen lässt, führt ein gut erkennbarer Pfad. Vom Gipfel hat man einen herrlichen Rundumblick. Die Hütte und die Radioantenne stammen noch aus den ersten Jahrzehnten der amerikanischen Präsenz.

Über eine leicht erkennbare Piste, die östlich des Berges abgeht, erreicht

Auf Entdeckungstour

Das zivile Erbe der US-Armee – der Flughafen Kangerlussuaq

Im Zweiten Weltkrieg bauten die USA in Kangerlussuaq einen Militärflughafen, den sie während des Kalten Krieges weiter nutzten. Heute landen und starten hier zivile Maschinen und nur noch selten Armeeflugzeuge. Das ehemalige Hauptquartier wurde in ein Museum umgewandelt. Zum Wrack eines abgestürzten Jagdbombers führt eine Wanderung.

Karte: S. 154

Start: Flughafengebäude

Museum zur Geschichte der Air Base: in der Nähe des Towers, tgl. 13–17 Uhr.

Dauer: 4 km, hin und zurück 2 Std., mit Wanderung zum See Tasersuatsiaq 4–5 Std.

Als einer der ersten US-amerikanischen Militärstützpunkte wurde die Air Base Bluie West 8 am 7. Oktober 1941 unter der Führung von Oberst Bernt Balchen in Søndre Strømfjord, dem heutigen Kangerlussuaq, gegründet. Schon bald war Bluie West 8 einer der wichtigsten Zwischenlandeplätze für Luftaktionen der USA und der Alliierten im Zweiten Weltkrieg, u. a. weil hier relativ stabiles Flugwetter herrscht. Der Flughafen liegt in einem weiten Tal mit gemäßigtem Klima und äußerst windgeschützt am Ende des 170 km langen Fjordes. Die durchschnittlichen Temperaturen liegen bei 10 °C im Sommer und –20 °C im Winter. Da man sich rund 60 km nördlich des Polarkreises befindet, scheint von April bis August die Sonne – mehr als 200 Stunden im Monat.

Vom militärischen zum zivilen Flughafen

Nachdem die USA während des Zweiten Weltkrieges die strategisch günstige Lage Grönlands schätzen gelernt hatten, wurde am 27. April 1951 ein NATO-Vertrag zwischen den USA und Dänemark geschlossen. Als Luftstützpunkte blieben die Air Base Bluie West 8, die 1953 den offiziellen Namen Sondrestrom Air Base erhielt, die Thule Air Base (s. S. 237) sowie fünf über Mittelgrönland verteilte Radarstationen bestehen. Grönland wurde damit in das Raketenabwehrsystem der USA eingebunden. Parallel zur militärischen Nutzung entwickelte sich Kangerlussuaq ab Ende der 1960er-Jahre auch zum zentralen zivilen Flughafen. Nach Abschluss der Abrüstungsverhandlungen zwischen den USA und der UdSSR 1989 wurde die Basis aufgegeben.

In den 1990er-Jahren wuchs der Andrang an Passagieren in den Sommermonaten immer weiter an, denn neben den Fluggästen der täglichen Ma-

schine aus Kopenhagen warten auch die aus den grönländischen Orten hier. Im Sommer 2010 wird die Terminalerweiterung in Betrieb genommen. Jährlich fliegen über 400 000 Passagiere mit Air Greenland und drei Viertel davon machen einen Zwischenstopp in Kangerlussuaq. Ganz ohne militärische Besucher ist der Flughafen aber auch heute nicht. Ab und zu sieht man im südlichen Teil Militärmaschinen, die eine Zwischenlandung auf dem Weg nach Kanada einlegen, wo sie Schießübungen absolvieren.

Jenseits der imaginären Grenze

Der ehemalige militärische Ortsteil liegt südlich der Rollbahn und ist sowohl zu Fuß als auch mit dem Bus gut zu erreichen. Bis 1992 stand ein Zaun kurz hinter dem Fluss mit der Aufforderung, sich dem Sperrbezirk nicht zu nähern – heute kann man ungehindert weitergehen. Einige ehemalige Soldatenunterkünfte stellen für Touristen eine gute Alternative zum Hotel dar. Hier findet man auch typisch amerikanische Freizeiteinrichtungen wie ein Fitnesscenter und eine Bowlinghalle (tgl. 19–22 Uhr). Die Gebäude wirken recht fantasielos, die typische Containerbauweise, Importe aus den USA, die man immerhin heute farbig gestrichen hat.

Spuren im ehemaligen Hauptquartier

In dem ehemaligen Hauptquartier der Air Base Bluie West 8, das sich fast gegenüber dem Tower befindet, ist das Museum zur Geschichte des Stützpunktes untergebracht. Zu sehen sind die alten Büromöbel, technische Einrichtungen und Fotografien aus der militärisch aktiven Zeit und der späteren Entwicklung zum zivilen Flughafen Grönlands. Damals war es vor allem die

Airline SAS, die hierherflog und aus der später die Tochter Grønlands Fly hervorging. Wer sich für Flugzeuge interessiert sowie auch für dieses Kapitel der amerikanischen Geschichte, wird hier viel Interessantes kennenlernen.

Zum Flugzeugwrack

Vom Museum aus gibt es eine schöne, einfach zu gehende Tour, die zu einem Flugzeugwrack am Lille Saltsø führt. Zunächst geht man wieder auf die Hauptstraße zurück und dann in südlicher Richtung auf einem beschilderten Abzweig zu den **Ravneklippen** (s. auch S. 155). Nicht mehr weit ist es von hier querfeldein zum **Lille Saltsø**, dem kleinen Salzsee, der in der Nähe eines Hügels (207 m) liegt. Hier stößt man auf freiem Feld auf die **Wrackreste** eines der drei Flugzeuge vom Typ T-33a, die am 8. Dezember 1968 beim Anflug auf Kangerlussuaq aufgrund der schlechten Wetterbedingungen abstürzten. Die Piloten konnten sich mit ihren Schleudersitzen retten. Von dem Flugzeug ist heute nur noch der Rumpf gut zu erkennen. Viele Teile haben ›Trophäensammler‹ mitgenommen, und die zahllosen Löcher stammen von Schießübungen der Jäger. Manches hat die Vegetation umschlossen, und so wirkt das Wrack etwas bizarr in der Landschaft.

Wer am kleinen Salzsee noch Lust hat weiterzuwandern, kann bis zum **See Tasersuatsiaq** (Lake Ferguson) gehen. Man kann am Ufer entlanglaufen und wird sicher verstehen, dass es hier einige Sommerhäuser gibt. Obwohl Kangerlussuaq nur 6 km entfernt ist, so hat man doch das Gefühl, man sei in der unberührten Natur, so still und friedlich ist es hier. Es überrascht nicht, dass die GIs an dem See ihren Ruderclub hatten, dessen Clubhaus jetzt ein Restaurant ist. Zahlreiche Routen unterschiedlicher Schwierigkeitsgrade und Längen erschließen das Gebiet südöstlich des Lake Ferguson.

Das ehemalige Ruderclubhaus der Air-Base-Soldaten beherbergt heute ein Restaurant

man nach nur 2 km den Wasserfall **Elvfossen.** Fast zementgraues Gletscherschmelzwasser fließt und stürzt hier rund 10 m tief durch eine enge Schlucht hinab, je nach Jahreszeit mehr oder weniger. Von Juni bis August erreicht er seine Höchststände. Im Herbst 2007 kam es zu einem dramatischen Gletscherlauf, der das Flussbett weiter östlich veränderte. Der sonst so gurgelnd dahinfließende Fluss geriet zu einem mächtigen, zerstörerischen Strom, der fast die Brücke mitgerissen hätte. Weiter östlich kann man noch die Spuren der Überschwemmung in der Landschaft erkennen.

Übernachten

Das Flughafenhotel – **Hotel Kangerlussuaq:** Tel. 84 11 80, Fax 84 12 84, www.airporthotels.gl, DZ 1345 DKK. Es hat von außen den Charme eines Riesencontainers, aber die Zimmer sind gut ausgestattet. Gilt als Konferenzhotel.
Mitten im Grünen – **Polar Lodge:** Mitaarfiit Aqq, 300 m vom Flughafen, Tel. 84 10 16, Fax 84 10 73, www.wogac.com, DZ 850 DKK. Im Sommer 2006 neu eröffnete Lodge, hell und einfach ausgestattet. Gemeinschaftsbäder, Küchenbenutzung, angenehme Aufenthaltsräume, Shop mit grönländischen Produkten. Man kann auch Tageszimmer mieten.
Besonders ruhig – **Old Camp:** 2 km westlich vom Flughafen, Buchung über World of Greenland-Arctic Circle (s. S. 160), Tel. 84 10 16, www.wogac.com, DZ 795 DKK. Einst nur ein Wandererheim, doch jetzt ein beliebter und schön renovierter Übernachtungsplatz. Einfache Zimmer mit Gemeinschaftsbädern und schönen Aufenthaltsräumen. Ruhig gelegen. Transport zum Flughafen. Kleiner Kiosk vorhanden.

Mein Tipp

Fahrradfahren am Polarkreis
Erkunden Sie Kangerlussuaq per Fahrrad. Zum einen ist das ausgebaute Straßennetz recht groß, man kann gut zu den meisten Stellen fahren, von denen man auch noch Wanderungen anschließen kann. Wer gerne mit Mountainbikes fährt, kann sogar bis zum Inlandeis gelangen, auch wenn einige Passagen etwas sandiger sind. Vor allem im Sommer mit den langen Tagen ganz ideal. Fährräder verleiht World of Greenland-Arctic Circle (s. S. 160, 100 DKK pro Tag, 500 DKK pro Woche).

Die Dependance – **Hotel Tuttu:** liegt im ehemaligen Militärbereich, wird von World of Greenland-Arctic Circle betrieben (s. Infos S. 160), DZ 795 DKK. Einfache Zimmer, viel Platz im Aufenthaltsbereich, nur im Sommer geöffnet, Transport vorhanden.
Für Unabhängige – **Zeltplatz:** rund 400 m vom Flughafen, gehört mit zur Polar Lodge, s. links, pro Pers. 75 DKK. In der Lodge kann man auch duschen. Gepflegter Platz.

Essen & Trinken

In schöner Lage – **Restaurant Roklubben:** direkt am Lake Ferguson, Tel. 84 16 48, 84 19 96, tgl. ab 18 Uhr, Gerichte ab 120 DKK. Gehört zu World of Greenland-Arctic Circle. Bietet gute Gerichte mit Produkten der Region und regelmäßig Grillabende. Transferservice.
Schneller Service – **Cafeteria:** im Hotel Kangerlussuaq s. links, Gerichte ab 80 DKK. Die Cafeteria im Hotel ist der

Treffpunkt für alle Reisende und die Arbeiter rund um den Flughafen. Wechselnde Gerichte und Fastfood.

Einkaufen

Regionale Produkte – **World of Greenland-Arctic Circle**: im Flughafengebäude. Bücher, Kunsthandwerk, Fellkleidung und Strickwaren aus der Region. Schöne Sachen aus Moschusochsenwolle.

Souvenirs – **Polar Lodge**: Adresse s. Übernachten S. 159. Lodge-Shop mit gängigem Angebot an grönländischen Produkten.

Für Selbstversorger – **Lebensmittelladen**: gegenüber vom Flughafen.

Aktiv & Kreativ

Erlebnistouren – **World of Greenland-Arctic Circle**: Adresse s. Infos rechts. Das Tourismusbüro bietet organisierte Touren an, z. B. mehrstündige wie mehrtägige Hundeschlittenfahrten (ab 795 DKK). Entsprechende Fellkleidung – unbedingt notwendig – kann man ausleihen. Bei einem Nordlichter-Ausflug kann man von Okt. bis April Polarlichter sehen – eine der schönsten Nachtverzauberungen. Ebenfalls geführte Wanderungen in die Umgebung von eintägigen bis zu mehrtägigen Touren sowie Bootsfahrten. Außerdem gibt es Moschusochsen-Beobachtungsfahrten und vor allem Ausflüge zum und auf das Inlandeis.

Bowling – **Bowlinghalle**: Die Bowlinghalle liegt im ehemaligen militärischen Ortsteil, 19–22 Uhr. Schuhe werden verliehen. Mo, Di und Mi trainieren die Einheimischen, sodass für Besucher nur zwei Bahnen zur Verfügung stehen.

Golfen – **Sondre Arctic Desert Golf Course**: Informationen im Hotel Kangerlussuaq (s. Übernachten S. 159),

Greenfee 50 DKK. Der nördlichste Golfplatz der Welt bietet 18 Löcher auf Sand zwischen Tundravegetation.

Hundeschlittenfahrt – **Johanne Bech**: Kontakt über World of Greenland-Arctic Circle oder direkt bei jboutfitter@greennet.gl (s. auch Entdeckungstour S. 162).

Schwimmen – **Schwimmhalle**: in der ehemaligen Air Base zusammen mit der Sporthalle, Mo–Fr 10–22, Sa/So 12–18 Uhr, 40 DKK. Eintrittskarten erhält man an der Rezeption des Hotels Kangerlussuaq.

Abends & Nachts

Beliebter Treff – **Nordlyset**: B666, Tel. 84 14 40, Di–So 18–1, Fr/Sa bis 3 Uhr. Liegt im Wohngebiet, die Bar des Ortes mit Dart, Pool und Billard.

Ein echter Hang-up – **Grønne Bar**: im Flughafen, 1. Etage, tgl. 17–1 Uhr. Beliebt für Feierabendgetränke und Spiele an den Automaten. Wer auf ein Flugzeug wartet, versackt hier leicht. Mit Blick auf die Startbahn.

Tanzen – **Klubben**: Geöffnet zu bestimmten Gelegenheit, Auskünfte erteilt World of Greenland-Arctic Circle s. u. Die größte Diskothek Grönlands.

Infos

World of Greenland-Arctic Circle: im Flughafengebäude (Tel. 84 16 48) und in der Polar Lodge (Adresse s. Übernachten S. 159), www.wogac.com, im Sommer tgl. 9–17, im Winter tgl. 9–15 Uhr. Bei Ankunft der internationalen Flüge ist zudem eine Infotheke in der Transithalle geöffnet.

Verkehr

Bus: tgl. 5–19 Uhr zwischen Flughafen und ehemaliger Air Base.

Von Kangerlussuaq zum Inlandeis❗

Russels-Gletscher

Besonders lohnend ist der Weg durch sehr unterschiedliche Landschaftsformationen zur 25 km entfernten Inlandeiskante, dem Russells-Gletscher (s. Karte S. 154). Die Piste verläuft nördlich am Sugar Loaf vorbei. Wer nicht mit dem Jeep zur Abbruchkante fahren will, kann entweder durch das Sandflugtdalen (Akuliarusiaarsuup Kuuq) wandern oder weiter nördlich entlang dem See Aajuitsup Tasia. In der weiten ausgeschwemmten Ebene gelangt man zu einem weiteren Flugzeugwrack, das im Verlauf der Jahrzehnte von Souvenirsammlern ziemlich ausgebeutet worden ist. Schier überwältigt steht man endlich vor der Abbruchkante, einer bis zu 60 m hoch aufragenden Eiswand, von der ständig Eis abbricht, weshalb hier Vorsicht geboten ist (s. Foto S. 153). An mehreren Stellen fließt Schmelzwasser ab – eine bizarre Eislandschaft von kalter Schönheit.

Auf das Inlandeis

Es gibt einen guten Punkt, genannt **Point 660,** von dem man sehr einfach auf das Inlandeis gelangt (s. Karte S. 154). Rund 40 km von Kangerlussuaq entfernt liegt dieser Einstieg am Ende der Jeeppiste, die ursprünglich im Jahr 2000 von VW für Testzwecke angelegt worden ist. Heute fahren hier Mountainbiker und die Geländewagen von World of Greenland-Arctic Circle entlang. Zur Orientierung ist die Piste ideal, wer möchte, kann an ihr entlangwandern. Die Route führt durch Isunngua – Land der Hügel –, doch man muss mit Schmelzwasser rechnen.

Am Ziel ist es relativ leicht, auf das Eis zu gelangen, und bei Beachtung der kleinen und größeren Spalten

kann man einige Meter oder Kilometer weit gehen. Hilfsmittel sind nicht notwendig. Es ist ein erhabenes Gefühl, diese eisige Weite zu erleben.

DYE II

Dye II ist die ehemalige Radarstation der Amerikaner auf dem Inlandeis, rund 200 km von Kangerlussuaq entfernt. Hier gelangt man mit dem Schneemobil hin und anschließend übernachtet man in Zelten. Es ist sicher eine der atemberaubendsten Touren, geführt von kundigen Guides und verbunden mit dem Gefühl, an einer Expedition teilzunehmen. Verlassen steht die Station da, leicht verfallen wirkt sie wie eingesunken im Schnee. Ein wirkliches Inlandeiserlebnis!

Aktiv & Kreativ

Inlandeistouren – **World of Greenland-Arctic Circle:** Adresse s. Infos S. 160, ab 550–1790 DKK pro Pers. Tagesausflüge mit 4W-Bussen, Guide ist dabei. Bei der zweitägigen Tour mit Übernachtung im Zeltcamp (Juni–Sept.) kann man das totale Inlandeis-Feeling à la Fridhjof Nansen erleben – mit Transport, Führung, Verpflegung und Equipment.

Auf dem Arctic Circle Trail nach Sisimiut ▶ C/D 17

Der Arctic Circle Trail ist ein 170 km langer Fernwanderweg an der Westküste Grönlands. In 10–14 Tagen führt er von Kangerlussuaq nach Sisimiut (s. S. 165). Voraussetzung für die Wanderung ist eine gute Kondition, da Lebensmittel für die gesamte Zeit mitgenommen werden müssen und das Gelände sehr anspruchsvoll ist. Die Route beginnt in Hafennähe und führt durch ein landschaftlich sehr reizvolles Gebiet, in

Auf Entdeckungstour

Winterabenteuer – Hundeschlittenfahrt in Kangerlussuaq

»Gebt mir Winter, gebt mir Hunde … alles andere könnt ihr behalten.« Wer einmal an einer Hundeschlittenfahrt teilgenommen hat, wird Knud Rasmussen zustimmen. Immerhin ist der Polarforscher Tausende von Kilometern mit diesem Gefährt durch die Arktis gereist. In Kangerlussuaq kann man das unvergessliche Fahrerlebnis buchen.

Start: Schlittenhundeplatz in der Nähe des Fjords

Veranstalter: Johanne Bech, Kunuuteralaap Aqq. 4, Tel. 86 46 24, jboutfitter@greennet.gl, ab 795 DKK. Nur im Winter, Transport zum Startpunkt inkl., Fellkleidung wird verliehen; Buchung auch über World of Greenland-Arctic Circle, s. S. 160.

Gebell und Geheul empfängt einen am Hundeschlittenplatz. Johanne Bech hat zwölf Tiere für das Gespann ausgewählt, die anderen zerren an ihren Ketten und machen lautstark klar, dass auch sie mit wollen. Johanne ist Jägerin und zusammen mit ihrem Mann besitzt sie 50 Schlittenhunde. Den Sommer verbringen sie in Sisimiut, nur im Winter sind rund 25 Tiere in Kangerlussuaq. Alle sind gepflegt und energiegeladen.

Vorbereitungen vor dem Start

Bevor es losgehen kann, muss Johanne geduldig die Leinen sortieren, denn immer wieder zerren die Tiere hinaus in die Weite. Laufen ist ihre Bestimmung, und dabei können sie noch eine Last von 400 kg ziehen. Je nach Terrain werden die Tiere fächerförmig – wie in den meisten Regionen Grönlands – oder zu zweit hintereinander eingeschirrt. Die Fächerform ist vor allem auf dem Meereis und relativ ebenen Flächen ideal. Die zwölf Leinen sind über einen Ring oder eine Schlinge mit dem Schlitten verbunden.

Endlich ist alles sortiert, der Gast sitzt auf dem Schlitten, der mit Rentier- und Moschusochsenfellen bedeckt ist, und schon geht es los. Johanne läuft kurz nebenher, dann springt sie auf, seitlich sitzend, um jederzeit wieder abspringen zu können. Die Sonne scheint, der Himmel ist blau – Kangerlussuaq ist für sein stabiles Wetter bekannt, unter den Kufen knirscht der Schnee und der Fahrtwind pfeift um die Ohren. Gut, dass man den mollig warmen Robbenfellanzug trägt.

Die Hunde machen Tempo

Begeistert stürmen die Hunde voran, und manchmal wollen sie in ihrer Freude den Weg selbst bestimmen und verheddern sich dabei in den Leinen.

Dann lässt Johanne die Lederpeitsche knapp über ihr Fell zischen und sortiert die Leinen während der Fahrt. Die meiste Zeit dirigiert sie die Hunde mit kurzen spitzen Kommandos wie »ili ili ili« (nach rechts) oder »iu iu iu« (nach links). Interessant zu beobachten ist, dass zwischenzeitlich ein oder zwei Tiere etwas langsamer laufen, um sich zu erholen, doch nie kommt es dadurch zu Verzögerungen.

Wer darf was

Nach zwei Stunden gibt es eine kleine Pause, Gelegenheit, die Landschaft zu genießen und den Snack zu verzehren. Es kann natürlich sein, dass einer der Hunde bettelt. Da heißt es standhaft bleiben! Einige Hunde wälzen sich zur Erfrischung im Schnee, andere suchen Johannes Streicheleinheiten. Geradezu liebevoll ist das Verhältnis.

Schlittenhunde sind auf den Schlittenführer fixiert. Dieser sorgt immer dafür, dass die Hunde zuerst gefüttert werden, bevor er es sich selbst bequem macht. Jedes Gespann hat ein Alpha-Tier, das stärkste und dominanteste des Rudels, doch das muss nicht identisch mit dem Leithund sein. Häufig ist es eine Hündin, denn weibliche Tiere sind meist pflichtbewusster und williger als Rüden. An sie wendet sich der Schlittenführer, und sie sorgt für Ordnung im Gespann.

Wer die Schlittenhunde nur im Sommer sieht, wird befremdet sein. Dann haben die Tiere kaum Bewegung und erhalten nur ein- bis zweimal wöchentlich Futter. Die Rudel liegen an kurzen Ketten direkt neben den Häusern oder auf Inseln vor den Städten und Siedlungen.

Nutztiere der Kälte

Rund 25 000 Schlittenhunde leben nördlich des Polarkreises und an der grönländischen Ostküste, und seit Jahrtausenden sind sie die wichtigsten Begleiter der Jäger. Sie helfen beim Erschnüffeln der Robbenatemlöcher, vor allem aber schützen sie vor Eisbären, denn sie scheuen sich nicht, den übermächtigen Angreifer lautstark in Schach zu halten. Die Inuit glaubten in früheren Zeiten, dass ein Teil der Menschheit von einem Hund gezeugt wurde. In den alten Erzählungen sind Hunde die einzigen wahren Verbündeten der Menschen in der Tierwelt.

Der grönländische Schlittenhund heißt Grönländer und hat fast nie blaue Augen wie z. B. der sibirische bzw. Alaska-Husky. Er zeichnet sich durch einen kräftigen Körperbau, einen keilförmigen Kopf mit aufrechten Ohren und eine geringelte Rute aus. Die Schlittenhunde, die in der Regel 5–7 Jahre alt werden, haben sich den Bedingungen in der Arktis gut angepasst. Ihr dichtes Fell mit reicher Unterwolle schützt optimal vor Kälte, selbst die Pfoten sind mit starkem Haarbewuchs versehen. Zusammengerollt, mit dem buschigen Schwanz über der Nase, entwickeln sie ausreichend Wärme, um auch Schneestürmen trotzen zu können. Wie kleine Hügel, die auf Zuruf zum Leben erwachen, sehen sie aus.

Herrliche Berg- und Talfahrt

Im Sommer fängt Johanne Bech kleine Fische, *ammassak* genannt, die sie trocknet und im Winter verfüttert. Wahres Energiefutter, wie sie meint. Offensichtlich, denn die Pause ist für die Tiere zu lang, sie organisieren sich, während wir noch plaudernd herumstehen – und stürmen davon. Jetzt heißt es auch für uns rennen, um den Schlitten einzufangen.

Es ist ein Genuss, durch die Schneelandschaft zu fahren. Hinauf und hinunter, manchmal hopst der Schlitten über kleine Bodenwellen, und wenn es bergab geht, fühlt man sich wie auf der Achterbahn. Dann steht der Schlittenführer hinter dem Schlitten und betätigt die Fußbremse, damit das Gefährt nicht in das Rudel rast. Ein unvergessliches Grönlanderlebnis – und am Ende stimmt man Knud Rasmussen zu.

Putzig anzusehen: grönländische Schlittenhunde

dem man häufig Rentiere trifft. Diese sollte man nicht erschrecken, vor allem wenn sie mit Kälbern unterwegs sind. Im weiteren Verlauf wandert man entlang riesiger Seen, erklimmt Berge, durchquert weite Täler, und hin und wieder gilt es, einen Fluss zu durchwaten. Es gibt einige Hütten mit jeweils sechs Schlafplätzen, die äußerst spartanisch ausgestattet sind. Ein Zelt sollte man unbedingt mitnehmen. Im Kanucenter am See Amitsorsuaq kann man eine kleine Ruhepause einlegen.

Infos

Informationen über die Strecke sowie erhält man in den **Touristeninformationen** in Kangerlussuaq und Sisimiut (s. Infos S. 160 und 173).

Sisimiut und Umgebung ▶ C 17

Sisimiut ist seit 1997 Skilangläufern ein Begriff. Jährlich starten hier Teilnehmer aus rund 20 Ländern, Profis und Amateure, Jung und Alt, zu dem Skilanglaufrennen Arctic Circle Race, einem Großevent. Die Nähe zum Polarkreis hat der Region auch ihren heutigen Marketingnamen gegeben: Arctic Circle Region.

Sisimiut, was so viel wie ›die Siedlung an den Fuchslöchern‹ bedeutet, ist mit seinen rund 5400 Einwohnern die zweitgrößte Stadt Grönlands und dank der florierenden Krabbenfischerei sicher eine der reichsten des Landes. Aufgrund der angesiedelten Hochschulen leben hier viele junge Leute. Überraschend sind sicher die zahlreichen Radfahrer, denn Sisimiut ist wie Rom auf sieben Hügeln erbaut. Wer sich der Stadt zu Fuß oder per Schiff

nähert, wird je nach Tageszeit von dem Geheul der Schlittenhunde empfangen, denn Sisimiut ist die südlichste Kommune des Landes, in der Schlittenhunde gehalten werden dürfen. Das weithin sichtbare Wahrzeichen der Stadt ist Nasaasaaq, auf Deutsch die ›Frauenkapuze‹. Der 784 m hohe Berg trägt seinen Namen aufgrund der Form, die der Kapuze des Frauenanoraks gleicht.

Die ältesten Spuren von Bewohnern sind rund 4500 Jahre alt und datieren aus der Zeit der Saqqaq-Kultur. Auch die Siedler aus späteren Kulturen wussten diesen Ort zu schätzen, da die Voraussetzungen für die Jagd hervorragend waren. Moschusochsen, Rentiere, Robben, Walrosse und Wale kamen in großen Populationen vor. Dieser Tierreichtum sowie die Tatsache, dass Sisimiut trotz seiner nördlichen Lage – immerhin 100 km nördlich des Polarkreises – ganzjährig eisfrei ist, waren ideale Bedingungen für die Walfänger, die hier seit dem 15. Jh. mit ihren Schiffen einfielen. Zwischen den Europäern – hauptsächlich Holländern, Schotten, Spaniern und Deutschen – und den Inuit entwickelte sich ein reger Tauschhandel. Die Inuit gaben vor allem Felle und Speck und erhielten Glasperlen, Messer und Nähnadeln. Die Glasperlen schmücken seitdem die Nationaltracht der Frauen. Und noch etwas hat sich aus dieser Zeit gehalten – die Polka, Grönlands ›Nationaltanz‹.

Die Gründung der Kolonie erfolgte im Jahr 1724 durch Hans Egede, der 16 km südlich von Sisimiut in Nipisat eine Handelsstation einrichtete. Doch scheiterten die ersten Versuche aufgrund der Dominanz der holländischen Walfänger, die hier ihre Station hatten, und es kam zu harten Kämpfen zwischen Holländern und Dänen. Zweimal brannten holländische Walfänger die dänische Mission nieder.

1756 wurde die Kolonie Sydbay auf der Insel Ukivik an der Mündung des Isortoq-Fjords errichtet und 1764 als Kolonie Holsteinsborg an den heutigen Standort verlegt. Benannt wurde sie nach dem Leiter des Missionskollegiums, Johan Ludvig Holstein zu Ledreborg. Die Missionsstation lag in Asumiut, und das Gebäude wurde 1767 hierher versetzt und steht bei den alten Kolonialhäusern.

1801 wütete eine von den Europäern eingeschleppte Pockenepidemie, rund 400 Einwohner starben. Doch aufgrund der guten Lage des Ortes für Wal- und Robbenfang wuchs die Bevölkerungszahl innerhalb kurzer Zeit wieder an. Um 1900 begann der Fischfang zu florieren, eine Konservenfabrik und eine Schiffswerft wurden gebaut. In den 1970er- und 1980er-Jahren setzte ein Krabbenboom ein, heute liegt der Produktionsschwerpunkt der großen Fischfabrik Royal Greenland auf der Verarbeitung der Schalentiere. Rund 300 Leute arbeiten hier. Zugleich ist Sisimiut auch eine der wichtigsten Schulstädte des Landes, insbesondere mit dem Zentrum für arktische Technologien, ARTEK. Sisimiuts günstige Lage ließen in den letzten Jahren einige Masterplaner aktiv werden, so sind eine Straße zwischen Kangerlussuaq und Sisimiut im Gespräch sowie der Ausbau des Hafens und auch ein neues Industriegebiet. 1994 gründete man in Sisimiut die erste regionale Tourismusgesellschaft, um die Aktivitäten in der Umgebung zu koordinieren und effektiver zu gestalten.

Rundgang

Hafen
Neben dem Atlantikhafen, Anlegeplatz für die Container-, Küsten- und Kreuzfahrtschiffe, befindet sich der alte Hafen, ein ehemaliger Naturhafen, wo noch einige kleine Fischerboote liegen. 1931 wurde hier die erste Werft des Landes gebaut. Daneben stehen noch einige Relikte aus der Zeit des Walfangs wie die Böttcherei und das alte Speckhaus. Heute hat der örtliche Kajakverein seine Werkstatt hier. Gegründet in den 1980er-Jahren, ist es sein Anliegen, die Kunst des Kajakbaus an der Westküste zu erhalten. Der Jachthafen für die zahlreichen Motorboote liegt weiter östlich.

Sallinnguit – Teleøen
Auf dieser kleinen Insel, genannt Teleinsel, weil hier früher die Antennen platziert waren, findet man gut erhaltene Ruinen sowohl von den Inuit als auch den Walfängern. Dass es sich um eine Insel handelt, bemerkt man nur an der kleinen Brücke hinter dem alten Hafen. Ein weiterer Name des Eilands ist Zimmermannsinsel. Die Walfängerhütte diente der Lagerung von Tranfässern und stammt vermutlich aus dem 17. Jh. Sehr schön ist von hier der Blick auf die bunten Wohnhäuser, die in ihrer Form Legobausteinen gleichen, was dem Stadtviertel auch den Namen Legoland eingebracht hat. Dahinter erhebt sich der Hausberg der Stadt, Nasaasaaq.

Das Kolonialzentrum – Sisimiut-Museum
Tel. 86 25 50, Juni–Sept. Di–So 13–17, Di 19–21, Okt.–Mai Di 19–21, Mi/Do/So 13–17 Uhr, 30 DKK
Folgt man der Hauptstraße Aqqusinersuaq, gelangt man nach wenigen hundert Metern zum alten Kolonialzentrum, dessen Gebäude in eine Museumsanlage umgewandelt wurden. Hier fällt als Erstes die **Berthel-Kirche** mit dem Bogen aus Walkiefern auf. Die Knochen stammen von einem Grön-

landwal, der 1901/02 tot im Fjord südlich der Stadt angetrieben wurde. Die blaue Kirche ist die älteste Holzkirche Grönlands, sie wurde am 6. Januar 1775 geweiht und von der Bevölkerung selbst bezahlt. Die Wetterfahne zeigt das Jahr 1773 an, das Erbauungsjahr der Kirche. Auf der Fahrt nach Grönland musste das Schiff mit dem Baumaterial einen Winter in Norwegen verbringen, deshalb der verzögerte Aufbau in Sisimiut. Bis 1926 blieb sie die Hauptkirche des Ortes, dann wurde sie von der roten, über dem Kolonialplatz gelegenen Kirche abgelöst. Die neue Kirche erbaute der Architekt Helge Bojsen-Møller. 1985 wurde sie im Mittelteil erweitert, sodass sie jetzt eine Länge von rund 20 m hat.

In der Mitte des Platzes stellt eine **Büste** Jørgen C. F. Olsen (1916–1985) dar, einen angesehenen und erfolgreichen Politiker, der nach dem afrikanischen Freiheitskämpfer den Beinamen Lumumba erhielt. Er war der Erste, der die Unabhängigkeit von Dänemark und die Selbstverwaltung forderte, und zwar 20 Jahre bevor sie tatsächlich realisiert wurde.

Das sogenannte **alte Haus** direkt hinter der Kirche ist heute das Hauptgebäude der Museumsanlage. Es wurde erstmals 1755 errichtet, damals in der Nähe von Bergen. Dort baute man es sorgfältig ab, nummerierte jedes einzelne Teil, einige Nummern sind noch an Balken zu erkennen, und baute es in Ukiivik wieder auf, wo die dänische Kolonie damals ihren Platz hatte. 1764 kam das Haus endgültig an seinen jetzigen Standort. Es hatte in seiner wechselvollen Geschichte mehrere Funktionen inne. Zunächst Wohnhaus von Hans Egedes Sohn Niels, war es in späteren Jahren Bäckerei, Post, Polizeistation und heute **Museum.** In den 1980er-Jahren wurde es restauriert. In der Ausstellung kann man sich

Mein Tipp

Werkstattbesuch bei den Künstlern von Sisimiut

Direkt am alten Hafen in einem ehemaligen Lagerhaus haben verschiedene Künstler ihre Werkstätten eingerichtet. Hier kann man zuschauen, wie Rentiergeweihe verarbeitet werden – ob zu Schmuck oder Tupilaks, den traditionellen Schnitzfiguren der Inuit (s. S. 71). Andere Künstler arbeiten mit Speckstein und grönländischen Mineralien. Außerdem stehen dort Kajaks, die in traditioneller Weise gebaut werden, lediglich man anstelle der Häute benutzt entsprechende Leinwände. Jedes Boot ist eine Maßanfertigung für den jeweiligen Kajakfahrer. Fast jeder findet hier eine wunderschöne Erinnerung an Grönland (Umiarsualavimmut 25, 10–18 Uhr).

Funde aus der Zeit der Saqqaq-Kultur ansehen, die bei Sisimiut ausgegraben wurden.

Neben dem alten Haus steht ein **Sodenhaus** vom Beginn des 20. Jh., ausgestattet mit Kleidung, Werkzeug und Einrichtungsgegenständen aus der Zeit. Der 1852 gebaute alte Laden versorgte über 100 Jahre die Kolonie mit allem Notwendigen, jetzt werden hier regelmäßig Sonderausstellungen gezeigt. Das ehemalige **Haus des Kolonieverwalters** stammt von 1846. Es wurde im Lauf der Zeit sehr verändert und ist nun Sitz der Museumsverwaltung, Bücherei und des Fotoarchivs. Zu dem Komplex gehört auch noch das sogenannte **Halbwegs-Haus,** 1844 erbaut, in ihm sind historische Boote zu sehen.

Die moderne Stadt

Im Zuge der Konzentrationspolitik der Dänen siedelten sich in Sisimiut in den 1960er-Jahren immer mehr Menschen an (s. S. 61). Zeugnisse aus der Zeit sind u. a. die hässlichen **Wohnblocks,** die an der Aqqusinersuaq in Richtung ehemaligem Helikopterplatz stehen. Zu den positiven Einrichtungen aus diesen Jahren zählt das Krankenhaus mit jetzt 30 Betten und fünf Ärzten.

Beim Spaziergang durch die Straßen findet man vor allem entlang der **Hauptstraße** zahlreiche Geschäfte, Restaurants und Imbisse. Sisimiut hat als einzige Stadt in Grönland ein temperiertes **Freibad** (im Sommer tgl. 12–19 Uhr), das bei der Jugend einen regen Zuspruch findet. Es liegt in der Nähe der neuen Schule und dem See mit der Fontäne. Weiter stadtauswärts kommt man zur **Knud Rasmussenip Højskolia,** einer Hochschule, deren thematischer Schwerpunkt auf der Geschichte und Kultur Grönlands liegt. 1967 wurde die Schule um eine Frauenschule erweitert, in der traditionelle Handwerke wie Verarbeitung von Fellen und Stickereien unterrichtet werden, um diese Fertigkeiten an die modernen grönländischen Frauen weiterzugeben. Neben dem Schulgebäude wurde ein Sodenhaus aus Ruinen wiederaufgebaut.

Kulturhaus Taseralik

Nalunnguarfimmut 7, www.tasera lik.gl, Di–Fr 11–21, Sa/So 12–21 Uhr
Das direkt am See gelegene Kulturhaus Taseralik wurde 2007 eröffnet. Neben regelmäßigen Filmvorführungen finden Konzerte, Ausstellungen und Theateraufführungen dort statt. Der architektonisch gelungene Bau wirkt wie eine kleinere Variante des Kulturzentrums Katuak in Nuuk. In dem Café sitzt man angenehm mit Blick auf die Umgebung.

Wanderungen und Ausflüge

Alle Wanderungen und Ausflüge ab Sisimiut werden von World of Greenland-Arctic Circle als organisierte Touren angeboten (s. S. 172, Karte S. 170).

Berg Nasaasaaq

Für den Bergwanderer ist eine 5- bis 6-stündige Tour, hin und zurück, auf den Nasaasaaq (784 m) fast schon ein Muss. Voraussetzungen sind gutes Wetter und ein wolkenfreier Gipfel, doch mit Wetterumschwüngen muss man immer rechnen. Der Weg beginnt hinter dem Helikopterplatz, führt vorbei an einem kleinen See, durch eine Schlucht auf ein Plateau und in östlicher Richtung auf ein weiteres Plateau. Die letzten Meter sind sehr steil, doch helfen Seile bei der Bewältigung dieser Hürde. Der Blick über die Stadt, das Hinterland, die Fjorde und das offene Meer in Richtung Kanada ist atemberaubend. Vor allem die Sonnenauf- und -untergänge sind ein besonderes Schauspiel.

Dorf Assaqutaq

Östlich von Nasaasaaq liegt das verlassene Dorf Assaqutaq. Zunächst kann man sich am Flusslauf orientieren, vorbei an Pumpstation und Skilift, dann folgt ein Aufstieg auf ein Plateau, über das man auf die Küste zuwandert. Der Ort selbst liegt auf einer Insel und ist nur mit dem Boot zu erreichen. Die Bewohner wurden während des G-60-Programms nach Sisimiut umgesiedelt. Heute sind Orte wie Assaqutaq beliebte Wochenendziele, und man hat einige Häuser wieder renoviert. Zurück kann man auch entlang der Fjordküste wandern (Dauer ca. 5 Std.).

Der Bogen aus Walknochen vor der Berthel-Kirche in Sisimiut

Sisimiut und Umgebung

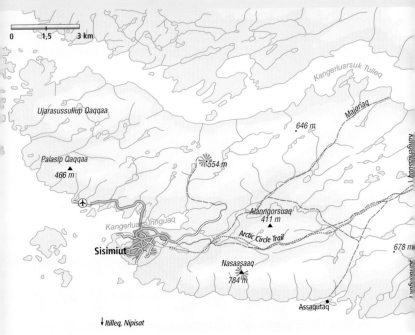

Bootsausflüge nach Assaqutaq werden regelmäßig angeboten. Neben der Nutzung als Sommerdomizil wird hier auch im Sommer Jugendlichen die Möglichkeit geboten, zu wohnen und zu arbeiten. Zum einen renovieren sie die verlassenen Häuser und zum anderen sind sie künstlerisch aktiv, wie einige der Skulpturen dort zeigen. Wichtig ist vor allem der Aspekt des Miteinanders. Nicht selten kommen Jugendliche aus anderen Ländern dazu.

Berg Palasip Qaqqaa

Beliebt ist der ca. 6- bis 7-stündige Gang um die Bucht Kangerluarsunnguaq zum Palasip Qaqqaa, dem Pfarrerberg, an dessen Fuß die ehemalige Handelsstation Asummiut gelegen hat. Dort kann man Ruinen aus dieser Zeit sowie Reste von Inuit-Häusern aus dem 17. Jh. finden. Auf der Wanderung belohnt der Blick von der Hochebene über den Fjord und die Stadt für die Mühen. Vor allem Botaniker kommen auf der Tour auf ihre Kosten: Fast alles, was in Mittelgrönland blüht und wächst, kann man hier antreffen. Auf dem Rückweg entlang der Bucht kann man am Ankerhaus Rast machen.

Nach Kangerlussuaq ▶ C/D 17

Der Klassiker Kangerlussuaq–Sisimiut ist natürlich auch in anderer Richtung zu wandern, auch wenn der erste Teil bei Sisimiut aufgrund des Anstiegs anstrengender ist (s. S. 161). Es besteht aber auch die Möglichkeit, mit dem Boot nach Sarfannguaq zu fahren und die eigentliche Wanderung erst dort zu beginnen. Für die verbleibende Strecke muss man ca. 8 Tage rechnen.

Übernachten

Mit besonderem Ausblick – **Hotel Sisimiut:** Aqqusinersuaq 86, Tel. 86 48 40, Fax 86 56 15, www.hotelsisimiut.gl, DZ 1425 DKK. Ausstattung und Standard der Zimmer sind gehoben, außerdem haben sie einen schönen Blick auf die Stadt und das Hinterland.

In Hafennähe – **Sømandshjem:** direkt gegenüber den Kolonialhäusern, Tel. 86 41 50, Fax 86 57 91, www.soemandshjem.gl, DZ 1185 DKK. Die Ausstattung des ehemaligen Seemannsheims ist gut, die Zimmer mit Bad, familienfreundlich.

Gelehrt – **Knud Rasmussenip Højskolia:** Aqqusinersuaq 99, Tel. 86 40 32, Fax 86 49 07, www.krk.gl, knud@greennet.gl, DZ 700 DKK. Im Sommer werden die Räume der Hochschule an Touristen vermietet. Man hat angenehme Zimmer mit Handwaschbecken, Küchenbenutzung und Aufenthaltsräume. Im Haus ist eine Cafeteria.

Einfach und preiswert – **Sisimiut Vandrehjem:** Kaalikassap Aqq. 25, Tel. 52 25 14 (nach 16 Uhr), www.sisimiutvandrehjem.gl, DZ 550 DKK, Schlafsackplatz im Stockbett ab 175 DKK. Liegt im älteren Stadtteil, 5 Min. vom Zentrum entfernt. Angenehme Gemeinschaftsräume. Fahrradverleih möglich (40 DKK/Tag).

Freiluft – **Zeltplatz:** etwas weiter außerhalb am Fluss. Sanitäre Einrichtungen sind vorhanden.

Essen & Trinken

Etwas gehobener – **Restaurant Nasaasaaq:** im Hotel Sisimiut, Adresse s. Übernachten oben, Gerichte 185–199 DKK. Hier kann man in angenehmer Atmosphäre mit schönem Blick auf den Berg gut zubereitete Mahlzeiten genießen. Netter Service.

Etwas einfacher – **Sømandshjem:** Adresse s. Übernachten links, tgl. 7–22 Uhr, Gerichte 50 DKK. Die Cafeteria im Seemannsheim bietet eine breite Palette an Gerichten.

Etwas anders – **Café Ukiivik:** Aqqusinersuaq 67, Tel. 86 36 37, kleine Gerichte ab 40 DKK. Gemütliches Café, beliebt auch bei Jugendlichen. In der 1. Etage ist ein kleiner Laden mit Kunstartikeln.

Einkaufen

Die meisten Geschäfte findet man entlang der Hauptstraße Aqqusinersuaq. Hier sind auch die größten Lebensmittelgeschäfte, die Post und die Bank.

Grönländische Produkte – **World of Greenland-Arctic Circle:** Aqqusinersuaq 23, 19. Sept.–31. Jan. geschl., Mo–Fr 10–17, Sa 10–14 Uhr. Schönes Angebot an Schmuck und Kunstgewerbe sowie sehr schönen Strickwaren aus Moschusochsenwolle.

Mein Tipp

Wal-Sightseeing auf dem Weg nach Nipisat

Von World of Greenland-Arctic Circle organisierte Bootstouren führen zur alten Walfängerstation Nipisat auf einer kleinen Insel 15 km südlich von Sisimiut. Die gut 100 Einwohner in dem malerisch gelegenen Dorf leben von der Jagd und dem Fischfang. Wenn man Glück hat, sieht man auf den Fahrten auch Wale. Besonders beeindruckend ist das Auftauchen der mächtigen Tiere (World of Greenland-Arctic Circle s. Aktiv & Kreativ S. 172).

Aktiv & Kreativ

Für jeden etwas – **World of Greenland-Arctic Circle:** Aqqusinersuaq 23, Tel. 86 30 00, www.wogac.com, Mo–Fr 10–17, Sa 10–14 Uhr, 19. Sept.–31. Jan. geschl. Buchungen über E-Mail oder Tel. 84 10 16. Ob zu Land oder zu Wasser, das Tourenangebot ist ganzjährig sehr groß (s. auch Mein Tipp S. 171). Bootstouren, Hundeschlittenfahrten, Moschusochsenjagd, Angeln – Fluss und Hochsee, Wandertouren, Stadtrundgänge und auch Besuch bei Grönländern. Die Touren werden ganzjährig durchgeführt, bei Bedarf auch individuell gestaltet. Es werden Kontakte zu Outfittern vermittelt.

Hundeschlittenfahrten – **Johanne Bech:** Kunuuteralaap Aqq. 4, Tel. 86 46 24, jboutfitter@greennet.gl. Ganz oben stehen natürlich Hundeschlittenfahrten von wenigen Stunden bis zu mehreren Tagen, als Beifahrer oder sogar als Lenker des Gespanns. Johanne Bech ist eine der besten Hundeschlittenführerinnen in der Region. Sie bietet auch Wanderungen an und Jagdtouren (s. Entdeckungstour S. 162).

Schneemobile – **Kentec Snow Life:** Ittukasiup Aqqutaa B-1043, Tel. 86 63 20, kentec@greennet.gl. Mehrstündige Touren und Verleih.

Tauchen und mehr – **Sirius Greenland:** Eliarsip Aqq, Tel. 86 37 00, Fax 86 37 90, www.siriusgreenland.com, www.arcticdive.dk. Bootstouren in die Umgebung, Angeltrips mit Übernachtung in eigenen Camps und als Highlight Tauchen in arktischen Gewässern.

Beste Bedingungen – **Wintersport:** Für Abfahrtski steht ein Lift bereit, für Langläufer werden Loipen im endlosen Hinterland präpariert.

Abends & Nachts

Gehoben – **Bar Aveq:** im Hotel Sisimiut, Adresse s. Übernachten S. 171. Für den

Warm eingepackt: zwei Mädchen in Sisimiut

gehobenen Anspruch. In angenehmer Atmosphäre nimmt man hier einen Schlummertrunk ein.

Kulturell – **Taseralik:** s. S. 168. Im Kulturhaus finden regelmäßig Veranstaltungen und Kinovorführungen statt.

Infos & Termine

Touristeninformation: Jukkorsuup Aqq. 6, Tel. 86 48 48, Fax 86 56 22 www. sisimiut.gl. Informationen zur Stadt.

Verkehr

Flug: www.airgreenland.gl. Mehrmals täglich Flüge nach Kangerlussuaq. Direkte Verbindungen nach Ilulissat, Maniitsoq und Nuuk.
Schiff: www.aul.gl. Die Küstenschiffe sowohl aus dem Süden als auch aus dem Norden laufen zweimal in der Woche Sisimiut an.
Boot: www.ral.gl. Die Siedlungen werden mit Regionalbooten angefahren.
Bus: Die Haltestellen der Buslinie werden alle 20 Min. angefahren, am Wochenende jede halbe Stunde. Die Busse zum Flughafen fahren so, dass man eine Stunde vor Abflug dort ist (Tel. 52 71 73, 52 73 90).
Taxi: Es fahren zahlreiche Taxen durch die Stadt.

Termine

Arctic Circle Race: drei Tage Ende März/Anfang April, www.acr.gl, Tel. 86 68 30. Es geht über 160 km bei Wind und Wetter durch die verschneite Landschaft über Seen und Hügel, übernachtet wird in Zelten, und ohne Überlebensausrüstung geht keiner an den Start. Mitmachen kann jeder, der über eine entsprechende Kondition verfügt, mindestens 18 Jahre alt ist und vor allem Skilauferfahrungen besitzt. Gut ist, wenn man schon mal im Winter gezeltet hat.

Itilleq und Sarfannguit

▶ C/D 17

Knapp 50 km südlich von Sisimiut liegt die kleine Siedlung **Itilleq,** was so viel wie Niederung bedeutet, mit ihren farbenfrohen Häusern und den knapp 120 Einwohnern. Seine Lage und Umgebung erklären den Namen, denn etliche Berge und Hügel erheben sich rund um das Dorf. Gegründet wurde der Ort auf der Insel als Handelsstation Sydbay 1847, und das älteste Gebäude ist das ehemalige Warenhaus von 1848. Die eigentliche Ansiedlung vor Ort erfolgte 1874. Gerade die alten Häuser machen den Reiz der Siedlung aus. 1962 wurde die ehemalige Kirche aus der alten Thule-Siedlung hierhergebracht. Die ursprüngliche Kirche, 1933 gebaut, dient heute als Jugendzentrum und kleine Bibliothek. Die Bewohner leben vom Fischfang und der Robbenjagd. Unterkünfte gibt es nicht, wohl aber geeignete Zeltplätze.

Ursprünglich 1843 als Kabeljau-Verarbeitungsplatz errichtet, wurde **Sarfannguit** 1850 eine Handelsstation. Heute ist hier eine kleine Fischfabrik der wichtigste Arbeitgeber. Beliebt und bekannt ist die 40 km östlich von Sisimiut gelegene Siedlung mit den bunten Häusern auch bei den Wanderern auf dem Arctic Circle Trail (s. S. 161). Von hier aus kann man entlang der Südroute weiter nach Kangerlussuaq wandern. Da der Ort auf einer Insel liegt, muss man sich bemerkbar machen, um herübergeholt zu werden.

Aktiv & Kreativ

Organisierte Tour – **World of Greenland-Arctic Circle:** in Sisimiut, Adresse s. Aktiv & Kreativ S. 172. Bietet Bootsausflüge von Sisimiut nach Itilleq und Sarfannguit an.

Infos

Verkehr

Boot: www.ral.gl. Regionalboote fahren mehrmals in der Woche von Sisimiut zu beiden Orten.

Maniitsoq ▸ C 18

Der Name bedeutet ›der unebene Ort‹, und das beschreibt die Insel, auf der die Stadt liegt, und die alpine Landschaft des Hinterlands genau. Eine hügelige Halbinsel grenzt an die andere, und deshalb versuchte man auch an einigen Stellen mehr in die Höhe als in die Breite zu bauen, um so die mühsam gesprengten ebenen Flächen auszunutzen. Rund 3000 Einwohner zählt Maniitsoq, dazu gehören noch die Siedlungen Kangaamiut, die mit rund 400 Einwohnern schon als großer Ort gilt, Atammik und Napasoq.

Schier atemberaubend ist die Gebirgslandschaft, vor der die Insel liegt und die wie eine Tatze aus der Eiskappe herausragt. Sie reicht von dem **Fjord Søndre Isortoq** im Süden bis zum **Fjord Kangerlussuaq** im Norden. Steil ragen die Berge bis zu 2000 m auf und geben diesem Gebiet sein besonderes Gepräge. Das gesamte Areal der Kommune ist doppelt so groß wie die Schweiz, doch nur 17 000 km² sind eisfrei. Kennzeichnend für dieses arktische Hochland sind die extremen Temperaturunterschiede von ca. 20 °C im Sommer bis −40 °C im Winter. Geologisch zählt das Gestein von Maniitsoq zu den ältesten der Erde, rund 3,5 Mrd. Jahre ist es alt, außerdem gibt es Edelsteinvorkommen: Diamanten, Rubine oder einen Lazurit, der Maniitsoq-Stein genannt wird.

Schon wenn man in der Stadt ankommt, begeistern nicht nur die landschaftliche Lage, sondern auch die Bauweise. In die kleinen Täler und an die Felshänge schmiegen sich die bunten Häuser, die manchmal nur über eine der zahllosen Treppen zu erreichen sind. Die Brücke, die den Atlantikkai im Hafen mit dem Zentrum verbindet, ist die längste Grönlands. Aufgrund der zahlreichen Gräben und Brücken – beides wich zunehmend dem Straßenausbau – nannte man Maniitsoq auch das ›Venedig Grönlands‹.

Der norwegische Kaufmann Anders Olsen gründete 1755 die Kolonie Gammel Sukkertoppen im nördlich gelegenen Kangaamiut. Der Name geht zurück auf die holländischen Walfänger, für die die vergletscherten Berggipfel wie Zuckerhüte aussahen. Innerhalb von 25 Jahren wuchs die Bevölkerung in der neuen Kolonie so stark, dass man sich nach einem neuen Siedlungsplatz umsah und 1782 in das jetzige Maniitsoq umzog, das bis 1980 Sukkertoppen hieß.

Maniitsoqs Siedlungsgeschichte reicht zurück bis in die Saqqaq-Kultur, wie Funde aus dem Gebiet zeigen, die man im Ortsmuseum sehen kann. In früheren Zeiten sicherte nicht nur die Jagd auf Wale und Robben, sondern auch auf Rentiere den Lebensunterhalt. Rentiere leben noch heute in großen Herden im Hinterland und zieren auch das Stadtwappen. Mitte der 1960er-Jahre siedelte man hier Moschusochsenkälber an, die sich zu einer Population von rund 3000 Tieren vermehrt haben. Heute ist der wichtigste Erwerbszweig die Fischerei. Es begann in den 1930ern zunächst mit dem Dorschfang, der noch mit kleinen Booten praktiziert wurde, Hauptabsatzmarkt waren damals die Länder Südeuropas. Nach dem Zweiten Weltkrieg baute man eine Fischfabrik, um weiterverarbeitete Produkte anbieten zu können. Seitdem wurde die Fabrik vergrößert und ist seit den 1980ern auf die Krabbenverarbeitung spezialisiert. Weitere industrielle Einrichtungen sind die Werft sowie eine Firma, die Regen- und Arbeitskleidung für Seeleute produziert. Hoffnung für die Zukunft setzt man auch auf die Öl- und Gasfunde in der Davis-Straße, zu denen Maniitsoq geografisch günstig liegt. Außerdem gibt es Pläne, in den nächsten Jahren mit dem Bau eines großen Wasserkraftwerks zu beginnen, das Strom für eine zukünftige Aluminiumschmelze der Firma Alcoa liefern soll.

Trotz manchen wirtschaftlichen Einbruchs gehört Maniitsoq zu den wohlhabenden Städten des Landes. Außer den regulären Schulen gibt es eine Fachschule für Fischereiwirtschaft, in der Lebensmitteltechniker ausgebildet werden. Seit 2000 hat Maniitsoq einen Flughafen, was die direkten Verbindungen zu Nuuk und Kangerlussuaq deutlich verbessert und die zeitweise Isolation des Ortes aufgehoben hat.

Rundgang

Wenn man durch den Ort spaziert, fallen einige neuere, recht üppig dimensionierte Gebäude auf. Der Bau des in den 1980ern während des Krabbenbooms geplanten Rathauses, das größer ist als das in Nuuk, wuchs der damaligen Kommune finanziell etwas über den Kopf. Da Maniitsoq große Pläne für und Hoffnung auf die wirtschaftliche Entwicklung in der Zukunft hat, könnte sich der Verwaltungsbau allerdings noch als ideal erweisen.

Alte Kirche und Versammlungshaus

Das Zentrum mit den wichtigsten Versorgungs- und Verwaltungsgebäuden befindet sich an der **alten Kirche,** die im Gegensatz zu anderen Kolonialbauten an ihrem ursprünglichen Platz

steht. Sie wurde 1864 gebaut und war damals Grönlands größtes Steingebäude. Das Dach ist mit Naturschiefer gedeckt. Einige alte Einrichtungsstücke befinden sich jetzt im Museum. Quasi zwischen alter und neuer Kirche liegt das **Versammlungshaus,** Treffpunkt für Kulturveranstaltungen und Bingo-Mekka. Chöre spielen traditionell eine große Rolle in der Kommune Maniitsoq, die allein drei aufzuweisen hat. Grönlands ältester wurde hier 1918 gegründet.

Neue Kirche und Markt

Die neue **Elisa-Kirche,** 1981 eingeweiht, entwarf der Architekt Holger Mørch Sørensen. Die Künstlerin Aka Høegh gestaltete die Altartafeln aus Treibholz und das Kreuz. Martha Biilman fertigte das Altartuch und die Kniestützen. Biilman lebt in Maniitsoq und hat eine besondere Technik in der Bearbeitung von Fellen und Leder entwickelt. Ihre Werkstatt ist in ganz Grönland bekannt. Auf der anderen Seite der Kirche kommt man am **Markt,** dem Brædtet, vorbei, wo fangfrische Fische sowie Robbenfleisch und Engelwurz verkauft werden.

Maniitsoq-Museum

Illunguit 11, Tel. 81 31 00, Mo–Fr, So 9–16 Uhr
Interessant ist ein Besuch des Museums (Maniitsup Katersugaasivia) neben dem alten Friedhof und der Bücherei. Ursprünglich standen die Kolonialhäuser aus den Jahren um 1840 am Hafen, dort mussten sie aber in den 1970er-Jahren dem Bau der Fischfabrik weichen. Später wurden sie hier wiederaufgebaut. In der ehemaligen Schmiede und der Bäckerei sind heute Exponate aus der Saqqaq-Zeit zu sehen, die in Maniitsoq gefunden wurden. Weitere interessante Fundstücke stammen von den Nordmännern, die

entlang der Westküste auf die Jagd gingen. Außerdem erhält man anhand von Ausstellungsstücken einen Eindruck vom Leben der Menschen im 19. und zu Beginn des 20. Jh. Im zweiten Gebäude aus dem Jahr 1844 sind Einrichtungsgegenstände und Kunstwerke des Lokalkünstlers Jens Kreutzmann (1828–1899) aus Kangaamiut zu sehen. Eines der Gebäude beherbergt eine Sammlung mit mehr als 250 Gemälden und Skulpturen aus Holz, Elfenbein und Stein.

Die neuen Stadtteile
Um einen Eindruck von der Weitläufigkeit der Stadt zu bekommen, lohnen sich ausgiebige Spaziergänge. Ein Tunnel verbindet den älteren Teil mit dem neuen Stadtteil **Ivigssut.** Die dreigeschossigen Wohnblöcke aus den 1970er-Jahren stehen in Ringform etwas oberhalb von Maniitsoq und sind im Gegensatz zu den Blöcken aus den 1950er- und 60er-Jahren ansprechender, denn man hat auch einige Plätze angelegt. Für den **Flughafen,** der außerhalb der Stadt in westlicher Richtung liegt, mussten massive Sprengungen und Aufschüttungen vorgenommen werden. Es lohnt sich, dorthin zu gehen, um eine Vorstellung von den Problemen in Grönland beim Straßen- und Flughafenbau zu bekommen. In diesem Teil der Stadt befindet sich auch die **Touristeninformation.**

Wanderungen und Bootsausflüge

Wanderungen in der Umgebung
Da Maniitsoq auf einer Insel liegt, sind die Wandermöglichkeiten sehr begrenzt, dennoch lohnen sich die kurzen Gänge auf den namenlosen, 193 m hohen **Hausberg** oder zu dem höheren **Berg Iviangiusat** (Pattefjeld, 563 m),

der immerhin 8 km entfernt ist. Der Blick über die Insel, die Fjorde mit der Gebirgslandschaft und auf die Stadt entschädigt für die Anstrengung.

Weniger anstrengend sind Wanderungen durch die stadtnahen Täler, auf denen man die reiche Flora Maniitsoqs kennenlernen kann. Bergtouren im Hinterland sind durchaus möglich, doch sie setzen nicht nur eine genaue Logistik voraus, sondern vor allem alpines Können und Gletschererfahrung.

Bei Bootsfahrten lassen sich viele Seevögel beobachten

Bootsausflüge

Lohnend sind die Bootsfahrten durch die Fjorde mit den steilen Gebirgswänden, an denen teilweise Tausende von Seevögeln, überwiegend Dreizehenmöwen, Tordalke, Papageitaucher und Gryllteisten, nisten und den Fjord mit ihrem Gekreische erfüllen. Vor allem der **Fjord Sermilinnguaq** ist ein fantastischer Platz für Vogelbeobachtungen, und es ist schon ein beeindruckendes Erlebnis, wenn man dann am Ende des Fjords vor den gigantischen Eiswänden steht. Die Vegetation in den Fjorden überrascht an manchen Stellen mit ihren üppigen Erlen- und Weidenbüschen, ansonsten trifft man überwiegend Kriechgewächse wie Kräuter und Beeren an sowie den Engelwurz. Auf der Fahrt durch den Sermilinnguaq kommt man auch an verlassenen Siedlungen wie dem in den 1950er-Jahren aufgegebenen Ort Ikkamiut vorbei, wo man noch heute Ruinen und Gräber findet. Die Häuser sind schon recht verfallen und ausgehöhlt.

Auch Besuche der beiden kleinen Siedlungen **Atammik** und **Napassoq**, die südlich von Maniitsoq liegen, lassen sich arrangieren. Nicht selten bietet sich dabei die Gelegenheit, Wale und Robben zu beobachten. In Napassoq gründete 1965 der dänische Fischimporteur Frede Sørensen eine private Fischfabrik, die sich aufgrund der ertragreichen Fischbänke lohnte. Erst in den 1980er-Jahren wurde sie von der grönländischen Selbstverwaltung übernommen.

Übernachten

Mit Fjordblick – **Hotel Maniitsoq:** Ajoqinnguup Aqq. B-1150, Tel. 81 30 35, Fax 81 33 77, www.hotelmaniitsoq.gl, DZ 1600 DKK. Das ›erste Haus am Platze‹. Neben der Kirche liegt das Hotel, das während des Krabbenbooms gebaut wurde und über einen entsprechend hohen Standard verfügt. Sehr gut ausgestattet und geführt. Von einigen Zimmern hat man einen fantastischen Blick auf den Jachthafen und aufs weite Meer.

Mittendrin – **Hotel Heilmann Lyberth:** Ivissuit, Tel. 81 35 35, Fax 81 35 53, www.hhl.gl, DZ 1015 DKK. In zentraler Lage und mit guter Ausstattung, kurz: angenehmes Wohnen. Transfer zum Hafen und zum Flughafen wird auf Wunsch organisiert. Cafeteria und Bar im Haus.

Flussnähe – **Kangia Camp:** 50 km südlich von Maniitsoq am Kangia-Fjord, www.come2maniitsoq.com, eine Woche mit Angellizenz, Unterkunft in DZ in Hütte, Verpflegung und Transport 15 500 DKK. Auch für Wanderer ideal.

Unter freiem Himmel – **Zeltmöglichkeiten:** außerhalb der Stadt in der schönen Umgebung.

Essen & Trinken

Besonders – **Hotel Maniitsoq:** Adresse s. Übernachten links, Tel. 81 30 35, Gerichte ab 180 DKK. Bietet gehobenes Ambiente und den schönsten Blick, hat aber die höchsten Preise.

Gediegen – **Hotel Heilmann Lyberth:** Adresse s. Übernachten links, Gerichte ab 100 DKK. Es gibt eine Burgerbar mit entsprechenden Tagesgerichten.

Preiswert – **Café Puisi:** Jenseralaap 15, Tel. 81 22 28, Gerichte ab 80 DKK. Einfach ausgestattet, aber dennoch gutes Essen, u. a. Chinesisch. Die Sporthalle mit Cafeteria liegt direkt daneben.

Aktiv & Kreativ

Outdoor-Touren – **Maniitsoq Adventures Incoming:** Eqqaavik 1335, Tel. 81 38 59, 48 76 26, www.come2maniitsoq.com. Hier kann man alles buchen und arrangieren, was man möchte: Boots-touren, Kajaktouren, Skitouren und auch Heliski, Angeln im Fluss und auf hoher See sowie Walbeobachtungs-fahrten. Boots- und Kajakverleih.

Infos

Maniitsoq Adventures Incoming: Adresse s. Aktiv & Kreativ oben. Vermittlung von Unterkünften, Stadtführungen. Während der Sommermonate gibt es auch ein Büro im Zentrum.

Verkehr
Flug: www.airgreenland.gl. Mehrmals wöchentlich direkte Flüge nach Nuuk, Kangerlussuaq und Sisimiut.
Schiff: www.aul.gl. Wöchentlich nach Qaqortoq im Süden und Ilulissat im Norden.
Boot: www.ral.gl. Regionalboote zu den kleinen Siedlungen.

Sommerskigebiet Apussuit ▶ D 18

25 km von Maniitsoq in nordöstlicher Richtung entfernt liegt das Sommerskigebiet und Camp Apussuit. Über 250 km^2 Schneefläche auf rund 1000 m Höhe laden zu Langlauf, Alpinski, Snowboard oder Monoski ein. Tourenvorschläge sind auf den Karten von Greenland Tourism eingezeichnet (s. S. 31). Bei Skiläufern gilt diese Region als eine der bemerkenswertesten.

Übernachten

Hoch oben – **Apussuit Skizentrum:** Tel. 81 38 59, www.come2maniitsoq.com, 200 DKK pro Pers. inkl. Verpflegung. Mehrere moderne Hütten mit Platz für 24 Gäste, gut ausgestattete Aufenthaltsmöglichkeiten mit Sonne. Vollverpflegung. Ideal für begeisterte Skiläufer in fantastischer Lage am Gletscher.

Kangaamiut ▶ C 18

Kangaamiut, mit seinen knapp 400 Einwohnern ist die größte Siedlung Grönlands, und wird regelmäßig von den regulären Küstenschiffen angelaufen. Es ist der ursprünglich von Olsen gegründete Ort Sukkertoppen, doch der wenig geschützte Hafen bewog einen Umzug ins 60 km südlich gelegene Maniitsoq (s. S. 174). Heute leben die Einwohner vor allem vom Fischfang und der Verarbeitung in der örtlichen Fabrik. Malerisch sind seine bunten Häuser an die Felsen an der Mündung des Fjords Kangerlussuatsiaq geschmiegt. Bekannt ist Kangaamiut für seine Bildhauer, die die Tradition der Steinarbeiten wieder belebt haben.

Übernachten, Essen

Vermittlung – **Café Kangaamiut:** Tel. 81 94 75, www.kangaamiut-tours.com. Einfache Pirvatzimmer werden im Ort vermittelt. Fastfood immer vorhanden. Hier erhält man Unterstützung bei der Planung von Aktivitäten wie Skilaufen, Angeln, Kajak- und Bootstouren.

Infos

Verkehr
Schiff: www.aul.gl. 2 x wöchentl. Küstenschiff von Maniitsoq bzw. Sisimiut.

Kangerlussuatsiaq❗ ▶ C 18

Der Fjord Kangerlussuatsiaq – auf Dänisch heißt er Evighedsfjord (Ewigkeitsfjord), in dem zahlreiche Gletscherzungen fast bis ans Wasser reichen, gehört zu den Höhepunkten der Region. Die Fahrt zwischen den steil aufragenden 2000 m hohen Bergen durch den relativ schmalen Fjord zählt zu den besonderen Erlebnissen einer Grönlandreise. Einer der ersten Gletscher, zu denen man gelangt, heißt Sermitsiaq. Er gehört zum Sukkertoppen-Eisschild, das nicht mit dem Inlandeis verbunden ist und eine Fläche von rund 2000 km^2 hat. Deutlich kann man an den Talgletschern den Rückzug erkennen, die früheren Abriebspuren sind am Felsen zu sehen. An den Wänden nisten Hunderte von Seevögeln. Die Ufer sind auffallend vegetationsreich.

Infos

Fjordtour – **Maniitsoq Adventures Incoming:** Adresse s. Aktiv & Kreativ S. 178. Die rund 7-stündige Fahrt ab Maniitsoq kostet 1900 DKK.

Disko-Bucht

Highlights!

Eisfjord Kangia: Nicht erst seit 2007, als sich die Politiker der Welt zum Posieren mit Eisberg zum Eisfjord aufmachten, ist der Kangia bei Ilulissat eine der größten Attraktionen Grönlands. Die vor sich hintreibenden Eisgiganten haben einen unwiderstehlichen Zauber. S. 206

Qeqertarsuaq – Disko-Insel: Sie gab einer ganzen Region den Namen, die vulkanische Insel mit den Tafelbergen, den großen Gletschern und der reichen Flora. S. 210

Auf Entdeckungstour

Von Ilulissat zum Eisfjord Kangia: Eine Wanderung zum und entlang dem Eisfjord ist nicht nur relativ einfach zu machen, sie zählt sicher auch zu den schönsten Erlebnissen in dieser Region. Wie eine geschlossene Eisdecke sehen die dicht an dicht liegenden Eisberge aus. Erst wenn man davor steht, erkennt man die Umrisse der einzelnen Blöcke, zwischen denen das eisblaue Wasser des Fjords schimmert. S. 208

Qeqertarsuaq –
Disko-Insel

Disko-Bucht   Ilulissat   **Eisfjord Kangia**

Von Ilulissat zum Eisfjord Kangia

Aasiaat   Qasigiannguit

Kultur & Sehenswertes

Qasigiannguit-Museum: Fünf Kolonialhäuser beherbergen Ausstellungen
mit bemerkenswerten Exponaten aus
der Zeit der Saqqaq-Kultur vor über
4000 Jahren. S. 191

Ilulissat-Museum: Im Geburtshaus von
Knud Rasmussen ist neben Exponaten
der Inuit-Kultur auch eine Fotoausstel-
lung über die ehemalige Minenstadt
Qullissat zu sehen. S. 199

Aktiv & Kreativ

Kajak-Touren ab Aasiaat: Der Tourist
Service organisiert Touren, bei denen
auch Anfänger gut mithalten können.
S. 190

**Hundeschlittentour auf der Disko-In-
sel:** Hier wird der Grönlandreisetraum
auch im Sommer wahr – mit dem Veranstalter Lyngmark Tours geht es mit
dem Schlitten über den Gletscher.
S. 217

Genießen & Atmosphäre

Hotel Arctic in Ilulissat: Ob man dort
übernachtet, z. B. im Iglu, oder gepflegt mit Blick auf die Eisberge sein
Essen genießt, der Besuch des Hotels
lohnt. S. 201

Restaurant Icefjord in Ilulissat: Ein Bier
aus der nördlichsten Brauerei der Welt
schmeckt nicht nur wegen des überwältigenden Blicks. S. 204

Abends & Nachts

Mitternachtssonne in Ilulissat: Die Felsen vor dem Hotel Arctic sind ein wun-
derbarer Platz, um den Zauber der
Nacht zu erleben. S. 200

Im Reich der Eisberge treiben die Giganten zu Hunderten vorbei an den malerischen Orten aus der dänischen Kolonialzeit. Bei Ausflügen zum Rand des Inlandeises kann man die Geburt der Riesen unmittelbar erleben. Stetig fährt das Küstenschiff von Sisimiut vorbei an den Schären nach Norden. Aus den Orten hört man ab und zu das Heulen der Hunde.

Ab Qasigiannguit nimmt die Zahl der Eisberge stetig zu – bizarre, riesige Gebilde, groß wie Mehrfamilienhäuser mit Türmen wie Kathedralen, ein faszinierender Anblick. Sie kommen aus dem Eisfjord Kangia bei Ilulissat und bewegen sich entlang der Davis-Straße

Infobox

Reisekarte: ▶ C/D 14–16
Karten: S. 198 und 211

Touristeninformation
Destination Avannaa: Ilulissat, Kussangajannguaq 20 B, Tel. 94 33 37. Das ist die zentrale Stelle für die Disko-Bucht und die gesamte Norddestination.

Internet
www.northgreenland.com: Website von Destination Avannaa mit örtlichen Touristeninformationen und Tourenanbietern.

Anreise und Weiterkommen
Flug: Air Greenland fliegt regelmäßig Aasiaat und Ilulissat von Kangerlussuaq aus an. Im Sommer sind die Flüge so abgestimmt, dass man die Orte von Kopenhagen aus am selben Tag erreicht.
Schiff: Das Küstenschiff von Arctic Umiak Line läuft Aasiaat und Ilulissat an.
Boot: Die kleinen Orte erreicht man mit den Regionalbooten von Disko-Line.

gen Süden. Hier sieht man das Grönland, das einem von zahlreichen Bildern so vertraut scheint.

Die Disko-Bucht ist das Hauptreiseziel in Grönland. Angeregt durch Peter Høegs Roman »Fräulein Smillas Gespür für Schnee« (1994) kamen zunächst viele hierhin, auf den Spuren der unerschrockenen Smilla in Grönland zu wandeln – ging man doch davon aus, dass der zweite Teil des Romans in der Disko-Bucht spielt. Seit 2007 mit der Bekanntgabe der Klimadaten wurde der Eisfjord Kangia die Kulisse für Politiker, die den Klimaschutz auf ihre Fahne setzten. Das rasante Fortschreiten der Gletscherschmelze lässt sich hier besonders gut studieren (s. S. 46). Der neue Touristenansturm hat leider auch Züge eines Katastrophentourismus, alle wollen das schmelzende Eis sehen. Manch einer übersieht dabei die Schönheit der gesamten Region. Zwischen Mitte Mai und Mitte Juli scheint hier die Sonne 24 Stunden und taucht in der Nacht die Landschaft in einen goldenen Schimmer. Nächtliche Bootsfahrten vorbei an den eisigen Giganten sind nicht nur dann einmalige Erlebnisse. Von Kangaatsiaq bis in den Norden nach Qaanaaq erstrecken sich 1200 km unberührte Natur, ein Paradies für jeden Wanderer und Kajakfahrer. In den Wintermonaten, wenn die Küste zugefroren und die Landschaft tief verschneit ist, geht es über Hunderte von Kilometern mit den Hundeschlitten hinaus in die weiße Weite.

Kangaatsiaq ▶ D 16

Kangaatsiaq, die kleinste und jüngste Stadt Grönlands, erhielt erst 1986 den Stadtstatus und liegt zwischen Aasiaat und Sisimiut, ca. 200 km nördlich des Polarkreises und 80 km südlich der Disko-Bucht. Zur Kommune gehören außerdem die Siedlungen Attu, Iginniarfik, Ikerasaarsuk und Niaqornaarsuk. Auf einer Fläche von 43 500 km^2 leben nur 1350 Menschen, davon 630 in der Stadt.

Bis 1840 war der Ort ein Winterplatz, erst ab 1846 wurde er ganzjährig besiedelt. Das erste Haus mit einem Laden enstand 1851, 1870 kam eine kleine Kapelle dazu. Die heutige Kirche wurde 1921 errichtet. Kangaatsiaq gehörte bis 1950 zu Aasiaat und hatte den Status eines Handelsplatzes, erst danach wurde der Ort selbstständig. 1987 erhielt die Stadt ihr eigenes Kraftwerk, und seitdem hat sich der Lebensstandard – nach europäischem Maßstab – deutlich verbessert. Die neuen Häuser erhielten alle Wasseranschluss und Elektrizität. Ein Jahr später wurde die Fischfabrik in Betrieb genommen, die auch Wal- und Rentierfleisch verarbeitet. Aber auch die traditionellen Trockengestelle sieht man noch im Ort, und der getrocknete Kabeljau wird auf dem heimischen Markt verkauft.

Kangaatsiaq wirkt wie eine kleine Siedlung mit den bunten, über den Hang verstreuten Einfamilienhäusern. Trotz der Fabrik leben die Einwohner immer noch traditionell von der Jagd und dem Fischfang, entsprechend sieht man Kajaks, Hundeschlitten, Spannrahmen und anderes Equipment neben den Häusern gestapelt.

Ausflüge

Die Möglichkeiten für Individualreisende, die unberührte Natur und Einsamkeit suchen, sind groß, vorausgesetzt man erwartet keinen Komfort. Kajaktouren und Bootsfahrten zu verlassenen Siedlungen lassen sich organisieren. Die kleineren Orte werden von einem Linienboot angefahren. Im Winter sind die Transporte mit den Hundeschlitten noch einfacher. Das am südlichsten gelegene **Attu** hat eine sehenswerte Kirche, deren Innenausstattung eine gelungene Symbiose aus Moderne und Tradition darstellt. Östlich von Kangaatsiaq erstreckt sich ein 150 km langer **Fjord** mit zahllosen Inseln, ein gutes Gebiet für Kajaktouren. Die Stadt wirbt damit, eine der besten Kajakdestinationen zu sein.

Nordenskjöld-Gletscher ▶ E 16

Einen Ausflug Richtung Osten – als Hundeschlittentour oder mit dem Boot – lohnt der Nordenskjöld-Gletscher (Akuliaruseersuup Sermersua). Er verdankt seinen Namen dem schwedischen Polarforscher Adolf Erik Nordenskjöld (1832–1901), der 1883 von hier aus zur Erforschung des Inlandeises startete.

Übernachten

Das grüne Haus – **Siniffik B-303:** auf der Rückseite des Ladens, Nikolaj Jeremiassen, Tel. 29 15 84, siniffik@hotmail.com, Bett 350 DKK. Unterkunft mit Gemeinschaftstoiletten, Aufenthaltsraum und Küche. Waschmaschine ist auch vorhanden.

Das blaue Haus – **Polar Cab-Inn:** neben der Kommunalverwaltung, Jens Filemonsen, Tel. 87 12 76, polarcab@greennet.gl, Bett 350 DKK. Haus mit vier Einzelzimmern, in zwei kann noch ein weiteres Bett gestellt werden. Gemeinschaftsbad und -küche.

Das rote Haus – **Tømrerfirmaet Lynge & Jensen ApS:** B-505, Mogens Jensen, Tel. 87 10 52, Mobil 53 31 57, lj.kang@greennet.gl, Bett 350 DKK. In dem ehemaligen Firmengebäude ist Platz für sieben Personen. Gemeinschaftsküche und -bad sind vorhanden.

Einfach – Übernachtungsmöglichkeiten in aufgegebenen Gebäuden sind über die Kommune oder die angegebenen Privatpersonen zu buchen.

Einkaufen

Souvenirs – **Qulleq Adventures:** Adresse s. Aktiv & Kreativ unten. Im Büro des Tourenveranstalters gibt es einen Laden mit Kunsthandwerk, Schmuck und Fellwaren von örtlichen Künstlern und Jägern. Bilder der Produkte unter: www.qulleq.com.
Für Selbstversorger – **Laden:** Hier kann man Lebensmittel einkaufen.

Aktiv & Kreativ

Outdoor-Touren – **Touristeninformation:** Adresse s. Infos & Termine unten. Kajaktouren unterschiedlicher Dauer und Schwierigkeit werden angeboten, außerdem kann man ein Kajak leihen (250 DKK pro Tag). Erfahrene Guides für Bootstouren, Kajakunternehmungen und Hundeschlittentouren stehen zur Verfügung.
Naturerlebnisse – **Qulleq Adventures:** B-57, Tel. 87 22 07, Fax 87 10 30, www.qulleq.com, Mo–Fr 9–16 Uhr. 4- bis 5-tägige Kajak-Touren, von Februar bis April eintägige Hundeschlittenfahrten nach Kangerluk sowie Touren zum Nordenskjöld-Gletscher von 6–7 Tagen Dauer (Übernachtung im Zelt) stehen auf dem Programm.

Infos & Termine

Touristeninformation: in der Kommunalverwaltung, Tel. 87 10 77, www.kangaatsiaq.gl, Mo–Fr 9–15 Uhr.

Verkehr
Boot: www.diskoline.gl. Regelmäßige Bootsverbindungen zwischen Kan-

gaatsiaq und Aasiaat sowie zu den kleinen Siedlungen.

Termin
Arctic Dog Sledge Race (März): Infos und Anmeldungen über Qulleq Adventures (s. Aktiv & Kreativ links).

Aasiaat ▶ D 15

Aasiaat ist mit seinen rund 3100 Einwohnern die fünftgrößte Stadt des Landes. Dazu gehören die beiden kleinen Siedlungen Akunnaaq und Kitsissuarsuit, in denen jeweils ca. 120 Men-

Aasiaat erstreckt sich über eine malerische Schärenlandschaft

schen leben. Der Name Aasiaat bedeutet die ›Spinnenstelle‹, und entsprechend zeigt das Wappen auch ein Spinnennetz auf blau-weißem Untergrund. Der obere weiße Teil symbolisiert das eisige Wasser der Baffin-Bucht, und der blaue Teil steht für das Wasser der Davis-Straße, denn Aasiaat liegt ziemlich genau auf der Grenze zwischen diesen beiden Gewässern. Aufgrund der zahllosen Inseln in der Region heißt die Gegend auch ›Land der tausend Inseln‹.

Archäologische Ausgrabungen zu Beginn der 1990er-Jahre belegen erste Siedlungen in der Zeit um 2500 v. Chr.

Die heutige Bevölkerung hat ihre Wurzeln allerdings in der Thule-Kultur um 1000. Die Menschen folgten den Tieren je nach Jahreszeit. Im Frühling zogen sie in die Sydostbugten, um die Lodde zu fangen und Robben zu jagen. Im Sommer fischten sie Heilbutt an der Mündung des Nordre Strømfjord und jagten Rentiere. Der Herbst war die Jagdzeit für die kleinen Robben und hin und wieder Narwale in der Disko-Bucht.

Zur Zeit der europäischen Walfänger betrieben die Inuit einen regen Tauschhandel, dem die dänischen Kolonialherren einen Riegel vorschieben wollten. 1759 gründete der Kaufmann Niels Egede, ein Sohn Hans Egedes, die Handelskolonie Egedesminde – der dänische Name von Aasiaat –, zunächst auf der rund 100 km südlich gelegenen Halbinsel Eqalussuit, 1763 zog man zu dem jetzigen Standort. Der Walfang war weiterhin der wichtigste Erwerb, stand jedoch nun unter der Regie der dänischen Kolonialherren, die ihre Rechte zur Not auch mit Gewalt verteidigten, wie die Kanonen am Hafen bezeugen. Das Walfett wurde nach Europa exportiert, u.a. um damit Laternen zu beleuchten. In den Jahren 1776, 1800, 1825 und 1852 wurden die Inuit von Epidemien heimgesucht, die die Europäer eingeschleppt hatten. 1915 hatte Aasiaat nur noch 186 Einwohner. Die Situation verbesserte sich, nachdem 1916 ein Krankenhaus gebaut wurde.

Mit der Eröffnung einer Lehranstalt für Katecheten begann sich Aasiaat langsam zu einer Schulstadt zu entwickeln. 1928 kam die Berufsschule von Nordgrönland dazu, und heute gibt es mehrere weiterführende Schulen, u.a. seit 1986 eines der drei Gymnasien Grönlands, sowie eine Schule für geistig Behinderte. Die Schüler kommen aus dem Einzugsgebiet von Sisimiut bis Qaanaaq und aus Ittoqqortoormiit in Ostgrönland.

Seit dem Zweiten Weltkrieg ist Aasiaat der Transit- und Umschlaghafen für Nordgrönland. Die Ladung der großen Schiffe wird hier gelöscht und weiterverteilt, deshalb dominieren die Container im Hafen den ersten Eindruck von der Stadt. Früher wurden die Waren auf der Insel Qeqertannguaq gelagert und auf kleinere Boote umgeladen. Später wurde dort eine Salzerei für Kabeljau gebaut, der vor allem in den Mittelmeerländern reißenden Absatz fand. Heute ist die 1987 errichtete fisch- und krabbenver-

arbeitende Fabrik der Hauptarbeitgeber der Kommune. Außerdem ist hier die größte Werft der Disko-Bucht angesiedelt. Mit der Eröffnung des Flughafens 1998 hat Aasiaat seinen Status als Transitknotenpunkt für den Norden verstärkt.

Trotz der gesellschaftlichen und wirtschaftlichen Veränderungen wird in Aasiaat auch die Tradition gepflegt. Die Nationalbekleidung aus Robbenfell wird hier ebenso gefertigt wie Tupilaks aus Rentierhorn und Walknochen (s. S. 71). In einer jüngst gegründeten Werkstatt können die Bewohner die Schnitzfertigkeit erlernen. Reisende haben jederzeit die Möglichkeit, Werkstätten zu besuchen und entsprechende Produkte zu erwerben. Auskünfte erteilt die Touristeninformation.

Rundgang

Kolonialhäuser am Hafen

Unmittelbar am Hafen stehen die alten Kolonialhäuser. Der 1963 von der dänischen Bildhauerin Gerda Thune Andersen geschaffene **Gedenkstein** erinnert an den Gründer der Handelskolonie, Niels Egede (1710–1782). Das älteste Haus stammt aus dem Jahr 1778 und war das **Wohnhaus des Kommandanten** der Walstation von der Kronprinzen-Insel. Als die Station 1826 aufgegeben wurde, brachte man das Gebäude nach Aasiaat.

Aasiaat-Museum

Niels Egedesvej 2, Tel. 89 25 97, www.aasiaatmuseum.gl, Mo–Fr 13–16, So 13–15 Uhr
im ehemaligen Haus des Handelsverwalters, 1860 erbaut, ist seit 2002 das Museum beheimatet. In der allgemeinen Ausstellung sind Waffen und Werkzeuge der europäischen Walfän-

ger und frühen Inuit-Kulturen sowie Einrichtungsgegenstände aus den 1930er-Jahren zu sehen. Das ausgestellte Umiaq, das Frauenboot, wird immer noch regelmäßig am Nationalfeiertag, dem 21. Juni, benutzt. Außerdem finden regelmäßig Sonderausstellungen statt. Zum Museum gehört auch ein traditionelles grönländisches Sodenhaus.

Moderne Gebäude

Die moderne, etwas erhöht über dem Hafen liegende **Kirche,** die 1964 eingeweiht wurde, entwarf der dänische Architekt Ole Nielsen. Die Altartafeln aus Keramik schuf der bekannte grönländische Künstler Jens Rosing. Der vor der Kirche liegende Anker soll an die Opfer des Meeres erinnern. Wie eine überdimensionierte Garage sieht das **Versammlungshaus** in der Nähe aus, doch drinnen verbirgt sich wohl eine der faszinierendsten Gemäldesammlungen (s. Lieblingsort S. 188).

Ausflüge

Da Aasiaat auf einer Insel liegt, bieten sich kaum Möglichkeiten für längere Wanderungen, aber für Kajakfahrer ist das **Schärengebiet** ideal. Je nach Jahreszeit hat man Gelegenheit, Wale, Robben und vor allem zahlreiche Seevögel zu beobachten. Wem diese Perspektive zu ungewohnt ist, der kann auch mit dem Boot auf **Walbeobachtung** fahren oder hinaus zu den **kleineren Siedlungen** sowie zu ehemaligen Wohnplätzen, die im Zuge des Zentralisierungsprogramms in den 1960er-Jahren verlassen wurden. Im Winter ist das nur leicht hügelige Gelände ein gutes Terrain für **Langlaufski-Touren.** In der Stadt ist auch Grönlands erfolgreichster Cross-Country-Skiclub (ASP) beheimatet. Im Winter

sind Hundeschlittenfahrten zur **Nachbarinsel Saqqarliup Nunaa** möglich. Besonders beliebt ist ein Ausflug zur **Quelle Uunartukasik,** die während des ganzen Jahres Frischwasser mit einer konstanten Temperatur von 4 °C führt.

Übernachten

Direkt am Meer – **Sømandshjem:** Sammiarneq 9, Tel. 89 27 11, Fax 89 29 10, www.soemandshjem.gl, DZ 1150 DKK. Liegt direkt am Hafen und die neuen Zimmer im Anbau haben neben der guten Ausstattung alle einen schönen Ausblick. Außer Einzel- und Doppelzimmern gibt es auch Familienzimmer.
Zentral gelegen – **Hotel Nanoq:** Sannerut 7–9, Tel. 89 21 21, 53 65 53, niki@greennet.gl, DZ 975 DKK. Zentral und etwas erhöht gelegen mit acht großen, gut ausgestatteten Räumen.
Ganz für sich – **Hotelleijligheder Aasiaat:** am westlichen Ortsrand, Tel. 89 21 95, jin@iss.gl, 695–1295 DZ. Sowohl Hotelzimmer mit Komfort als auch eine großzügige Dreizimmerwohnung und gut ausgestattete Hotelapartments mit eigenem Küchenbereich. Telefon, Video und Fernseher sind vorhanden.
Die preiswerte Variante – **Jugendherberge:** am westlichen Ortsrand, Tel. 89 21 95, jin@iss.gl, ganzjährig geöffnet, Bett 250 DKK. Einfache Zweibettzimmer. Küchen- und Waschmaschinenbenutzung. Außerdem kann man sein Gepäck hier aufbewahren lassen.
Im Freien – **Zeltmöglichkeiten:** außerhalb des Ortes, wo das felsige Gelände es zulässt.

Essen & Trinken

Das erste Haus – **Hotel Nanoq:** Adresse s. Übernachten oben, 18–22 Uhr, Gerichte um 100 DKK. Gutes Restaurant

Kunsthalle – Per Kirkeby im Versammlungshaus von Aasiaat ▶ D 15

24 Bilder des dänischen Malers Per Kirkeby hängen in dem großen Raum an der Wand. Der ausgebildete Geologe nahm in den frühen 1960er-Jahren an Grönland-Expeditionen teil und wurde 1969, damals noch als relativ unbekannter Maler, mit der Ausschmückung des Gebäudes beauftragt. Bunt, geheimnisvoll und immer wieder überraschend sind die Bilder. Die mehr als schlichte Hängung vermittelt den Eindruck eines riesigen Wandgemäldes. Selten erlebt man einen so großen Kontrast zwischen Werk und Raum, bei Festen tanzt man hier Polka oder spielt Bingo. Dieses Konvolut stellt die weltweit größte Sammlung von Kirkebys Werken dar. Besichtigungen arrangiert die Touristeninformation.

mit reichem Angebot an grönländischen Spezialitäten. Vorbestellen.
Traditionsbewusst – **Sømandshjem:** Adresse s. Übernachten S. 187, tgl. 7–19 Uhr, Gerichte ab 50 DKK. Hier bekommt man mittags und abends gute, einfache Gerichte und kleine Speisen, alles zu akzeptablen Preisen.
Klein, aber fein – **Café Puisi:** Pottersvej 12, Tel. 89 11 12, Mo–Fr 12–21 Uhr, Gerichte ab 70 DKK. Beliebt bei jungen Leuten, Fastfood, asiatische Gerichte.

Einkaufen

Kunsthandwerk und Fellwaren – Schöne Produkte aus Aasiaat kann man in der Touristeninformation, im Museum, im Pissifik-Supermarkt, im Seemannsheim oder direkt in den Werkstätten kaufen.
Wärmendes – **Sika-mut:** Niels Egedesvej 47, www.sika-mut.dk. Grönländische Produkte wie Moschuswolle oder Fellpantoffeln können dort und über das Internet gekauft werden. Website lohnt sich für Vorinformation.

Aktiv & Kreativ

Outdoor-Touren – **Aasiaat Tourist Service:** Adresse s. Infos & Termine rechts. Im Sommer organisiert der Tourist Service alles, was mit Wassersport zu tun hat: Kajakfahrten unterschiedlicher Länge und Schwierigkeit (ab 1260 DKK), Bootsausflüge mit Walbeobachtung (3–6 Std., ab 800 DKK) oder auch Tiefseeangeln. Besondere Wünsche oder Ziele können vereinbart werden. Mehrtägige Touren führen durch die gesamte Disko-Bucht und bieten alles von der Moschusochsen-Safari bis zur Kulturreise. Im Winter kann man alles buchen, was mit einem ›Gespür für Schnee‹ zu tun hat: Skilaufen – alpin

und Cross-Country –, Hundeschlitten- und Schneemobilfahrten oder Jagdausflüge (Robben oder Haifisch) mit dem Hundeschlitten. Hundeschlittenfahrten in die kleinen Siedlungen (ab 800 DKK) und geführte Stadtrundgänge mit Kaffemik (225 DKK) werden ebenfalls angeboten.

Infos & Termine

Aasiaat Tourist Service: Niels Egedesvej 6, Tel. 89 25 40, Fax 89 25 45, www.northgreenland.com, im Sommer Mo–Fr 8–16, Sa 10–13, im Winter Mo–Fr 10–16 Uhr.

Verkehr
Flug: Im Sommer tgl. Flüge von und nach Kangerlussuaq in Verbindung mit dem Flug von Kopenhagen. Weitere Verbindungen nach Ilulissat und Sisimiut.
Schiff: www.aul.gl. Mehrmals wöchentlich Fahrten mit dem Küstenschiff in den Süden und nach Ilulissat.
Boot: www.diskoline.gl. Regionale Boote zu den kleinen Siedlungen, auch zu denen der Aasiaat-Kommune sowie zu anderen Orten der Disko-Region.

Termine
Nipiaa Rockfestival (Ende Aug./Anfang Sept.): www.nipiaa.gl. Hier spielen vor allem grönländische Bands sowie einige aus Skandinavien.

Qasigiannguit und Umgebung ▶ D 15

Qasigiannguit wird werbewirksam auch ›Perle der Disko-Bucht‹ genannt, was hinsichtlich der Lage, der Umgebung und des sehr stabilen, sonnigen Wetters auch berechtigt ist. Der grönländische Name bedeutet ›die kleinen geflleckten Robben‹, die vor 250 Jahren überall in der Gegend zu finden waren. 1734 gründete der dänische Großkaufmann Jacob Severin auf der Südostseite der Bucht Ikeraannguaq eine Handelskolonie – die zweitälteste Grönlands nach Nuuk – und gab ihr zu Ehren des dänischen Königs Christian VI. den Namen Christianshåb. Immerhin hatte Christian VI. dem Privatmann das Monopol über den Grönlandhandel eingeräumt, das Severin bis 1749 innehatte. 1734 hielt hier Hans Egedes Sohn Poul, der von 1736 bis 1740 in Qasigiannguit als Missionar tätig war, seinen ersten Gottesdienst ab. Der ursprüngliche Siedlungsplatz erwies sich aufgrund der starken Föhnwinde als ungünstig, und so siedelte man 1763 an den jetzigen Platz über. Die Häuser waren durch die Stürme zerstört, sodass man neue bauen musste. Ein Haus aus dem Jahr 1734 blieb erhalten – man sagt, es sei das älteste Kolonialhaus Grönlands – und beherbergt heute das Museum.

Der Aufschwung des modernen Qasigiannguit begann erst mit dem Bau der Krabbenfabrik 1959; schnell stieg die Zahl der Einwohner von rund 300 auf 1400 an. Kein Wunder, dass zwei Garnelen das Stadtwappen zieren. Eine Besichtigung der Fabrik lässt sich über die Touristeninformation arrangieren. Heute leben ca. 1300 Menschen in der Stadt, zur Kommune gehört noch die Siedlung Ikamiut (80 Einw.) an der Sydostbugten. Neben einer Berufs- und einer Volkshochschule gibt es hier auch eine Abteilung der Sozialpädagogischen Schule, die dem Grönländischen Seminar in Nuuk untersteht.

Qasigiannguit wirkt sehr friedlich und anheimelnd mit seinen zumeist kleinen, bunten Häusern, die sich entlang der Bucht verteilen.

Qasigiannguit-Museum in den Kolonialhäusern

Poul Egedesvej 24, Tel. 91 14 77, www.museum.gl/qasigiannguit, Juni–Sept. So–Fr 13–17, Okt.–Mai Mo–Fr 13–17 Uhr

Das Zentrum mit den alten Kolonialhäusern liegt im Inneren der Bucht. In unmittelbarer Nachbarschaft zur Krabbenfabrik befinden sich die fünf Museumsgebäude. In dem roten, dem ehemaligen **Sitz des Kolonieverwalters,** ist eine Sammlung mit Zeugnissen der alten Jäger- und Fängerkultur wie Kleidung, Kajaks und Jagdausrüstung untergebracht. Interessant ist das Holzrelief über dem Eingang, das einen dänischen Soldaten darstellt. Über dieses Bildnis wird viel spekuliert, die einen sehen es als Darstellung von Niels Egede, der hier in der Nachfolge seines Bruders von 1740 bis 1743 als Missionar tätig war, andere sehen es als Hinweis auf die einzige Seeschlacht in der Disko-Bucht. 1735 wollten die Dänen den Tauschhandel zwischen den holländischen Walfängern und den Inuit unterbinden, doch die Holländer ignorierten das Verbot. Der damalige Kolonieverwalter, dem zu diesem Zeitpunkt die gesamte Region unterstand, versuchte es daraufhin mit Gewalt und schickte 1739 drei bewaffnete Schiffe gegen die Holländer. Nach wenigen Tagen hatten sich vier holländische Schiffe – mit nur einer Kanone – ergeben. Doch die Holländer schworen Rache und drohten, Qasigiannguit zu zerstören. Zum Schutz stellte man daraufhin die vier Kanonen auf, die heute noch oberhalb des Museums zu sehen sind.

Das Museum von Qasigiannguit verfügt mit Exponaten aus der Zeit der Saqqaq-Kultur vor über 4000 Jahren über die bemerkenswerteste **frühgeschichtliche Sammlung** der Inuit-Kultur. Dänische und grönländische Archäologen fanden bei Ausgrabungen auf der Insel Qeqertasussuk in der Sydostbugten in den Jahren 1984 bis 1987 die bisher ältesten Menschenknochen und Bekleidungsstücke der Arktis. Die Küchenabfälle ließen Rückschlüsse auf die Jagdgewohnheiten zu, vermutlich gingen die Menschen schon damals mit dem Kajak auf die Jagd, denn auch Überreste von Kajaks wurden gefunden. Nach diesen Entdeckungen musste die grönländische Frühgeschichte neu geschrieben werden, denn vollendet gearbeitete Haushaltsgegenstände und Waffen zeigen, dass die Menschen der Saqqaq-Kultur über sehr großes handwerkliches Können verfügten und mitnichten wesentlich primitiver gelebt hatten als die späteren Kulturen. Zu sehen sind die Exponate in dem gelben **Haus B-34,** Poul Egedes Haus. Zu der Anlage gehören noch ein **Torfhaus** und ein **kleines Haus** aus den 1950er-Jahren.

Moderne Kirche
Poul Egedesvej/Ny Kirkevej
Die moderne Kirche (Paavia-Kirche) baute der Architekt Ole Nielsen im Jahre 1969. Die Glasmosaike der Altartafeln schuf Sven Havsteen Mikkelsen, sie zeigen u. a. zahlreiche Tiere der Arktis. Das in einer grönländischen Kirche obligatorische Schiff ist hier ein Umiak, ein Frauenboot.

Wanderungen und Ausflüge

Aufgrund der geografischen Gegebenheiten und ihrer fantastischen Lage direkt am Eisfjord eignet sich die Kommune Qasigiannguit ideal als Wandergebiet. Die Berge sind nicht höher als 400–500 m und bestehen überwiegend aus Gneis und Granit, die immerhin 1,5 Mio. Jahre alt sind. Die Gegend ist relativ fruchtbar, und des-

Bei einer Bootsfahrt in der Disko-Bucht beeindrucken die schwimmenden Eiskolosse

halb trifft man auf eine reiche Flora, vor allem die zahlreichen Beerensträucher erfreuen im Spätsommer jeden Wanderer. Das Wetter ist hier – laut Statistik – im Vergleich zu Südgrönland und auch Dänemark stabil. In den Sommermonaten begünstigen relativ geringe Niederschlagsmengen und Temperaturen bis zu 20 °C Outdoor-Aktivitäten. Außerdem scheint vom 22. Mai bis zum 23. Juli ununterbrochen die Sonne, ob man sie auch immer sieht, sei dahingestellt. Etwa 11 km südlich von Qasigiannguit liegt die **Granatbucht,** wo man granathaltigen Glimmerschiefer findet, der aber nicht als Schmuckstein geeignet ist. Ansonsten gibt es zahlreiche Wanderrouten ins Hinterland, die bis an das **Inlandeis** führen.

Eintägige Wanderung auf den Berg Qaqqarsuaq

Als Tagestour bietet sich eine Wanderung auf den Berg Qaqqarsuaq (456 m) an, der 2 km südöstlich der Stadt liegt. Man kann ihn von der Nordwestseite besteigen, doch die ist relativ steil. Leichter geht es von der Südostseite, dann kann man den Gang zudem mit einem Besuch der **Bings-Höhle** verbinden. Beide Wege bieten wunderbare Ausblicke auf die Stadt, die Disko-Bucht mit den zahlreichen Eisbergen und sogar bis zum Eisfjord.

Die Bings-Höhle, grönländisch Putorsuaq, liegt am Fuße des südlichen Ausläufers des Qaqqarsuaq und führt in den Berg hinein. Durch einen herabgestürzten Felsen ist sie fast verschlossen. Ihren Namen erhielt sie nach Andreas Bing, dem ersten Missionar in Qasigiannguit, der 1734/35 hier arbeitete. Vor allem in Zeiten tiefer Depression suchte er hier Zuflucht. Doch die Höhle war vorher schon den Inuit bekannt, die *angakoq,* die Schamanen, erteilten hier ihren Schülern Unterricht. Außerdem soll es eine Verbindung zu einer zweiten Höhle direkt unter dem Gipfel des Qaqqarsuaq geben. Beide Wege führen an dem ersten **Siedlungsplatz** von 1734 vorbei, wo noch die Fundamente zu erkennen sind. Die Höhle befindet sich an der Bucht Kangerluuk, die die Dänen Paradiesbucht nannten, vermutlich wegen des Blicks auf die Eisberge (2–3 Std. ohne Bergbesteigung).

Viertägige Wanderung nach Ilimanaq ▶ D 15

Großer Beliebtheit erfreut sich die Strecke von Qasigiannguit nach Ilimanaq. Der direkte Weg dauert vier Tage. Ilimanaq ist wiederum Ausgangspunkt für Wanderungen zum Inlandeis und zum Eisfjord Kangia (s. Mein Tipp S. 194). In Ilimanaq gibt es nur einen Laden und einfache Unterkünfte. Heute leben lediglich 80 Menschen in der Siedlung, die zu Ilulissat gehört, doch das war nicht immer so.

Der Name Ilimanaq bedeutet ›Ort der Erwartungen‹, vielleicht die Erwartung eines guten Fangs? Ruinen und zahlreiche Gräber nördlich des Ortes belegen, dass hier immer Siedlungsplätze waren, was auf ertragreiche Jagdgründe hindeutet. 1741 wurde der Ort dänische Handelsmission und erhielt den Namen Claushavn, der vermutlich auf den holländischen Seefahrer Klaes (Klaus) Pietersz zurückgeht, der in den Jahren 1719 bis 1732 in der Disko-Bucht aktiv war. Die Erfolgsaussichten für Walfänger waren so gut, dass zwischen 1780 und 1826 hier immer ein Schiff zum sofortigen Einsatz bereitlag. 1852 erhielt Ilimanaq einen eigenen Pfarrer und ein Missionshaus aus Holz. Während dieser Zeit gab es sogar Überlegungen, die Kolonie Christianshåb nach Claushavn umzusiedeln. Die Blütezeit der Station dauerte bis 1880, dann ging die Zahl der

Mein Tipp

Von Ilimanaq zum Eisfjord Kangia ▶ D/E 15

Eine Wanderung von Ilimanaq an die Südseite des Eisfjords bietet nicht nur den Eindruck, dass man den Fjord fast für sich hat, sondern führt einen auch zu Spuren längst vergangener Zeiten wie Ruinen oder einer Höhle mit Skelettresten. Natürlich kann man die Strecke an einem Tag zurücklegen, denn es sind hin und zurück nur rund 15 km, doch wer das Gefühl der Einsamkeit liebt, sollte einfach sein Zelt mitnehmen und sich in dem Gebiet einen schönen Platz zum Übernachten suchen. An der Südseite des Fjords trifft man sicher nicht auf die Touristenmassen wie von Ilulissat aus. Vielleicht begegnet man Füchsen, auf jeden Fall aber vielen Vögeln.

Einwohner drastisch zurück. Am Hafen stehen noch die alten Kolonialhäuser. Die kleine Kirche stammt aus dem Jahr 1908.

Bootsausflüge ▶ D 15

Bootsausflüge führen zur Siedlung **Ikamiut**, deren Bewohner ausschließlich von der Jagd und dem Fischfang leben. Reizvoll ist auch ein Besuch der verlassenen Siedlung **Akulliit**, wo man sich für einige Tage hinbringen lassen kann. Der verlassene Ort liegt auf der gleichnamigen Insel südlich von Qasigiannguit. Die alten Häuser werden heute als Sommerhäuser genutzt, denn der idyllische Ort ist ein ausgezeichnetes Jagdgebiet. Im Winter kann man diese Touren mit Hundeschlitten machen.

Übernachten

Singulär – **Hotel Disko Bay:** Margrethevej 34, Tel. 91 10 81, Fax 91 15 24, www.hoteldiskobay.com, DZ 1350 DKK. Es ist das einzige Hotel im Ort. Wunderbare Lage mit herrlichem Blick über die Disko-Bucht, von der Terrasse aus kann man manchmal sogar Wale beobachten. Gemütliche, gut ausgestattete Zimmer.

Dörflich – **Oves Haus:** in Ilimanaq, Tel. 54 58 62, ovilimanaq@greennet.gl, 250 DKK pro Pers. Einfache Unterkünfte in ehemaligen Wohnhäusern. Nach Absprache ist auch Mittag- und Abendessen möglich.

Traditionell – **Grassodenhaus:** Das Museum vermittelt Übernachtungen in einem traditionellen Grassodenhaus etwas außerhalb des Ortes (200 DKK pro Pers.).

Draußen – **Zeltplätze:** findet man entweder in Richtung Heliport und Fußballplatz oder am See Tasersuaq.

Essen & Trinken

Mit Walblick – **Restaurant Hotel Disko Bay:** Adresse s. Übernachten oben, Gerichte um 100 DKK. Servieren vor allem grönländische Produkte.

Fastfood – **Mikisoq Kiosk:** Poul Hansensvej 33, Tel. 91 15 11, Gerichte ab 60 DKK. Die einfachere Alternative im Ort.

Museal – **Café:** im Museum, s. S. 191. Hier kann man sich einen heißen Kaffee oder eine Limonade bestellen.

Aktiv & Kreativ

Grönländische Kultur – **Museum:** Adresse s. S. 191. Das Museum bietet Aktivitäten wie den Besuch bei einem Maler oder bei einem Künstler, der mit

Speckstein arbeitet, Maskentanz, Polka-Aufführungen sowie Vorführungen traditioneller Spiele. Am alten Bootsplatz wird im Sommer draußen gezeigt, wie das Leben der Inuit früher ausgesehen hat.

Outdoor-Touren – **Hotel Disko Bay:** Adresse s. Übernachten links. Das Hotel fungiert auch als Tourenveranstalter. Geboten werden Stadtführungen, Kaffemik, Wanderungen, Boots- und im Winter Hundeschlittentouren.

In Ilimanaq – **Oves Haus:** Adresse s. Übernachten links. Kleine Ortsführung durch Ilimanaq.

Infos

Touristeninformation: im Hotel Disko Bay, Margrethevej 34, Tel. 91 10 81, www.northgreenland.com.

Verkehr

Flug: www.airgreenland.gl. Mehrmals wöchentlich Direktflüge nach Ilulissat, Aasiaat und Qeqertersuaq.
Boot: www.diskoline.gl. Mehrmals wöchentlich Boote zu den Hauptorten der Region sowie den kleinen Siedlungen der Gemeinde. Nach Ilimanaq fährt nur ein Boot von Ilulissat aus.

Ilulissat und Umgebung ▶ D/E 15

Wenn es einen Ort in Grönland gibt, den man als Touristenhochburg bezeichnen könnte, dann Ilulissat. Der attraktiven Lage unmittelbar am Eisfjord Kangia (s. S. 206) verdankt die Stadt ihren Namen ›Eisberge‹ und ein traditionell starkes Touristenaufkommen, das seit den 1990er-Jahren durch den ›Smilla-Effekt‹ stetig wuchs und mit dem 4. Internationalen Polarjahr 2007–

2008 ganz besonders in den Blickpunkt geriet. Der Eisfjord Kangia und mit ihm Ilulissat wurden zum Symbol der Klimaerwärmung. Hier fuhr und fährt man hin, wenn man Eisberge sehen will – ungeachtet, dass im gesamten Norden die eiskalten Riesen zu Hause sind. Doch trotz der Tausenden von Touristen finden sich immer wieder Plätze der Stille – manchmal muss man einfach nur den Abend abwarten.

Bereits seit 1400 v. Chr. war **Sermermiut** direkt am Eisfjord ein beliebter Siedlungsplatz. Ausgrabungen haben gezeigt, dass sich hier noch im Jahre 1737 die mit rund 250 Menschen größte Inuit-Siedlung Grönlands befand. Der dänische Großkaufmann Jacob Severin, der 1734 die Handelskolonie Qasigiannguit gegründet hatte, sah hier einen vielversprechenden Standort und gründete 1741 einen Handelsstützpunkt etwas nördlich des Eisfjords, den er nach sich selbst Jakabshavn nannte, der dänische Name für Ilulissat. Dem Walfang, der zunehmend in dänische Hand geriet, verdankte die Siedlung ihr stetiges Wachstum, 1750 war sie mit 600 Einwohnern die größte Grönlands. 1782 wurde der Ort selbstständige Kolonie. Daneben gab es eine Missionsstation – an dem Platz, wo heute die Zionskirche steht.

Nicht nur der von den Dänen importierte Branntwein verursachte gravierende soziale Probleme, auch der Kaffeekonsum war derartig hoch, dass viele Inuit nicht mehr auf die Jagd gehen konnten. Insgesamt wurde mehr Kaffee nach Grönland gebracht, als in Dänemark konsumiert wurde. Mit Rückgang des Walfangs stagnierte die Handelskolonie, erst 1890 erfuhr sie wieder einen Aufschwung, als die Königlich Grönländische Handelsgesellschaft mit dem Heilbuttfang begann. Als Missionsstation war Ilulissat recht erfolgreich. In den Jahren 1845 bis

1875 und 1901 bis 1907 gab es hier sogar ein Seminar.

Stolz ist man in Ilulissat auf seine drei berühmten Söhne: Knud Rasmussen (1879–1933) wurde hier als Sohn eines Pastors geboren. Auf dem Weg vom Hafen in die Stadt kommt man an einem Gedenkstein zu seinen Ehren vorbei. Die Inschrift auf Grönländisch und Dänisch heißt »Grönlands treuem Sohn«. Der Autor und Pfarrer Mathias Storch (1883–1957) war der erste Grönländer, der 1953 zum Bischof ernannt wurde. Storch schrieb u.a. zwei Romane, in denen er sich schon 1914 und 1931 kritisch gegenüber der dänischen Vorherrschaft äußerte. 1921 wurde er Mitglied der Grönlandkommission und war vier Jahre Mitglied des Landesrats von Nordgrönland. Auch der Grönlandforscher Jørgen Brønlund, ein Begleiter der ›Literarischen Grönlandexpedition‹ von Knud Rasmussen im Jahre 1903, wurde hier geboren. Er wohnte längere Zeit in dem weißen Haus neben der Kirche. Auf der Danmark-Expedition 1906/07 starb er zusammen mit zwei weiteren Teilnehmern.

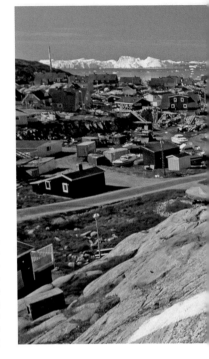

Moderne Stadtgeschichte

Wenn man heute nach Ilulissat kommt, fällt das unmittelbare Nebeneinander von Moderne und Tradition auf: einerseits zwei Fischfabriken, ein großer Hafen, seit 1984 ein Flughafen sowie Hotels, Restaurants, mehrere Tourenanbieter, ein Pisiffik-Supermarkt und große Geschäfte und andererseits rund 2500 – mehrmals täglich – heulende Schlittenhunde und Gerätschaften für die Jagd neben den kleinen Häusern und auf den Balkons der Wohnblöcke. Über 4500 Menschen leben in Grönlands drittgrößter Stadt, deren wichtigstes wirtschaftliches Standbein die Fisch- und Krabbenverarbeitung ist, doch stetig wächst die wirtschaftliche Bedeutung des Tourismus für die Stadt und ihre Bewohner.

An Sommerabenden rasen meist männliche Grönländer mit ihren Autos die Straße zum rund 5 km entfernten Flughafen entlang – das gesamte Straßennetz hat ca. 40 km, Tendenz steigend. Im Südosten der Stadt ist ein ganz neuer Stadtteil entstanden, und es wird nicht der letzte bleiben. Ilulissat ist die Hauptstadt der Kommune Avannaa, das bedeutet Zuzug der Menschen und auch ein verändertes Besitzverhalten. Wohnten früher die meisten in Mietobjekten, so wächst die Zahl der Interessenten an Eigentum

Ilulissats Lage am Eisfjord ist atemberaubend

und damit eine lange Warteliste. Doch trotz des Lebens im 21. Jh.: Im Winter geht es mit dem Hundeschlitten hinaus aufs Eis zur Jagd und zum Fischfang und dann haben diese Gefährte Vorfahrt, wie die Verkehrszeichen verdeutlichen. Architektonisch ist Ilulissat ein Nebeneinander von hübschen, bunten Einfamilienhäusern, gelungenen Neubauten und massiven Wohnblöcken aus den 1960er- und 1970er-Jahren. Als 1972 die Bergwerkstadt Qullissat auf der Disko-Insel stillgelegt wurde, zog ein großer Teil der Bevölkerung nach Ilulissat, denn hier gab es in der Fischfabrik ausreichend Arbeit. Damals baute man die Siedlung entlang des Mathias Storchsvej für die

früheren Minenarbeiter. Die ehemals aluminiumgrauen Klötze sind heute immerhin bunt und sehen etwas freundlicher aus. Die Kirche, Naalakatta Illua, wurde 1952 von dem Architekten Niels Hegelund gebaut und stand bis 1977 in Qullissat.

Rundgang

Kolonialhäuser am Hafen

Infos zu den Museen und Schlüssel im Ilulissat-Museum, s. S. 199
An das ehemalige Handelszentrum erinnern die drei Holzgebäude direkt am Hafen. Das **schwarze Lagerhaus**, Ilulissats ältestes Haus aus dem Jahre 1741,

1767 an diesem Platz errichtet, beherbergt heute eine Teilsammlung des Museums mit altem Werkzeug und Maschinen aus der Kolonialzeit. In einem weiteren alten Haus ist das **Museum für Jagd und Fischfang** untergebracht. Hier werden sowohl traditionelle als auch moderne Werkzeuge und Hilfsmittel der Inuit sowie historische Boote gezeigt. Die drei Kanonen neben dem alten Laden werden noch heute genutzt, um die Ankunft des ersten Versorgungsschiffes Mitte April anzukündigen.

Kunstmuseum

Aron Mathiesenip Aqq. 7, Tel. 94 44 43, Mai–Sept. Di–Fr, So 13–16, Okt.– April Mo–Fr 13–16 Uhr, 25 DKK

Etwas oberhalb steht ein schönes rotes Haus, erbaut von dem Architekten Helge Bøjsen Møller 1923, das Ilulissat-Kunstmuseum. Das Museum war das erste seiner Art in Grönland, eröffnet 1995. Im Zentrum der Ausstellung sind die Arbeiten des dänischen Künstlers Emanuel A. Petersen (1894–1948) zu sehen, der während seiner Grönland-Aufenthalte immer wieder die faszinierende Landschaft und das besondere Licht malte.

Fisch- und Fleischmarkt – Brædtet

Was man auf dem Weg vom Kunstmuseum zur Zionskirche nicht versäumen sollte, ist ein Besuch des Lokalmarktes Brædtet in der Nähe der zahlreichen Touristeninformationen, um ein Stück Mattak (Walhaut) zu probieren. Auch Brædtet, ein kleines klinisch sauberes Gebäude, hat den Sprung ins Jetzt geschafft.

Zionskirche

Vom Kunstmuseum aus sieht man die braune Zionskirche an der Küste stehen. Ursprünglich stand sie 50 m näher am Meer neben dem alten Ärztehaus. 1929 setzte man sie um, da Eis und Wasser der Kirche immer häufiger bedrohlich nahe kamen. Die am Eingang eingeritzte Jahreszahl 1779 gibt das Jahr der Erbauung vor dem Transport an, doch wie so oft in Grönland dauerte es einige Jahre, bis das Gebäude an Ort und Stelle stand. Der Innenraum ist in den typischen Farben Weiß, Türkis und Gelb gestaltet, die Schnee, Eisberge und die Sonne symbolisieren. Andere Interpretationen besagen, die Farben stünden für Eis, den Himmel und die Sonne. Die Taufschale stammt von 1779, die Christusgestalt schuf

Bertel Thorvaldsen (1770–1844), sie ist eine Kopie der Figur in der Frauenkirche in Kopenhagen aus den Jahren 1820/21. Im Zuge der Renovierungen 1929/30 erhielt der Innenraum eine Deckenwölbung, und dem Dach wurde ein Turm aufgesetzt. Die Porträts zeigen Hans Egede und Jørgen Sverdrup. Das obligatorische Schiff stammt aus Wismar und war ursprünglich als Geschenk für die Kirche in Qaqortoq gedacht. Doch die hatten schon eines und gaben es weiter nach Ilulissat. Jeden zweiten Sonntag wird von hier der Gottesdienst im Radio übertragen, deshalb stehen manchmal Mikrofone in der Kirche.

Der Bau der Kirche war wie in Sisimiut durch eine Sammlung in der Bevölkerung von Ilulissat ermöglicht worden. Die Initiative ging aus von dem Pastor Jørgen Sverdrup, der 1764 in die Stadt kam und 25 Jahre blieb. Bei seiner Ankunft musste er mit Befremden feststellen, dass das Christentum keinen guten Stand bei den Inuit hatte, sondern diese wieder verstärkt dem Schamanismus anhingen. Sverdrup gelang es, erfolgreich dagegen zu wirken. 1782 wurde die Zionskirche fertiggestellt. Da die Finanzierung nur mit Beteiligung der Königlich Grönländischen Handelsgesellschaft gelang, wurde zur Auflage gemacht, die Hälfte der Kirche als Krankenhaus zu nutzen, was auch bis 1904 der Fall war. Das dann errichtete Krankenhaus ist das große gelbe Gebäude in unmittelbarer Meernähe, das heute als Altenheim genutzt wird. Das neue Krankenhaus stammt aus den 1980er-Jahren.

Ilulissat-Museum

Nuisariannguaq 9, www.ilumus.gl, April–Sept. tgl. 10–17, Okt.–März Mo–Fr 12–16 Uhr, 35 DKK

Das zweigeschossige Haus wurde 1848 gebaut und hatte zwei Wohnungen sowie einen Unterrichtsraum für das Lehrerseminar. Hier wurde am 7. Juni 1879 der berühmte Schriftsteller und Polarforscher Knud Rasmussen geboren. Sein Vater Christian war damals der Pastor des Ortes. Das Museum widmet sich nicht nur dem Leben Rasmussens, sondern zeigt auch viele Exponate zur Geschichte der Region, etwa die Nationaltrachten der Frauen. Die unterschiedlichen Farben der Blusen zeigen, ob eine Frau ledig, verheiratet oder verwitwet ist. Auch die Geschichte des ehemaligen Minenortes Qullissat auf der Disko-Insel lässt sich hier anhand der Bilder gut studieren. Weitere Ausstellungsthemen sind der Eisfjord, die Siedlung Sermermiut und der Schlittenhund. Vor dem Museum stehen der Nachbau eines traditionellen Inuit-Hauses aus Stein und Grassoden sowie ein alter Trankessel aus der Zeit des Walfangs.

Wanderungen und Ausflüge

s. Karte S. 198

Spaziergänge in der Umgebung

Ein hervorragender Platz, um die **Mitternachtssonne** zu beobachten, sind die **Felsen am Hotel Arctic** auf der Landspitze gegenüber dem Stadtzentrum. Von hier hat man einen fantastischen Blick über die Disko-Bucht (Foto S. 24). Auch wenn der Spaziergang als solcher nicht so aufregend ist, lohnt sich der Gang zum **Flughafen** dennoch für alle, die nicht fliegen. Zum einen kommt man an dem schön zwischen Hotel Arctic und Flughafen gelegenen **Friedhof** vorbei, der mit seinen weißen Kreuzen vor den Eisbergen große Ruhe ausstrahlt, und zum anderen kann man den riesigen Schlitten vor dem Terminal bewundern.

Vom alten Heliport aus führt ein gelb markierter Weg in westlicher Richtung vorbei am alten Friedhof. Von dort geht es entlang der Küste zur **Kapspitze Kingittoq**, wo sich ein wunderschöner Blick auf den Fjord und die Stadt bietet. Zurück führt der Weg vorbei am Kraftwerk. Der Spaziergang dauert ca. 1,5 Std.

Der beliebteste Trip ist der Gang auf dem grün markierten Weg nach **Sermermiut** und dann in östlicher Richtung bis zum **Eisfjord** und wieder zurück (s. Entdeckungstour S. 208).

Mehrtägige Wanderungen

Auf der dreitägigen Wanderung rund um Ilulissat gelangt man zum 358 m hohen **Berg Qaqqarsuatsiaq,** der eine gute Aussicht auf Fjord und Bucht bietet. Von hier aus hält man sich südlich, bis man zu einer deutlich erkennbaren Hundeschlittenspur kommt, die in östlicher Richtung zu einer Hütte führt. Von dort weiter in nördlicher Richtung zum **See Nalluarsuup Tasia.** Von den umgebenden Höhenzügen kann man nicht nur den Eisfjord, sondern auch das Inlandeis sehen. Dem nordöstlichen Abfluss folgt man durch ein Tal und anschließend eine enge Schlucht entlang dem schmalen Flussbett des Uujuup Kuua. Von hier geht es in südlicher Richtung am Flughafen vorbei zurück in die Stadt.

Gut eine Woche dauert die Wanderung vom nördlich gelegenen Paakitsoq-Fjord über die **Hochebene Paakitsup Nuuna,** vielleicht verbunden mit einem Abstecher zum Gletscher Sermeq Avannerleq. Zum Startpunkt kann man sich mit dem Boot bringen lassen.

Siedlung Oqaatsut

Entweder als zweitägige Wanderung oder als kombinierte Bootsfahrt mit Wanderung kann man einen Besuch der kleinen Siedlung Oqaatsut gestalten. Die Wanderung von Ilulissat nach Oqaatsut ist sehr schön, einfach zu gehen und nimmt 6–8 Std. in Anspruch.

Rodebay, rote Bucht, nannten die Holländer die Inuit-Siedlung Oqaatsut wegen des Walbluts im Wasser. Im 17. Jh. war hier ein idealer Walfangplatz, und noch heute werden an der alten Anlandestelle Wale zerlegt, selbst die Jäger aus Ilulissat bringen ihren Fang hierher. Das bedeutet Fleisch für mehrere Wochen für den 50 Einwohner großen Ort.

Die schöne Lage – in westlicher Richtung die Disko-Bucht und auf der anderen Seite eine geschützte Bucht mit einigen ›verirrten‹ Eisbergen – hat schon manchen Europäer verlockt, längere Zeit in der friedlichen Umgebung zu wohnen. Die Ruhe und friedliche Atmosphäre inspiriert Autoren und Maler gleichermaßen. Im Sommer streunen die Welpen der Schlittenhunde umher und die Umgebung lädt ein zum Wandern oder für botanische Betrachtungen. Auch die Deutschen Udo und Inga Wolff haben hier ein Zuhause gefunden, vermieten Ferienzimmer und betreiben ein kleines Restaurant (s. Lieblingsort S. 202).

Übernachten

Das Hotel (des Landes) – **Hotel Arctic:** Mittarfimmut Aqq., Tel. 94 41 53, Fax 94 40 49, www.hotel-arctic.gl, Iglu 1700 DKK, DZ ab 1550 DKK. Das Hotel liegt zwar etwas außerhalb des Zentrums, aber hier ist Komfort gepaart mit einem fantastischen Blick auf Hafen und Bucht mit den Eisbergen. Ein mehrfach ausgezeichnetes Hotel. Wer das Besondere liebt, kann sogar einen komplett ausgestatteten Iglu mieten. Flughafen- und Stadttransfer. Außerdem können Gäste einen Wagen mieten (500 DKK pro Tag). Nett ist, dass die

Kilometer frei sind, so kann man gleich mehrmals alle Straßen der Stadt abfahren.

Fast am Eisfjord – **Hotel Icefjord:** Jørgen Sverdrupip Aqq. 10, Tel. 94 44 80, Fax 94 40 95, www.hotelicefjord.gl, Juni–Sept. Apartments 1050 DKK, DZ 1425 DKK. Direkt am Meer gelegen, 30 große, komfortabel ausgestattete Zimmer und wie die Terrasse mit Blick auf die Disko-Bucht und die Eisberge. Außerdem werden noch einfache Apartments angeboten, mehr in der Stadt gelegen.

Apartments – **Diskobay House:** Amaasa Fly-p Aqqutaa 3, Tel. 94 59 58, www. diskobayhouse.gl, DZ mit Aussicht 850 DKK, ohne 750 DKK, Frühstück inkl. im Hotel Icefjord. Komplett ausgestatte kleine Studios für 2 Pers.

Für Selbstversorger – **Petrines Haus (Unnuisarfik):** Peter Rosingip Aqq. 5, Tel. 94 42 10, 54 69 44, www.unnuisar fik.gl, DZ 775 DKK. Etwa 10 Min. vom Zentrum entfernt mit Blick auf die Disko-Bucht, einfache Zimmer mit Kochgelegenheit und Gemeinschaftsbad.

Einfach – **Jugendherberge:** Marralinnguaq 47–49, Tel. 94 33 77, Fax 94 43 02, www.ilulissathostel.dk, DZ 500 DKK. Einfache Zweibettzimmer, Küche, Waschmöglichkeiten vorhanden.

Camping – **Zeltplatz:** am alten Helikopterflugplatz, Buchung über World of Greenland (s. Aktiv & Kreativ S. 205), 35 DKK pro Person. Wasser und Toiletten vorhanden.

Essen & Trinken

Mit Ausblick 1 – **Restaurant Ulo:** im Hotel Arctic, Adresse s. Übernachten links, Gerichte um 200 DKK. Es ist nicht nur das gute Essen – regelmäßig wird ein leckeres grönländisches Büfett mit Wal-, Moschusochsen-, Rentier- und

Lieblingsort

Bei Udo & Inga zu Gast – das Restaurant H8 in Oqaatsut

▶ E 15

Geradezu idyllisch ist die kleine Siedlung Oqaatsut, in der Uta und Ingo Wolff seit 1997 ihre Heimat gefunden haben. Sie vermieten kleine Apartments und Zimmer und betreiben ein gemütliches Restaurant in dem ehemaligen Lagerhaus H8. Am Herd steht Uta und verarbeitet Walfleisch zu allem, was man auch aus Deutschland kennt: Braten, Gulasch, Steaks und sogar Rouladen. Wer also Walfleisch nicht auf grönländische Art probieren möchte, ist hier richtig (Schlafsackbett 280 DKK, Gerichte ab 165 DKK, Reservierungen über: Greenland Tours Elke Meissner, Tel. 94 44 11 oder direkt bei Uta & Ingo Wolff, Tel. 94 85 85, www.greenlandtours.gl).

Robbenfleisch sowie Fischen jeder Art angeboten –, sondern vor allem der herrliche Blick.

Blick auf die Eisberge – **Restaurant Icefjord:** im Hotel Icefjord, Adresse s. Übernachten S. 201, Gerichte um 200 DK. Neben dem Blick gibt es die grönländische Vielfalt und Thaigerichte. Mittags auch Hamburger und Sandwiches. Unbedingt dazu ein Bier aus der Hausbrauerei trinken, die wohl nördlichste Brauerei der Welt.

Lieblingsort – **Restaurant H8:** in Oqaatsut, Gerichte ab 165 DKK, s. S. 202.

Mit Ausblick 2 – **Hotel Hvide Falk:** Edvard Sivertsensvej 18, Tel. 94 33 43, Gerichte ab 160 DKK. Neben einem schönen Blick und grönländischen Spezialitäten gibt es auch noch exotische Thaigerichte.

Szenic – **Café Iluliaq:** im Cab Inn Hotel, Fredericiap Aqq. 5, Tel. 94 22 42, Gerichte ab 100 DKK. Ein echtes Café, wie man es in einer Großstadt antreffen würde mit leckeren kleinen Gerichten und Terrasse.

Fastfood – **Imbiss:** in der Sporthalle. Die üblichen Schnellservice-Gerichte.

Einkaufen

Für Selbstversorger – Zahlreiche Lebensmittelgeschäfte, darunter ein Pisiffik (Supermarkt), mit einer großen Auswahl auch an fertigen Gerichten. Ebenfalls gute Bäckereien.

Karten und Bücher – In den Läden der Tourenanbieter bekommt man neben Büchern über die Region und Karten auch Kunsthandwerk.

Leder- und Fellprodukte – **Fellverarbeitungswerkstatt:** Mathias Storchsvej, gegenüber der Kirche. Hochwertige Waren.

Das Besondere – **Glacier Shop:** Kussangajannguaq 14. Neben Souvenirs und Kunstgewerbe findet man hier ausgesuchte Fellkleidung und auch Bekleidung von grönländischen Designern.

Aktiv & Kreativ

Oqaasut-Spezialist – **Greenland Tours Elke Meissner:** Kussangajannguaq 18, Tel. 94 44 11, Fax 94 64 24, www.greenlandtours.gl, Juni–Sept. Mo–Sa 9–18, So 11–14, Okt.–Mai Mo–Fr 10–16 Uhr. Elke Meissner gründete 1977 das Unternehmen und ist zudem Honorarkonsulin der Bundesrepublik Deutschland. Vorteil: Hier spricht man Deutsch. Angebot: Bootsfahrten, Wanderungen nach Sermermiut, Stadtführung, Wanderung nach Oqaasut (Rodebay) und zum Inlandeis. Restaurant und Unterkünfte in Oqaasut gehören zum Unternehmen.

Bootsfahrten und Campaufenthalte – **Tourist Nature:** Kussangajannguaq 5, Tel. 94 44 20, Fax 94 46 24, www.ilulissattn.com, tgl. Juni–Sept. 8–20, Okt.–Mai 9–17 Uhr. Bootstouren, außerdem können Boote auch gechartert werden. Walbeobachtung, Hochseeangeln und Angeltouren. Hundeschlittenfahrten von wenigen Stunden bis zu anspruchsvollen 10- oder14-tägigen Touren. Kajakverleih für Touren auf dem See oder Meer. Bootstouren zu den kleinen Siedlungen, und vor allem gehört das Ataa Summer Camp (s. S. 207) zum Unternehmen, entsprechende Angebote.

Hundeschlittenfahrten – **Inuit Travel Ilulissat:** Nammaarfik 1230-2b, Tel. 94 36 64, www.inuittravel.gl. Arbeiten vor allem mit Leuten der Region zusammen, Fischern, Jägern und grönländischen Tourenführern. Schwerpunkt liegt auf Hundeschlittentouren, u. a. bieten sie den Besuch einer Fütterung an. Außerdem Bootsfahrten zum Fischen, im Winter auch Eisfischen, kleine Wanderungen zum Eisfjord sowie die Möglichkeit, die traditionelle grönländische Küche kennenzulernen – draußen. Besondere Winterattraktion: Eisgolf auf dem Fjord.

Eqi-Gletscher – **World of Greenland:** Kussangajannguaq 7, Tel. 94 43 00, www.worldofgreenland.com, Juni– Sept. tgl. 9–18, Okt.–Mai Mo–Fr 9–17 Uhr. Helikopterflug zum Inlandeis und über den Eisfjord, Hundeschlittentouren unterschiedlicher Länge, auch Führung zu grönländischen Hunden. Bootsfahrten, Wanderungen, außerdem gehört das Camp am Eqi Sermia zum Unternehmen, entsprechende Touren. Man kann alle Touren über das Internet vor der Reise buchen.

Abends & Nachts

In den Hotels gibt es angenehme Bars.
Diskothek – **Naleraq Bar:** Kussangajannguaq 23. Bar, am Wochenende auch Livemusik und Diskothek.
Kulturell – **Ilulissat Kulturhus Sermermiut:** Alanngukasik 2, Tel. 94 25 00, sermermiut@greennet.gl. Theateraufführungen, Filme und andere Kulturprogramme.

Infos & Termine

Destination Avannaa: Kussangajannguaq 20 B, Tel. 94 33 37. Touristeninformation für Ilulissat und den ganzen Norden.

Verkehr
Flug: www.airgreenland.gl. Ilulissat wird täglich mehrmals von Kangerlussuaq angeflogen, von hier aus sind weitere Flugverbindungen in den Norden und auf die Disko-Insel möglich.
Schiff: www.aul.gl. Regelmäßige Verbindung in den Süden bis nach Nanortalik mit dem Küstenschiff.

Mein Tipp

Vergoldete Disko-Bucht
Den größten Zauber haben die Eisberge im goldenen Schein der Mitternachtssonne, insofern ist eine Bootsfahrt um diese Zeit eine besondere Erfahrung. Fast zum Greifen nah kann man die Riesen aus dem Eisfjord erleben. Nicht weniger faszinierend ist der häufig kalbende Eqip Sermia, stundenlang kann man diese imposante Eiswand bestaunen, und mit Sicherheit brechen Eisbrocken ab. Wer eine nächtliche Bootsfahrt scheut, kann auch um Mitternacht auf die Terrassen des Hotel Arctic (s. S. 201) gehen und den Blick auf die Disko-Insel, das metallisch schimmernde Meer und die rosafarbenen Eisberge genießen (s. Karte S. 198). Es ist einer der Orte und Momente, die sich wirklich unvergesslich einprägen: Es ist der reale Traum von Grönland – kitschig schön.

Boot: www.diskoline.gl. Regionalboote der DiskoLine fahren zu den Orten der Disko-Bucht und nach Uummannaq. Außerdem kann man Rundreisen in der Diskobucht mit Hotelaufenthalt buchen oder auch Boote chartern.
Taxis: Tel. 94 49 44. Taxis gibt es ausreichend in der Stadt.

Termine
Arctic Palerfik (April): ein Wochenendausflug auf dem Hundeschlitten für die ganze Familie zu den schönsten Plätzen.
Arctic Midnight (Juli): Orientierungslauf in der Mitternachtssonne. Es ist eine Strecke von 20 km zu bewältigen, Teilstrecken sind auch möglich.

Eisfjord Kangia❗ ▶ D/E 15

Das wahre touristische Highlight von Ilulissat ist der Eisfjord, Weltkulturerbe der UNESCO seit 2004. Der Fjord ist heute 55 km lang und 7 km breit, die auf ihm treibenden Eismassen stammen vom produktivsten Gletscher der nördlichen Hemisphäre, dem Sermeq Kujalleq. Jährlich produziert er rund 70 Mio. t Eis. Etwa 600 km von der Abbruchkante entfernt setzt sich das Eis in Bewegung. Dort hat das Inlandeis eine Stärke von 3 km und wird zu den Eisfjorden an den Küsten gepresst. Sermeq Kujalleq wird aus zwei Gletscherströmen gespeist. Die beiden vereinigen sich zu einem gewaltigen Strom, der an der Abbruchkante eine Geschwindigkeit von 40 m pro Tag hat. Die riesigen Abbruchstücke von rund 1000 m Dicke können zunächst frei im Fjord treiben, denn hier hat der Meeresarm eine Tiefe von 1200 m. 10–30 % eines Eisberges ragen aus dem Wasser, der mächtige Rest schwimmt unter dem Meeresspiegel. Die ›Fahrt‹ wird begünstigt durch die Temperatur, die am Boden der Berge rund 0 °C beträgt, während der Eisberg ansonsten konstant eine Temperatur von −10 °C hat.

An der Mündung zur Disko-Bucht hat der Fjord nur noch eine Tiefe von 200 m, weshalb ein Rückstau der Eisberge in den Fjord entsteht. Nur die kleineren Berge oder abgebrochene Stücke der Giganten treiben ins offene Meer. Doch selbst diese Stücke sind noch so groß, dass sie auf ihrer langen Reise – zunächst nördlich in die Baffin-Bucht und anschließend entlang der kanadischen Küste – erst auf der Höhe von New York endgültig schmelzen.

Große Eisberge wiegen über 1 Mio. t, die meisten haben jedoch lediglich ein Gewicht von 200 000 bis 300 000 t. Größe und Instabilität der gefährlichen Riesen brachte schon so

manches Boot und manches Schiff zum Sinken. Das wohl prominenteste Opfer war die Titanic auf ihrer Jungfernfahrt 1912, vermutlich kam der Eisberg von Westgrönland. So hat eine Bootsfahrt in der Nähe der Mündung entlang der Eispaläste und unter den Eistoren hindurch einen besonderen Thrill. Schon die geringste Erschütterung – z. B. Schallwellen eines hohen Tons – kann genügen, um einen durch Wetter und Brandung instabil gewordenen Eisberg zerbrechen oder rotieren zu lassen. Die dabei entstehenden Flutwellen der mehr als 50 m hohen Kolosse können Boote zum Kentern bringen. Doch die Grönländer kennen die Zeichen des Eises und beherrschen die Boote, und deshalb ist, nicht nur zur Zeit der Mitternachtssonne, wenn die Berge z. T. in Goldtönen schimmern, eine Schiffstour ein besonderes und gefahrloses Erlebnis (s. Mein Tipp S. 205).

Noch beeindruckender ist ein Helikopterflug über den Fjord zum Gletscherrand. Die Greenlandair-Piloten zeigen, dass sie Meister ihres Faches sind. Man fliegt auf Höhe der Eisberge, kann ihre Struktur genau betrachten, auf manchen Eisflächen haben sich türkisblaue Seen gebildet. Man sieht die vielen Robben, die sich auf den Eisschollen tummeln. Viele von ihnen sind mit dem Geräusch des Helikopters wohl schon so vertraut, dass sie nicht ins Wasser flüchten. Vom festen Land erblickt man dann die riesige, zerklüftete Eiswand, die in den betörendsten Blautönen glänzt. Auf dem Rückflug gibt es noch eine kurze Runde über die Stadt.

Bis 2006 war die Gletscherzunge des Sermeq Kujalleq unterspült, doch das rasant schnelle Abschmelzen des Eises aufgrund der Klimaerwärmung hat dazu geführt, dass die Eiskante jetzt auf dem Land liegt. Für die Zukunft heißt das, dass die Produktion der riesigen Eisberge nicht mehr passiert, denn die Giganten entstehen nur, wenn schwimmende Eisflächen abbrechen. Doch ohne Eis wird der Fjord dennoch nicht sein, weiterhin werden kleinere Stücke auf ihm treiben. Wer die wild gezackten Eisgebirge im Eisfjord vom Boden aus bewundern möchte, dem sei eine Wanderung von Ilulissat über Sermermiut zum Kangia empfohlen (s. Entdeckungstour S. 208).

Ataa Summer Camp ▶ E 14

Die Siedlung Ataa, ca. 60 km Luftlinie nördlich von Ilulissat an der Ostseite der Insel Alluttoq, wurde im Zuge des G-60-Programms in den 1960ern aufgegeben. 1997 kam der Ort für die Filmarbeiten zu »Fräulein Smillas Gespür für Schnee« zu neuen Ehren. Man errichtete einige Häuser, die jetzt als Feriencenter genutzt werden und wunderschön direkt zwischen Küste und dem großen See Tasersuaq liegen. Außer Wanderungen und Angeln wird eine Vielzahl weiterer Aktivitäten geboten: Kajakfahren, Windsurfen auf dem See, Bootsausflüge mit Robben- und Walbeobachtung oder Wanderungen zur Eiskante und ins alte Ritenbenk (s. S. 210). Natur pur, ruhig und vor allem ideal, wenn man an Flora- und Faunastudien interessiert ist.

Übernachten, Essen

Wildnis – **Tourist Nature:** Adresse s. Aktiv & Kreativ S. 204, Gerichte 165 DKK, DZ 530 DKK. Das Summer Camp gehört zu dem Tourenveranstalter in Ilulissat. Reservierung dort. Transfer inkl.

Icecamp Eqi ▶ E 14

Icecamp Eqi liegt an der Festlandsküste direkt am kalbenden Gletscher Eqip Sermia, entlang dessen Rand man bis zum Inlandeis wandern kann. Eqip Sermia liegt rund 70 km nordöstlich von Ilulissat. Zwischen 30 bis 100 m ragt die Eiswand empor, die sich täglich 2–3 m bewegt. An den Felswänden der umgebenden Höhenzüge kann man deutlich erkennen, wie weit sich der Gletscher schon zurückgezogen hat, ca. 2 km in den letzten 90 Jahren. Doch immer noch ist die Eiswand mit ihren 4 km Breite sehr beeindruckend.

Außer Wanderungen werden Bootsfahrten und die Möglichkeit angeboten, sich als Goldschürfer am Fluss Eqip Kuussua zu betätigen. Die Ausrüstung wird zur Verfügung gestellt. Eqi ist ein komfortabler Aufenthaltsort, der die Kombination von Abenteuer und Vollpension bietet. Von hier aus startete der Schweizer Forscher Alfred de Quervain 1912 seine Eisdurchquerung nach Tasiilaq (s. S. 59). Die Hütte der französischen Forschungsexpedition E.G.I.G. in den 1940er- und 1950er-Jahren ist in Zusammenarbeit mit der französischen Regierung restauriert worden und wird jetzt als Museum genutzt. Der damalige Expeditionsleiter war Paul Emile Victor.

Übernachten, Essen

Gletscherwelt – **World of Greenland:** Adresse s. Aktiv & Kreativ S. 205, pro Pers.1295 DKK. Zweitägige Aufenthalte mit Wanderungen, einer Übernachtung in einer 2er-Hütte, Verpflegung sowie Transfer.

Qeqertaq und Saqqaq
▶ D/E 14

Drei weitere Siedlungen gehören noch zur Kommune Ilulissat: Ilimanaq im Süden (s. S. 193) sowie Qeqertaq (140

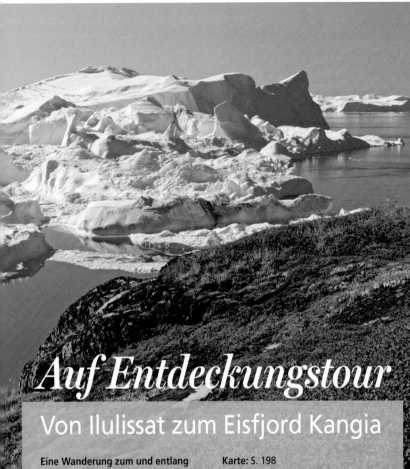

Auf Entdeckungstour

Von Ilulissat zum Eisfjord Kangia

Eine Wanderung zum und entlang dem Eisfjord ist nicht nur relativ einfach zu machen, sie zählt sicher auch zu den schönsten Erlebnissen in dieser Region. Wie eine geschlossene Eisdecke sehen die dicht an dicht liegenden Eisberge aus. Erst wenn man davor steht, erkennt man die Umrisse der einzelnen Blöcke, zwischen denen das eisblaue Wasser des Fjords schimmert.

Karte: S. 198

Info: Die Wanderung wird auch als geführte Tour ab Ilulissat angeboten.

Dauer: 2–4 Std. hin und zurück

Hinweis: Das Gebiet ist sowohl denkmal- als auch naturgeschützt, entsprechend muss man den markierten Wegen folgen. Die Ruinen dürfen nicht betreten werden.

Der Weg zum Eisfjord führt von Ilulissat-Zentrum in südlicher Richtung am alten Helikopterflugplatz vorbei. Dort findet man eine Tafel mit Informationen. Zunächst folgt man dem Holzsteg, der zum Schutz der empfindlichen Vegetation verlegt wurde.

Sermermiut, die alte Siedlung

Als Erstes fallen die Grundmauern eines alten Inuit-Winterhauses am Wegesrand auf. Das Haus war ursprünglich höher und hatte als Dach eine Konstruktion aus Treibholz oder Knochen, z. B. vom Wal, über die gegerbte Felle gespannt waren. Im Sommer nahm man das Dach ab und überließ Wind und Wetter die ›Reinigung‹ des Hauses. Die Ruine gehört zur alten Siedlung Sermermiut, die 150 m weiter in einem breiten Grastal direkt am Meer liegt. Zahlreiche kleine Hügel weisen auf die ehemaligen Gebäude hin, an manchen Stellen lassen sich die Grundrisse noch erahnen. Ausgrabungen, die in den 1950er-Jahren begannen, haben ergeben, dass jede Inuit-Kultur, die in Grönland siedelte, sich hier niedergelassen hatte. Die ersten Menschen lebten hier um ca. 2000 v. Chr., die letzten verließen den Platz 1850.

Direkt am Strand sind noch die freigelegten Kökkenmöddinger – die Küchenabfallhaufen – zu erkennen, die den Archäologen wichtige Aufschlüsse lieferten. Zahlreiche Knochen von Seehunden aus früheren Jahrhunderten liegen hier herum (keine Souvenirs!).

Die Altweiberschlucht

Von der Ruine führt der markierte Pfad zur östlich gelegenen Schlucht **Kællingekløften** (Altweiberschlucht). 35 m tief ist der Steilrand, von dem sich in früheren Jahrhunderten vor allem die alten Frauen bei Hungersnöten hinunterstürzten. Der Freitod der Alten gewährleistete, dass Kinder und junge Leute am Leben bleiben konnten und die Siedlung nicht ausstarb. Diese Praxis galt nur in Notsituationen, ansonsten genossen die Alten durchaus großes Ansehen in der Gemeinschaft.

Hier an der Schlucht ist man dem Fjord sehr nahe. Die Luft ist erfüllt vom Sauerstoff, der frei wird, wenn regelmäßig kleine Stücke von den Eisriesen abbrechen. Immer wieder hört man ein Knacken und Krachen, und erst wenn sich die Wasseroberfläche bewegt, erkennt man, wo der Bruch stattgefunden hat.

Die Sonne begrüßen

Von der Schlucht geht der Weg über die Felsen parallel zum Eisfjord zu dem Hügel **Seqinniarfik** (Holms bakke), an dessen östlichem Hang zwei Inuit-Gräber liegen. Jedes Jahr am 13. Januar um 12.45 Uhr kommen die Bewohner Ilulissats auf dem Hügel zusammen, um die Sonne zu begrüßen, die sich nach sechswöchiger Abwesenheit kurz am Horizont zeigt. Aber auch im Sommer ist es ein wunderschöner Platz, von dem man einen herrlichen Blick auf den Fjord hat. Von Seqinniarfik verläuft ein Weg – rote Markierung – in nördlicher Richtung zur Stadt zurück. Er kommt direkt am alten Heliport aus und führt an einem der städtischen Hundeplätze vorbei.

Wenn man die Tour erweitern möchte, so folgt man der blauen Markierung, die weiter parallel zum Fjord in Richtung Inlandeis verläuft. Entweder macht man den Bogen durch ein Tal, das zu einem See führt, und zweigt dann westlich durch eine Schlucht ab, sodass man am Steinbruch und wieder in besiedeltem Gebiet auskommt, oder man geht solange man Lust hat und anschließend auf Sicht über die Felsenerhebung **Qilakitsoq** auf Ilulissat zu.

Einw.) und Saqqaq (170 Einw.) rund 80 km weiter nördlich auf der Halbinsel Nuussuaq. **Qeqertaq** liegt auf einer Insel und ist daher als Ausgangspunkt für größere Touren nicht geeignet. Hin und wieder machen die Eisberge die Zufahrt zur Insel unmöglich.

Geologisch teilt sich die Halbinsel Nuussuaq in zwei Teile: Der östliche Teil von **Saqqaq** bis zum Inlandeis besteht überwiegend aus Gneis und ist rund 1,5 Mrd. Jahre alt; der westliche Teil ähnelt in der Struktur der Disko-Insel mit den Basaltbergen, die vor rund 60 Mio. Jahren entstanden. Saqqaq selber war einer der Siedlungsplätze der nach dem Ort benannten Saqqaq-Kultur. Während der Kolonialzeit wurde hier 1755 die Kolonie **Ritenbenk** gegründet, die 1781 nach Appat auf der Insel Alluttoq verlegt wurde. **Appat** war ein blühender Fischereiort, und noch in den 1930er-Jahren lebten hier mehr Menschen als in Ilulissat. Während des Zweiten Weltkrieges wurde der Ort für militärische Zwecke genutzt, und die Bewohner mussten ihn verlassen. Heute dienen die ehemaligen Kolonialhäuser als Sommercamps für Schüler. Die Gebäude stehen unter Denkmalschutz.

Saqqaq, was so viel wie ›Sonnenseite‹ bedeutet, ist ein geradezu ›lauschig‹ gelegener Ort, dessen Bewohner von der Arbeit in der Fisch und Fleisch verarbeitenden Fabrik sowie vom Fischfang leben. Allgemein sind die Wetterverhältnisse hier stabiler als in den südlicheren Küstenorten der Bucht. Saqqaq hat eine hübsche Kirche aus dem Jahr 1908 und gilt als besonderer Tipp für Leute, die die Einsamkeit und das friedliche Leben in einer kleinen Siedlung suchen.

In der Neuzeit ist die Siedlung durch die Gewächshäuser und den Garten des ehemaligen Siedlungsverwalters Hannibal Fencker bekannt geworden.

Er hat dazu beigetragen, dass aus Saqqaq eine Art Mustersiedlung mit einer intakten Dorfgemeinschaft wurde. Neben dem Anbau von Gemüse sorgte er auch für ein Waisenhaus und einen Stromgenerator.

Wanderungen

Wanderer können mehrtägige Touren zu dem großen, zentral auf der Halbinsel gelegenen **See Saqqap Tasersua** unternehmen, oder man lässt sich von Uummannaq (s. S. 222) an die Nordseite der Halbinsel nach **Kuussuup Nuua** bringen und läuft nach Saqqaq. Diese Tour ist nur für erfahrene Wanderer geeignet und dauert 10–14 Tage.

Übernachten

Für den allgemeinen Tourismus ist der Ort nur bedingt geeignet, da keine offiziellen Unterkünfte vorhanden sind, wohl aber lässt sich etwas über den Touristservice **Destination Avannaa** in Ilulissat (s. S. 205) organisieren.

Qeqertarsuaq – Disko-Insel ▮ ▶ C/D 14/15

Die Disko-Insel – grönländisch Qeqertarsuaq, ›die große Insel‹ – befand sich nicht immer an diesem Platz, so heißt es zumindest in einer Erzählung. Ursprünglich – wann immer das war – lag sie in Südgrönland. Einige Festlandsbewohner fühlten sich durch die Insel gestört, denn sie behinderte den freien Zugang zum Meer. Daraufhin beschlossen zwei alte Männer, Nevingasilernak und Nivfigfarsuk, mithilfe von Zauberkräften die Insel woandershin zu bewegen. Sie befestigten das Haar eines kleinen Kindes an dem Eiland und an ihren Kajaks. Aber ihr Ge-

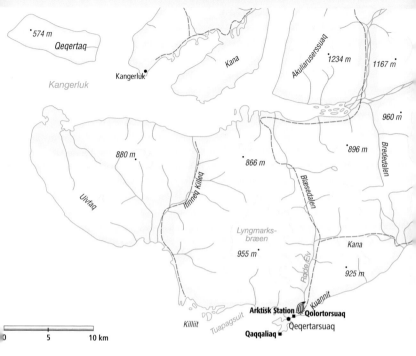

genspieler Kiviaritajak wollte, dass die Insel an ihrem Platz blieb. Deshalb band er an die andere Seite einen Riemen aus Robbenleder, um dagegen zu ziehen. Die beiden Alten setzten sich in ihre Kajaks, sangen die Zauberverse, und der Riemen riss. So zogen sie die Insel in den Norden und platzierten sie vor Ilulissat, wo sie noch heute liegt.

Neben der mythologischen Entstehungsgeschichte gibt es auch eine geologische. Die Disko-Insel ist durch unterseeische Vulkanausbrüche vor 55 bis 65 Mio. Jahren entstanden. Ihre Form – Tafelberge aus Basalt und dazwischen tiefe Täler – erhielt sie während der letzten Eiszeit. Den vulkanischen Ursprung findet man an vielen Stellen, etwa an der Küste bei Kuanneq oder den warmen Quellen in der Umgebung, die mit ihren 7 bis 8 °C Wassertemperatur für eine üppige Vegetation sorgen.

Qeqertarsuaq – Ort ▶ D 15

Der Ort Qeqertarsuaq liegt auf der Südseite der Insel. In seiner Nähe hat man zwar Spuren von 4000 Jahre alten Wohnplätzen gefunden, doch die damaligen Inuit haben sich hier wahrscheinlich nur kurz auf ihrer Wanderung aus dem Norden aufgehalten. Die ersten Siedler gehörten zur Dorset-Kultur vor 2000 Jahren, allerdings hinterließen sie nur Waffen und Fanggeräte. Es heißt, auch Erik der Rote habe diese Insel bei seinen Erkundungen Grönlands betreten.

Die Kolonialgeschichte des Ortes beginnt 1773, als der Walfänger Svend Sandgreen hier eine Station gründete. Der günstige Naturhafen und der Walreichtum in der Bucht machten den Platz zu einem attraktiven Anlegeort, der deshalb auch den Namen Godhavn, dänisch ›Guter Hafen‹, erhielt. Im Stadtwappen mit dem Wal wird der Tradition Rechnung getragen.

In der ersten Hälfte des 18. Jh. lebten auf der gesamten Insel rund 200 Menschen, doch die meisten waren Zeltbewohner, also nur vorübergehend hier. Mit dem Auf- und Ausbau der Kolonie verbesserten sich die Handelsbedingungen, und immer mehr Inuit sowie Matrosen und Handwerker siedelten sich hier an. Die alte Walanlandungsstelle liegt an dem Walausguck Qaqqaliaq. Dänemark mit seinem Handelsmonopolanspruch machte daraus die nördlichste Bastion gegen die Walfangaktivitäten der Holländer, Deutschen und Engländer. Die anderen Orte an der Disko-Bucht sind aus denselben Gründen entstanden. Qeqertarsuaq wurde 1782 zum Verwaltungszentrum für Nordgrönland. Von hier aus wurden die Waren aus Dänemark im Norden verteilt und die Fänge der Jäger eingesammelt. Die Ausbeute war sehr unterschiedlich, 1801 z. B. war ein sehr ertragreiches Jahr: 247 Fässer Walspeck, 78 Fässer Robbenspeck, 30 Fässer Haileber, 14 000 Barten und zahlreiche Felle. Die Hauptaufgabe des damaligen Inspektors bestand darin, die Bevölkerung vor den Übergriffen der Kaufleute zu beschützen.

1807 brach die Verbindung zwischen Dänemark und Qeqertarsuaq aufgrund der Napoleonischen Kriege ab. Vorübergehend kamen Versorgungsschiffe aus England und Russland. Als 1813 der dänische Staat in einer finanziellen Krise steckte, gab man Godhavn als Handelskolonie auf, und

1849/50 ordnete der damalige Inspektor die Einstellung des Walfangs an.

Die Doppelverwaltung – Qeqertarsuaq im Norden und Nuuk im Süden – blieb dennoch bis 1940 bestehen, 1950 legte der Landvogt von Qeqertarsuaq endgültig sein Amt nieder. Heute leben rund 1000 Menschen in Qeqertarsuaq und noch 50 in der Siedlung Kangerluk. Die wirtschaftliche Basis ist die Fischerei, der Fang wird in der Royal-Greenland-Fabrik verarbeitet. Obwohl Qeqertarsuaq von seiner Einwohnerzahl her relativ klein ist, ist es flächenmäßig recht groß, da hier überwiegend Einfamilienhäuser stehen. Diese lockere und bunte Bebauung macht es zu einer recht hübschen Stadt, die zudem ein kleines Krankenhaus sowie Schule und Kindergarten besitzt.

Kolonialgebäude

Viele Häuser in der Nähe des Hafens stammen noch aus der Kolonialzeit. Sehr schön ist die **Anlegebrücke Kongebroen**, Königsbrücke, mit dem Tor aus Walknochen. Die Kanonen stammen noch aus der Walfängerzeit und mit ihnen verbindet sich eine amüsante Geschichte:

Die Inuit und Dänen hatten einen großen Wal gefangen, den sie aber wegen des Eises nicht an Land bringen konnten. Sie markierten den Wal mit einer Flagge, sodass alle sahen, dass er ihnen gehörte. Englische Walfänger hatten den Wal auch gesehen und wollten ihn stehlen. Die Inuit baten daraufhin den Inspektor von Godhavn um Hilfe. Der schrieb seinerseits einen Brief mit der Bitte um Unterstützung an ein niederländisches Walfängerschiff, das in der Nähe des Hafens lag. Da die Niederländer den Brief aber nicht verstanden, gingen sie an Land, um ihn übersetzen zu lassen. Die Engländer ihrerseits verstanden den Landgang als Verbrüderung gegen sie und

Traditionell trocknen viele Grönländer Fisch auf Holzgestellen

zogen ab. Zum Schutz vor fremden Walfängern setzte man daraufhin die Kanonen an den Hafen, nur wusste keiner, wie man sie bediente. Heute begrüßt man mit ihnen das erste Schiff des Jahres.

Museum

An der Anlegebrücke, Tel. 92 11 53, Juni–Sept. Mo–Fr 12–16, Okt.–Mai Mo–Fr 13–17 Uhr, 20 DKK
Das Museum ist in dem ehemaligen Haus des Inspektors untergebracht und wurde 1840 aus pommerschen Planken gebaut. Das Gebäude diente als Wohnung, Verwaltungsgebäude, Handelsdepot und Versammlungslokal, in dem alle repräsentativen Treffen stattfanden. Nachdem das Inspektorat des Landvogts aufgelöst worden war, war hier bis 1980 eine Arztpraxis untergebracht, danach eine Wohnung und seit 1992 das Museum.

Die Sammlungen verteilen sich über zwei Etagen. Es werden Exponate der Fängerkultur gezeigt, einige Funde von archäologischen Ausgrabungen und natürlich Objekte aus der Walfänger- und Kolonialzeit. Mit der Harpune vor dem Museum wurde der Wal getötet, dessen Kieferknochen hier zu sehen sind. Amüsant ist die permanente Ausstellung mit Weihnachtsdekorationen und die Sammlung, die dem Werk Jakob Danielsens gewidmet ist. Dieser wurde 1888 in Kangerluk auf der Disko-Insel geboren und zog mit 18 Jahren nach Qeqertarsuaq. Er war ein großer Fänger, viele seiner Bilder stellen dieses Thema dar. Als Danielsen 1938 starb, hinterließ er eine Sammlung von 700 Bildern. 21 Gemälde und 124 Kopien sind hier im Museum.

Kirche

Etwas erhöht im Ortskern fällt die achteckige Kirche auf, die 1914 von dem Architekten Helge Bojsen-Møller gebaut wurde. Die spezielle Form hat der Kirche den Spitznamen ›Tintenfass unseres Herrn‹ eingebracht. Die vorherrschenden Farben innen sind Blau, Rot und Gelb. Statt des üblichen Segelschiffs hängt hier ein Umiak. Die Figuren über der Tür stammen von dem Schiff ›Tuberkulose‹ und waren ein Geschenk von Studenten des ersten Bischofs Istar Emundsen.

Wanderungen

s. Karte S. 211

Spaziergänge um Qeqertarsuaq
Qaqqaliaq (dän. Udkiggen = Ausguck) ist nicht nur der südlichste Punkt der Stadt – er liegt außerhalb der Bebauung –, sondern auch der Insel. Von hier wurde Ausschau nach Walen gehalten. Auf dem 1- bis 1,5-stündigen Weg dorthin kommt man an einigen Inuit-Gräbern vorbei. Noch heute gehen die Jäger im April und Mai hierher, um zu sehen, ob das Eis aufbricht, und die Wind- und Wetterbedingungen auf dem Meer zu beobachten. Man hat nicht nur einen schönen Blick auf die Hafeneinfahrt und die Basaltberge, sondern kann auch hervorragend Wale beobachten. In den alten Zeiten standen den hier Walkiefer, aber die wurden bei einem Sturm 1965 zerstört, das jetzige Aussichtsmonument ist massiver.

Zur **Arktisk Station** geht man durch die ganze Stadt, vorbei an der Fabrik, dem Hafen und der Kirche, bis zu einem See. Geradeaus liegt der Heliport, und links führt ein Weg zur Station. Die Arktisk Station wurde 1906 als wissenschaftliche Forschungsstation gegründet und gehört seit 1953 zur naturwissenschaftlichen Fakultät der Universität Kopenhagen. Die Gründung erfolgte auf Initiative des Botanikers Morten P. Porsild (1872–1956), der 1898 an einer geologischen Expedition auf die Disko-Insel teilnahm.

Porsild war überrascht von der artenreichen und üppigen Natur vor Ort, er baute die Station auf und war bis 1946 ihr erster Leiter. In der Zeit legte er den einzigartigen Grundstock für die Sammlung arktischer Pflanzen. Die Station fungiert als sowohl wissenschaftliches als auch kulturelles Zentrum für Nordwestgrönland und wird heute von einer Kommission unterschiedlicher Wissenschaftler geleitet, die in den Bereichen Botanik, Zoologie, Geografie und Geologie ganzjährig forschen und lehren. Auch Gäste aus der ganzen Welt können einige Zeit Feldforschung betreiben. Insgesamt gibt es vier Gebäude, in dem zweigeschossigen Bau aus der Zeit von Porsild sind heute Gästezimmer, Aufenthaltsräume und ein Klassenraum untergebracht. Interessant sind die Bibliothek, die größte naturwissenschaftliche in Grönland, mit einer kleinen Sammlung alter Laborinstrumente und die umfangreiche botanische Sammlung. Lyngmark Tours bietet Führungen an (s. Aktiv & Kreativ S. 217, 1 Std. 150 DKK).

Wanderungen ab der Arktisk Station
Die Arktisk Station ist ein guter Ausgangspunkt für weitere Wanderungen. Man folgt der Straße parallel zur Küstenlinie, am Heliport vorbei zum **Røde Elv,** dem roten Fluss, der seinen Namen zahlreichen Gletscherabflüssen verdankt, die rötlichen Sand hierher transportieren. Der Weg führt weiter zur Ionosphärenstation, die ein Stück flussaufwärts liegt. Über eine Brücke gelangt man auf das gegenüberliegende Ufer. Ca. 3 km vom Fluss entfernt befindet sich an der Südküste eines der faszinierendsten **Basaltfelder** Grönlands. Zu Rosetten, Halbkreisen, Toren und Skulpturen haben sich die sechseckigen Basaltsäulen formiert.

Dazu kommt eine üppige Vegetation: Engelwurz, der eine Höhe von 1,5 m erreicht, zahlreiche Moosarten, die teilweise in phosphoreszierendem Grün leuchten, Zwergpappeln und Weidenbüsche. Dieser fruchtbare Platz heißt **Kuannit**, Platz des Engelwurz. Zurück kann man etwas erhöht über ein Plateau gehen, von dem man einen herrlichen Blick auf das Meer und die Eisberge hat. Insgesamt ist man 3–4 Std. unterwegs.

Am Røde Elv ist auf der Höhe von **Qolortorsuaq** ein schöner Wasserfall, der hier über mehrere Stufen in einen Pool stürzt. Der Weg führt von der Brücke aus über die Heide in das Tal Blæsedalen, ist gut zu erkennen und leicht zu gehen. Die Landschaft und vor allem der Wasserfall geben mit den für die Insel charakteristischen Tafelbergen einen guten Eindruck der vulkanischen Prägung. Für diesen Abstecher muss man weitere 1–2 Std. einplanen.

Gletscher Lyngmarksbræn

Eine 5- bis 8-stündige Wanderung führt auf den Gletscher Lyngmarksbræn, wo die Möglichkeit zur Hundeschlittenfahrt besteht. Man kann die Tour selbst organisieren, muss jedoch einen Tag vorher bei Lyngmark Tours die Hundeschlittenfahrt buchen (1,5 Std., 760 DKK). Der Weg auf 800 m Höhe ist mäßig anstrengend, für die Mühen entschädigt der wunderbare Blick auf Qeqertarsuaq. Einige Abschnitte sind steil und durchaus unwegsam. Auf dem Gletscher gibt es ein Mittagessen, und wer will, kann dort auch übernachten, aber die Tour lässt sich gut an einem Tag bewältigen.

Mehrtägige Touren

Für größere Wandertouren gibt es auf der Disko-Insel mehrere Möglichkeiten, abhängig von der Kondition und dem Zeitaufwand. Beliebt sind Touren durch die Täler **Itinneq Killeq** im Westen, **Blæsedalen** direkt bei Qeqertarsuaq und **Brededalen** im Osten. Verlaufen kann man sich nicht, wenn man sich immer an den Flussläufen orientiert. Wichtig ist nur, genügend Zeit und Verpflegung zu haben, außerdem trägt Blæsedalen, Windtal, seinen Namen nicht umsonst: Es kann dort zu heftigen Stürmen kommen. Der Weg nach Itinneq Killeq führt entlang der steilen Küste und ist etwas mühsam zu gehen, am besten bewegt man sich weiter oben. Unterwegs passiert man einen schönen Strand an der Mündung des Flusses Tuapagsuit. An der Strecke liegt Killiit, auch Fortune Bay genannt, eine ehemalige holländische Walfangstation. Die Rundwanderung durch die Täler dauert etwa fünf Tage.

Übernachten

Mit Komfort – **Hotel Disko:** Aqqalualiip Aqq. 3, Tel. 92 16 28, www.lyngmark.gl, DZ mit Bad 1050 DKK, ohne Bad 750 DKK. Das gemütliche alte Kolonialhaus bietet Zimmer mit Standardausstattung. Frühstück bekommt man im benachbarten Restaurant. Touristen ohne Zelt können hier für 40 DKK duschen.
Einfach – **Fox Hostel:** M. P. Porsildip Aqq. 11, Tel. 92 12 71, Fax 92 15 73, www.qeqertarsuaq.gl, DZ 700 DKK. Zentral gelegen, behagliche Atmosphäre. Im großen Aufenthaltsraum findet man eine interessante Bücherecke. Gemeinschaftsbad. Küchen- und Waschmaschinenbenutzung möglich. Die beiden Häuser können auch komplett gemietet werden. Unterkunft in Vierbett-, Doppel- und Einzelzimmern.
Jugendherbergsstil – **Napasunnguit:** direkt am Røde Elv, Buchung über Lyngmark Tours (s. Aktiv & Kreativ S. 217), Bett mit Schlafsack 225 DKK, mit Bettzeug 100 DKK, Gepäcktransfer 100

DKK. Fantastischer Blick auf die Bucht. Küche und Telefon vorhanden.

Freiluft – **Zeltplatz:** direkt neben der Jugendherberge Napasunnguit. Gut ausgestattet mit Sanitäranlagen, Münzdusche und Telefon. Kostenfrei.

Gletscherpanorama – **Hütten:** auf dem Gletscher Lyngmarksbræn, Buchung über Lyngmark Tours (s. Aktiv & Kreativ S. 217), 650 DKK inkl. Verpflegung und Schlafsack. Ideal für alle, die nicht mehr am selben Tag wieder absteigen wollen. Sehr stimmungsvoll ist der Blick von der Terrasse.

Essen & Trinken

Für abends – **Restaurant Arthur:** Ph. Rosandahlip Aqq 9, Tel. 92 14 50, Gerichte ab 150 DKK. Es ist nicht nur ein Restaurant, sondern auch eine Bar, am Wochenende sogar mit Livemusik.

Einkaufen

Für Selbstversorger – In den Geschäften kann man alles einkaufen, was man benötigt.

Für die Bewohner der Disko-Insel Alltag: Eisriesen vor der Küste

Aktiv & Kreativ

Rund um die Insel – **Lyngmark Tours:** Ph. Rosandahlip Aqq. 9, Tel. 92 16 28, Fax 92 15 78, www.lyngmarktours.gl. Kurze und längere Wanderungen, Stadtführungen, Hundeschlittentouren – im Sommer auf dem Gletscher Lyngmarksbræn, im Winter auch mehrtägige Touren z. B. nach Kangerluk –, Schneemobilfahrten, Walbeobachtung und der Besuch eines Kaffemik. Außerdem kann man Mountainbikes leihen (150 DKK pro Tag).

Infos

Lyngmark Tours: Der Veranstalter (Adresse s. Aktiv & Kreativ links) fungiert auch als Touristeninformation.
www.qeqertarsuaq.gl: Internetseite zum Ort und zur Disko-Insel.

Verkehr

Flug: www.airgreenland.gl. Regelmäßig Hubschrauberflüge zwischen Ilulissat und Qeqertarsuaq.
Boot: www.diskoline.gl. Regionalbootverbindungen in der Disko-Bucht.

Kangerluk ▶ D 14/15

Die einzige weitere, heute noch bewohnte Siedlung auf der Insel ist das Dorf Kangerluk, rund 35 km Luftlinie nördlich von Qeqertarsuaq. Die rund 50 Einwohner leben noch sehr traditionell von der Jagd und dem Fischfang. Alle notwendigen Einrichtungen wie Post, Laden, eigenes Elektrizitätswerk und sogar eine Schule sind vorhanden. Dieser Wohnplatz ist seit jeher einer der isoliertesten in Grönland gewesen, und den Bewohnern sagt man nach, sie seien ›grönländischer‹ als alle anderen. Auf den Bildern des Malers Jakob Danielsen sind Erlebnisse und Lebensgewohnheiten der Menschen aus Kangerluk zu sehen.

Wer sich nicht scheut, zwei Delten zu durchwaten, die von Gletscherabflüssen gespeist werden, der kann die ca. 70 km von Qeqertarsuaq nach Kangerluk auch zu Fuß zurücklegen. Ansonsten ist die Route einfach zu bewältigen, man folgt den im Sommer deutlich sichtbaren Hundeschlittenspuren. Im Winter kann man auch mit dem Schlitten dorthin fahren. In Kangerluk locken schöne Strandspaziergänge, Zeltmöglichkeiten gibt es etwas außerhalb der Siedlung.

Nordgrönland

Highlights!

Qullissat: Leere Häuser und Fensterhöhlen, dann wieder Reste von Einrichtungen – bei einem Spaziergang durch die Geisterstadt gibt es für jeden etwas zu entdecken. Daneben Ruhe, Meer und Vergänglichkeit. S. 220

Uummannaq: Wie aus dem Bilderbuch liegt der Ort auf der gleichnamigen Insel zu Füßen des ›herzförmigen‹ Berges. Hier findet man nicht nur interessante Zeugnisse der Vergangenheit, sondern kann – mit viel Glück – den Weihnachtsmann treffen. S. 222

Auf Entdeckungstour

Thule – die verlassene, aber nicht vergessene Siedlung: Die alte Siedlung Uummannaq, in dessen Nähe Knud Rasmussen zusammen mit Peter Freuchen 1910 die Handelsstation Thule gründete, ist heute wieder zugänglich. Ein Ort der Ruhe ist der Friedhof. Dort erinnert eine Gedenktafel an die Vertreibung der Einwohner im Jahr 1953. S. 238

Das Thule-Museum in Qaanaaq: Es ist überraschend, was man alles in dem kleinen ehemaligen Wohnhaus von Knud Rasmussen entdecken und sehen kann. Hier erfährt man anhand der Exponate viel über die Geschichte des Nordens, z. B. liegt dort ein Stück von einem Meteoriten. S. 242

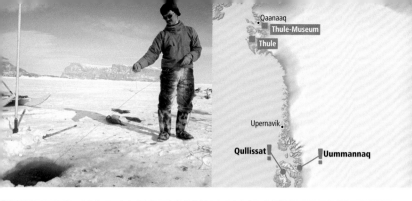

Kultur & Sehenswertes

Museum in Uummannaq: Hier gibt es nicht nur interessante Objekte der Alltagskultur der Inuit, sondern auch noch die Relikte von Alfred Wegeners Expedition. S. 223

Museum in Upernavik: Gleich mehrere Kolonialhäuser sind heute Ausstellungsräume. Die alte Kirche wurde zudem mit der Einrichtung des ehemaligen Gemeinderates erhalten. S. 233

Aktiv & Kreativ

Hundeschlittenfahrten und mehr in Qaanaaq: Nirgendwo sonst in Grönland ist man dem Mythos so nahe! Das Qaanaaq Tourist Office Thule organisiert das besondere Fahrerlebnis und vermittelt darüber hinaus kulturelle Darbietungen und Kontakte zu Grönländern. S. 245

Genießen & Atmosphäre

Sitzbänke in Uummannaq: Bei einem Ortsspaziergang laden Bänke mit Fernblick zur Rast ein. S. 224

Abends & Nachts

Europäisches Nachtleben ist in Nordgrönland weniger angesagt. Sicher gibt es hin und wieder Veranstaltungen in den jeweiligen Gemeindehäusern, doch das schönste Nachterlebnis ist die **Mitternachtssonne,** die hier oben im Norden mehrere Monate zu sehen ist.

›Ultima Thule‹, das Land aus Eis und Schnee, ist Bilderbuch-Grönland. Die faszinierende Landschaft ist reich an Robben und Walen, und zwischen den zahllosen Inseln und Schären treiben unzählige Eisberge. Hier ist noch vieles in seiner Ursprünglichkeit erhalten, und vielleicht ist es gerade die Mischung aus gelebter Tradition und notwendiger Moderne, die den besonderen Reiz der Orte ausmacht. Doch wie lange die Jäger des Nordens hier noch ihrer Profession nachgehen können, weiß man nicht, denn die Klimaerwärmung hat die Jagdbedingungen in den letzten Jahren erheblich verschlechtert. Das Meereis ist dünner geworden,

Infobox

Reisekarte: ▶ A–E 2–14
Karte: S. 225

Touristeninformation
Destination Avannaa: Ilulissat, Kussangajannguaq 20 B, Tel. 94 33 37. Zentrale Stelle für die Norddestination, die von Kangaatsiaq bis Qaanaaq reicht.

Internet
www.northgreenland.com: Website von Destination Avannaa mit den örtlichen Touristeninformationen und Tourenanbietern.

Anreise und Weiterkommen
Flug: Die Hauptorte werden regelmäßig von Air Greenland angeflogen. Da die Flüge nicht täglich sind, muss man entsprechend früh buchen.
Boot: Lediglich Uummannaq kann man mit dem regulären Boot der Disko Line erreichen, ansonsten legen einige Kreuzfahrtschiffe hier im Sommer an, z. T. auch in den kleinen Siedlungen.

die Stürme und Wetterumschwünge heftiger, und insgesamt hat sich die Jagdperiode verkürzt. Schon seit Jahrzehnten sind die Jäger durch die undifferenzierten ausländischen Kampagnen gegen die Robbenjagd sehr gebeutelt worden und mussten, um überleben zu können, auf den Fischfang ausweichen (s. S. 64). Dennoch gehört die Jagd auf Robben, Wale, Walross und früher auch Eisbären hier noch zum täglichen Leben, denn Robben- und Walfleisch sind die wichtigste Nahrung für Mensch und Hund.

Wer mit einem Kreuzfahrtschiff unterwegs ist, wird erleben, dass sich die Packeisgrenze im August bis über den 80. Breitengrad hinaufgeschoben hat, doch für die Bewohner ist das kein Vorteil. Weit voneinander entfernt liegen die kleinen Siedlungen, für ein staatliches Transportunternehmen zu kostenintensiv. Nach und nach werden die Menschen aufgrund der Veränderungen in den Süden ziehen.

Für den Reisenden ist der äußerste Norden dennoch ein Traumland von enormer Weite, an klaren Tagen ist in der Melville Bucht die kanadische Küste deutlich zu erkennen, erfüllt von einem silbrigblau schimmernden Licht über dem Meer und dem Eis.

Qullissat ! ▶ D 14

Allein die Fahrt durch den Vaigat zwischen Nussuaq-Halbinsel und Disko-Insel ist aufgrund der Gebirgslandschaften beeindruckend. Über 115 km erstreckt sich der Sund, der an seinen breitesten Stellen 28 km und an der schmalsten nur 12 km misst. An der Nordostküste der Disko-Insel liegt die verlassene Minenstadt Qullissat, die Ende der 1960er-Jahre mit ihren damals rund 1400 Einwohnern zu den größten Städten des Landes zählte.

Die riesigen Eisberge wirken teilweise wie Landmassen

1924 war die Kohlemine eröffnet worden, doch schon 1940 schloss man einen Schacht wieder. Die Ausbeute war insgesamt nicht sehr ergiebig gewesen, rund 570 000 t Kohle wurden zwischen 1924 und 1972 gefördert. Aufgrund der Minustemperaturen in den Stollen während der Wintermonate waren die Arbeitsbedingungen sehr schwierig. Zusätzlich war der Abtransport der Kohle kompliziert, da es keinen natürlichen Hafen gab und zudem im Vaigat starke Stürme herrschen können. Doch die Gründe für die Schließung 1972 waren vielfältiger, neben den ›natürlichen‹ gab es auch politische. Zum einen fand im Zuge der G-60-Politik eine vermehrte Konzentration der Bevölkerung an wenigen Orten statt, und zum anderen störte sich die Regierung an den linksorientierten organisierten Arbeitern. Bemerkenswert an der Mine war, dass hier nur Grönländer und keine Dänen

arbeiteten. Über mehrere Kilometer entlang der Küste stehen noch heute zahlreiche Häuser. Die größeren, etwas vornehmeren liegen näher an der ehemaligen Mine und waren die Wohnstätten des Direktors und Verwalters. In den kleinen nördlich des Flusses gelegenen Häuschen wohnten die Arbeiter. Hier gab es ein Krankenhaus, eine Schule, die Kirche, die heute in Ilulissat steht, und sogar ein Theater.

Rundgang

Wenn man durch den verlassenen Ort streift, findet man noch viele **Spuren der Vergangenheit,** sogar einige alte Möbel stehen noch im Krankenhaus. Etliche Häuser sind wieder renoviert und werden als Sommerhäuser genutzt. Es ist ein friedlicher Ort, wo die Natur langsam die Zeugnisse der Zivilisation verändert: Lastwagen sinken in den Boden, Bahnschienen verrosten und an den ehemaligen Müllhalden liegt noch altes Werkzeug.

In Strandnähe sieht man zahlreiche **zerstörte Häuser.** Aufgrund eines starken Erdrutsches im 40 km westlich gelegenen Saqqaq, bei dem die Gesteinsmassen mit einer Geschwindigkeit von rund 200 km/h ins Meer geschossen waren, kam es zu einem Tsunami, der die Gebäude vernichtete. Anschließend rollte die Welle zurück, beschädigte etliche Boote in Saqqaq und war sogar noch in Ilulissat zu bemerken.

Infos & Termine

Verkehr
Boot: Für das Musikfestival (s. u.) gibt es eine Bootsverbindung von Ilulissat, ansonsten muss man ein Boot chartern.

Termin
Musikfestival (im Juli): www.north greenland.com. Grönländische Rockgruppen, junges Publikum.

Uummannaq und Umgebung ▮ ▶ D 13

Der Name Uummannaq bedeutet der ›Herzförmige‹, eine treffende Beschreibung des markanten, gleichnamigen, 1175 m hohen Berges, der die nur 2 km² große Insel dominiert. Die Grönländer denken bei der Form allerdings weniger an das menschliche Organ und das, was es für uns symbolisiert, sondern sehen darin ein Robbenherz. Je nach Sonnenstand schimmert der Berg in den betörendsten Rottönen. Uummannaq ist aufgrund seiner Lage, Umgebung und der bunten Bilderbuchhäuser an den Felsenhängen sicher eine der hübschesten Städte

Grönlands. Als Tourist hat man jeden Komfort, viele Sehenswürdigkeiten im Ort und eine reizvolle Fjordlandschaft, die vor allem von Kajakern sehr geschätzt wird. Die Stadt liegt 590 km nördlich des Polarkreises; vom 7. November bis zum 4. Februar herrscht die Polarnacht, und vom 16. Mai bis zum 28. Juli scheint die Mitternachtssonne. Uummannaq, das genau in der Mitte Grönlands liegt, ist einer der Orte mit den meisten Sonnenstunden der Insel, und aufgrund des trockenen Klimas gibt es hier kaum Mücken. Für Mitteleuropäer mutet diese Welt, in der für die Menschen die Robbenjagd im Zentrum steht, auch wenn der Haupterwerb der Heilbuttfang und seine Weiterverarbeitung in der Fabrik ist, schon sehr fremd an. In der Kommune leben rund 2300 Menschen, etwa 1300 in der Stadt, die übrigen verteilen sich auf sieben Siedlungen, von denen Saattut mit 210 Einwohnern die größte ist. In der modernen Fischfabrik wird der gefangene Heilbutt aus Uummannaq, Saattut und Qaarsut filetiert, in den fünf anderen Siedlungen sind eigene kleine Fabriken vorhanden. Die Arbeit dort wird unterbrochen von der Saison der Narwale, die von Oktober bis Februar gejagt werden.

Die Fahrt mit dem Schiff nach Uummannak könnte man unter das Motto stellen: ›nordwärts in das Paradies‹. Kein Wunder, dass der Weihnachtsmann seinen Sommersitz hierher verlegt hat (s. S. 224). Doch nicht er war der Stadtgründer, sondern der Kolonieverwalter J. H. Bruun. Zunächst lag die Kolonie auf der Nordwestseite der Nuussuaq-Halbinsel, aber die Wetterlage erwies sich dort als äußerst ungünstig. 1763 zog man an den heutigen Standort. 1760 führte Bruun etwas geradezu Revolutionäres ein: den Eisnetzfang der Robben. Zunächst praktizierten nur die Dänen diese Fangmethode, doch die Inuit erkannten, wie effektiv sie war, und schon bald war sie an der ganzen Westküste verbreitet.

Ab 1778 baute man an verschiedenen Orten auf der Nuussuaq-Halbinsel Kohle ab. Von 1905 bis 1925 gab es eine Kohlemine bei Qaarsuarsuk, deren Fördererergebnis 1914 z.B. immerhin 1700 t betrug. Sie wurde zugunsten der neuen Mine in Qullissat auf der Disko-Insel geschlossen (s. S. 220). 1933 begann man, auf der Insel Appat Marmor zu brechen, doch schon bald arbeitete man in Maarmorilik (s. S. 230).

Rundgang

Kolonialzentrum

Das alte Zentrum mit einigen Gebäuden aus der Kolonialzeit konzentriert sich am Hafen. Deutlich zu erkennen ist die sogenannte **Festung** mit dem Fahnenmast und den drei Kanonen. Diese kommen zum Einsatz, um das erste Versorgungs- und das erste Passagierschiff im Frühsommer zu begrüßen. Zwar sind die Schiffe schon lange vorher vom Aussichtspunkt Nasiffik im östlichen Stadtteil zu sehen, doch bis zur Ankunft im Hafen dauert es meist noch einige Tage, denn die Fahrrinne ist zu dieser Zeit noch voller Eisschollen. Unterhalb der Festung liegt die 1852 gebaute **Schmiede,** die heute vom Museum als Kühllager genutzt wird. Das **gelbe Holzhaus** wurde 1906 als Dienstwohnung für den Bezirksdirektor der Königlich Grönländischen Handelsgesellschaft gebaut und wird gegenwärtig als Wohnhaus genutzt. Besonders schön sind die Schnitzarbeiten am Giebel. In den **drei Häusern** aus dem 19. Jh. neben dem Laden sind heute Bank, Post und Kontor untergebracht, gegenüber dem Laden stehen zwei **Lagerhäuser** von 1853 und 1928. Das **gelb getünchte Haus** auf der an-

deren Seite des Ladens entstand 1860. Hier wurde Tran aufbewahrt, nachdem die Transiederei wegen des Geruchs aus der Stadt ziehen musste. Die Reste der Siederei findet man in der Nähe des Helikopterplatzes.

Feldsteinkirche

Das wohl auffallendste Gebäude der Stadt ist die 1935 von dem Architekten Helge Bojsen-Møller erbaute Feldsteinkirche (Foto S. 38). Das Granitgestein stammt von einer Felswand aus der Umgebung Uummannaqs. Interessant ist, dass die Bauleute aus Bornholm kamen. Über der Tür zeigt der Hauptstein einen Jesuskopf, und auch an dem Granittaufbecken ist eine Jesusdarstellung zu finden. Die Innenausstattung wirkt insgesamt sehr europäisch, da sie nicht in den vertrauten grönländischen Farben gehalten ist, sondern aus Granit und Holz besteht. An den Wänden hängen rechts und links Tafeln mit Weihnachtshymnen. Der siebenarmige Leuchter geht auf Niels Frederik Severin zurück, der einen jüdischen Freund hatte.

Grassodenhäuser

Die drei traditionellen **Inuit-Häuser** aus Stein und Grassoden in der Nähe der Kirche stehen unter Denkmalschutz. Das **Kartoffelhaus** direkt an der Straße wurde 1949 gebaut, jetzt gehört es zu einem Möbellager. Das Haus dahinter war bis 1980 noch bewohnt. Es entstand ebenso wie das **Zweifamilienhaus** daneben 1925. Meist ist eines der Häuser geöffnet, wenn das Museum geöffnet hat. Die gut erhaltene Einrichtung vermittelt einen Eindruck vom früheren Leben darin.

Museum

Alfred Berthelsenip Aqq. B-9, Tel. 95 44 61, 56 94 04, März–Aug. Di–Fr 10–12, So 12–15 Uhr, 20 DKK

Lohnend ist ein Besuch im 1988 eröffneten Museum. Der nördliche Teil des Gebäudes wurde schon 1880 gebaut und diente zunächst als Wohnung für den Angestellten der Königlich Grönländischen Handelsgesellschaft. Nachdem es 1889 erweitert wurde, nutzte man es bis zur Errichtung des neuen Krankenhauses 1940 als Hospital. Im Museum werden Equipment und Fotos von Alfred Wegeners Inlandeis-Expedition im Jahr 1930 ausgestellt. Im Garten stehen sein alter Propellerschlitten und der Pferdeschlitten. Man hatte die Teile 1984 auf dem Eis entdeckt und 1988 nach Uummannaq gebracht. Anlässlich Wegeners 125. Geburtstages und 75. Todestages brachte das Alfred-Wegener-Institut eine Gedenktafel an.

Außerdem sind Kajaks, ein Umiak und Kopien der Kleidung, die die Mumien von Qilakitsoq trugen, zu sehen. Eine kleine Leseecke bietet aufschlussreiches Zusatzmaterial. Neben den Wegener-Memorabilien ist das kleine Büro von Edvard Kruse eingerichtet, Autor und Politiker der Kommune.

Moderner Stadtteil

Auf der nördlichen Seite des Hafenbeckens liegen außer dem **Jachthafen** das **Hotel** und das **Krankenhaus,** das bei seiner Erbauung 1940 mit 10–15 Betten das größte des Landes war. 1995 wurde es erweitert, heute hat es 25 Betten. Am Weg zum Hotel sind zwei Ankerketten an Festmachtonnen aus dem Jahr 1763 zu sehen.

Es lohnt sich, einfach durch die Stadt zu laufen und sich die z. T. sehr gewagten Gerüstkonstruktionen, auf denen viele Häuser stehen, genauer anzuschauen. Da in Uummannaq fast ausschließlich Einfamilienhäuser gebaut worden sind, ist die Stadt äußerst weitläufig. Das hügelige Terrain erschließen neben den Straßen und Wegen auch die für grönländische Städte

typischen zahlreichen Treppen. An mehreren Stellen sind **Holzbänke** aufgestellt, auf denen man mit einem grandiosen Blick auf Eisberge und Ort pausieren kann.

Vielleicht führt der Weg auch an der sogenannten **roten Schule** vorbei, die 1921 gebaut wurde und jetzt in den Gesamtschulkomplex integriert worden ist. Uummannaq hat eine höhere Schule bis zur elften Klasse, die Kinder aus den umliegenden Siedlungen wohnen während des Schuljahrs in dem dazugehörigen Internat. Die Turnhalle ist zugleich auch Versammlungssaal, Kulturhaus und Kino.

Ausflüge

Spaziergang zum Sommerhaus des Weihnachtsmannes

Ein gut markierter Weg, der hinter der Baugesellschaft Inui am Steinbruch beginnt, führt zum landschaftlich herrlich inmitten von Wiesen und Eisbergen gelegenen Sommerhaus des Weihnachtsmannes, von dem es heißt, er sei sehr gastfreundlich. Wer eine Antwort auf die seit der Kindheit brennende Frage haben will, was der Weihnachtsmann im Sommer eigentlich macht, ist hier richtig. Das Haus ist im alten Stil aus Grassoden und Steinen gebaut und innen sehr gemütlich ausgestattet, wer will, kann hier nach Anmeldung in der Touristeninformation auch übernachten. Die schöne Blumenwiese mit dem Blick auf das Meer lädt zum Picknick ein. Der Spaziergang dauert hin und zurück etwa 2 Std.

Begonnen hat die Weihnachtsmannvermarktung 1989 mit einem Film des dänischen Fernsehens über die Nissen, die kleinen Wichtelhelfer des Weihnachtsmannes, in Grönland. Vorübergehend gab es auch eine Stiftung, die weltweit vor allem Kinder- und

Uummannaq und Umgebung

Jugendprojekte unterstützen wollte, doch die kontinuierliche Arbeit ließ sich nicht von Grönland aus erbringen.

Bootsfahrten zu Nachbarinseln

Auf der östlich von Uummannaq gelegenen **Insel Salliaruseq** verweisen ›gestreifte‹ Berge auf interessante Mineralienvorkommen. Die einzelnen Ablagerungen wie Eisen, Quarz und Silizium mischen sich nicht. Wer Glück hat, findet dort auch schöne Granate. Der über 700 m hohe **Vogelfelsen Qingartarsuaq** auf der ebenfalls östlichen **Nachbarinsel Qaqullussuit** hat die Form eines Kathedralenturms. Die Bucht ist erfüllt von dem Gekreische der Möwen, Eissturmvögel und Grillteisten sowie dem Rauschen eines Wasserfalls.

Lieblingsort

Aussicht zum Träumen – die Hotelterrasse in Uummannaq
▶ D 13

Windgeschützt sitzt man auf der Terrasse des Hotels Uummannaq, die auf einem olivgrün gestrichenen Sockel über dem Hafen thront. Man blickt auf die alten Kolonialhäuser, die kleinen Schiffe und Boote, vor allem aber genießt man die Landschaft: Berge, Meer und Eisberge. Hin und wieder – am Wochenende – fahren die kleinen Boote aus und in den Hafen, einige Leute laufen gemütlich durch den Ort, alles macht einen friedlichen und beschaulichen Eindruck. Ein heißer Kaffee, vielleicht auch ein Stück Kuchen oder ein leckeres Mittagessen vollenden den Aufenthalt. Wem es trotz Windschutz zu frisch wird, der nimmt sich einfach eine Decke. Hier kann man träumen und entspannen.

Mein Tipp

Golf on the Rocks – Eisgolfen

Seit 1998 bietet Uummannaq das ultimative Golfturnier an: Jeweils Ende März/Anfang April finden die **Eisgolf-Weltmeisterschaften** statt, an denen jeder mit einem Handicap unter 36 teilnehmen kann. Die 9-Loch-Anlage ändert naturgemäß jedes Jahr Aussehen und Beschaffenheit, abhängig davon, wie die Eisberge in die Eisdecke auf dem Fjord eingefroren sind. Der Wettbewerb geht über drei Tage, und 36 Löcher werden gespielt – natürlich nicht mit weißen Bällen, sondern mit roten. Das Turnier kann als Paket mit Flug, Unterkunft, Verpflegung und Anmeldegebühr über www.golfonice.com oder das Hotel Uummannaq gebucht werden. Wer ein weniger ambitionierter Spieler ist oder einfach nur einmal eine solche Anlage ausprobieren möchte, hat die Möglichkeit außerhalb der Weltmeisterschaftstage.

Saattut auf einer Insel nordöstlich von Uummannaq ist eine lebendige Fänger- und Jägersiedlung und verfügt über einen modernen Laden und eine hübsche Kirche. Interessante Ausflugsziele bietet auch die südliche **Halbinsel Nuussuaq** (s. S. 229).

Übernachten

Der Luxusblick – **Hotel Uummannaq:** Trollep Aqq. B-1342, Tel. 95 15 18, www.icecap.nu, DZ mit Blick 1400 DKK, im Anbau 900 DKK, in der angeschlossenen Jugendherberge Schlafsack-DZ 625 DKK. Das Hotel liegt direkt am Fjord mit einem fantastischen Blick von der Sonnenterrasse (s. Lieblingsort S. 226) und ist sehr gut ausgestattet. Außer Zimmern mit Bad/WC gibt es auch einfachere mit Etagenbädern. Außerdem kann man über das Hotel Unterkünfte in Siedlungen arrangieren.

Im eigenen Haus – **Sea & Ice View Homes:** Tel. 95 11 82, www.icesea.mono.net, DZ 800 DKK, Haus 1000 DKK. Einfache Häuser, meist in schöner Lage, Küchen- und Badezimmerbenutzung – eine Alternative für Selbstversorger.

Camping – Einen ausgewiesenen Zeltplatz gibt es nicht. Außerhalb der Stadt in Richtung Sommerhaus des Weihnachtsmannes lässt der Untergrund das Zelten zu.

Essen & Trinken

Genuss mit Blick – **Hotel Uummannaq:** Adresse s. Übernachten links, Gerichte mittags 150 DKK, abends 198 DKK. Das Restaurant bietet nicht nur eine sehr gute Küche – regelmäßig gibt es ein Grönlandbüfett mit den Spezialitäten des Landes –, sondern auch einen schönen Ausblick.

Für Schnelle – **Uummannaq Sporthalle:** Aqqusinertaaq B-905, Tel. 95 10 80, Gerichte ab 80 DKK. Bietet die obligatorischen Mikrowellengerichte.

Am Hafen – **Grillbaren:** Aqqusinersuaq B-799, Tel. 95 11 06, Gerichte ab 50 DKK. Ist bei den Einheimischen beliebt, man kann sogar sitzen. Die Mahlzeiten sind für Fastfood recht gut.

Einkaufen

Von allem etwas – Auf dem **Brædtet,** direkt am Hafen neben Grillbaren, gibt es frischen Fisch, Robbenfleisch und Walhaut, in den **Lebensmittelläden** das gewohnte Angebot. Wer sich mit

Weihnachtsartikeln eindecken möchte, kann das in dem kleinen Laden vor dem Hotel tun. **Kunsthandwerk** und **Schmuck** gibt es im Museum.

Aktiv & Kreativ

Für Kulturinteressierte – **Explore Uummannaq:** Atuarfimmut 821, www.exploreumq.mono.net. Bietet vor allem kulturelle Begegnungen an wie Sprachkurse, Leben der Fischer und Jäger, grönländisches Essen. Alle Angebote auf Dänisch.

Outdoor-Erlebnisse – **Hotel Uummannaq:** Adresse s. Übernachten S. 228. Das Hotel organisiert Bootsfahrten (im Sommer auch nachts), Wanderungen, Angeln, Walbeobachtung, Haifischfang, Stadtführungen und im Winter Hundeschlittentouren oder Snowmobilfahrten. Außerdem kann man hier ein Boot chartern für Fahrten zu den Siedlungen oder zur Halbinsel Nuussuaq sowie Zelte, Schlafsäcke und vor allem Kleidung für Hundeschlittentouren ausleihen.

Ausflüge – **Uummannaq Tourist Service:** Adresse s. Infos unten. Walbeobachtungen oder Haifischangeln stehen im Sommer, mehrstündige bis mehrtägige Hundeschlittentouren von März bis Mai auf dem Programm.

Infos & Termine

Uummannaq Tourist Service: im Hotel Uummannaq, Trollep Aqq. B-1342, Tel. 95 15 18, Fax 95 12 62, www.icecap.nu.

Verkehr

Flug: www.airgreenland.gl. Mehrmals wöchentlich Flüge von Ilulissat nach Qaarsut mit Anschlussflug per Helikopter nach Uummannaq. Es gibt auch Helikopterflüge nach Ukkusissat.

Boot: Disko Line fährt ab 2010 bis nach Uummannaq. Sonst kann man Boote chartern oder ggf. auf dem Transportboot für Lebensmittel mitfahren.

Taxi: Tel. 95 10 66; das Hotel hat einen Shuttle zum Heliport, bei Nachfrage auch für Nichtgäste.

Termine

Greenland Shark Challenge (Feb.–April): die größten Haifische – Wettbewerb wird vom Hotel Uummaanaq (s. Übernachten S. 228) veranstaltet.

Eisgolf-Weltmeisterschaft (Ende März/Anfang April): s. Mein Tipp S. 228.

Halbinsel Nuussuaq

▶ D 13/14

Für längere Wanderungen muss man sich von Uummannaq zur Halbinsel Nuussuaq bringen lassen. Hier leben die Menschen noch als Fischer und Jäger. Mit dem Kajak oder Kanu kann man zwischen Inseln und Eisbergen hindurch entlang der Küste zu den einzelnen Siedlungen fahren oder sich einer der organisierten Touren anschließen. Wer möchte, kann auch längere Zeit bleiben (s. Karte S. 225).

Qilakitsoq

Der Fund der Mumien in Qilakitsoq an der Küste von Nuussuaq gegenüber von Uummannaq war 1972 eine Sensation, doch es dauerte noch fünf Jahre, bis man ihn wirklich als solchen bewertete. Die Brüder Hans und Jokum Grønvold stießen auf zwei Gräber, als sie Schneehühner jagten. Sie machten einige Fotos von ihrem Fund und leiteten die Entdeckung an die Behörden weiter, doch niemand interessierte sich dafür. Als Jens Rosing 1977 die Leitung des Nationalmuseums in Nuuk übernahm, fielen ihm die Fotos in die Hände, und er schickte daraufhin die endlich geborgenen Mumien zu wissenschaftlichen Untersuchungen nach Kopenhagen (s. S. 86).

Die alte Siedlung, in der die Gräber lagen, ist ein vor Wind und Wetter geschützter Platz und trägt den passenden Namen ›der Himmel ist niedrig‹, so die Übersetzung von Qilakitsoq. Sieben Häuser kann man noch erkennen, zwei sind so groß, dass sie Platz für vier Familien boten. Die runden Häuser stammen aus der Zeit vor der Kolonisierung und sind typisch für die Thule-Kultur. Außer den Gräbern am Hang, wo die Mumien lagen, fand man zahlreiche andere, in denen noch heute die Gebeine der Verstorbenen ruhen. Die Fahrt nach Qilakitsoq wird auch als ganztägiger Ausflug angeboten. Dazu gehört ein Besuch der ehemaligen Siedlung **Uummannatsiaq** auf der Insel **Ikerasak,** die heute als Sommerlager für Schüler genutzt wird.

Weitere Ziele auf Nuussuaq

Der **Qarajaq-Gletscher,** der am Nordrand der Nuussuaq-Halbinsel in den Uummannaq-Fjord kalbt, ist der schnellste der Welt. Er bewegt sich pro Jahr um 7,5 km. Lohnend ist auch der Besuch von **Qaarsut,** wo sich heute der Flughafen befindet, um dort die Pelz verarbeitende Werkstatt zu besichtigen, in der zahlreiche Produkte für Great Greenland hergestellt werden.

Aktiv & Kreativ

Uummannaq Tourist Service: Adresse s. Infos & Termine S. 229. Organisierte Fahrten mit Unterkunft zur Halbinsel Nuussuaq.

Maarmorilik und der ›Schwarze Engel‹ ▶ E 13

1936 wurde der Marmorbruch Maarmorilik (Marmorplatz) am Qaamarujuk 80 km nördlich von Uummannaq eröffnet, und bis zu seiner endgültigen Schließung wurden hier 3000–4000 t Marmor gebrochen. Damals arbeite-

Zuerst wird ein Loch gebohrt, dann kann es mit dem Eisangeln losgehen

ten rund 100 Grönländer hier. An der gegenüberliegenden steilen Bergwand sieht man eine schwarze Ablagerung im Felsen, die die Form eines Chagall-Engels hat, genannt der ›Schwarze Engel‹. Im Berg erkennt man die Öffnungen zu der alten Mine. In den 1960er-Jahren hatte man hier Spuren von Zink, Blei und auch Silber gefunden, 1971 erhielt Greenex die Konzessionsrechte. Eine Seilbahn, die den Mineneingang mit Maarmorilik verband, wurde eingerichtet.

Ökonomisch war der Blei- und Zinkabbau in den Jahren 1971 bis 1990 für die Kommune ein Gewinn, doch die Verschmutzung des Fjords bedrohte zunehmend die Existenz der nahe gelegenen Fängersiedlungen. Außerdem vertrieben der Lärm und die Transportschiffe die Tiere in der Region. Die Fänger erhielten zwar eine finanzielle Kompensation, doch nach der Schließung musste die Umgebung erst einmal gereinigt werden.

Ab 2005 wurden neue Untersuchungen in Maarmorilik vorgenommen, die zeigten, dass sich ein erneuter Abbau lohnt. Zum einen gibt es noch in der Mine selbst Material, und zum anderen entdeckte man neue Vorkommen, die zuvor unter Eis gelegen hatten. Seit 1990 hat sich der Gletscher um 700 m zurückgezogen und dabei eine 650 m lange Zink-Blei-Ader freigelegt. Zudem hat sich der Preis für Zink in den letzten 20 Jahren verdreifacht. Die ehemaligen Minengebäude sind wieder reaktiviert worden.

Infos

www.angelmining.com: Internetseite der Minengesellschaft.

Verkehr
Boot: Charterboot von Uummannaq.

Ukkusissat ▶ D 13

Umgeben von einer wunderschönen Berglandschaft liegt der Ort rund 50 km nördlich von Uummannaq am Eingang zum Fjord Perlerfiup Kangerlua. Der Name bedeutet ›Fettstein‹. Die ersten Siedler der Saqqaq-Kultur vor rund 3500 Jahren benutzten kleine Lampen aus Fett- bzw. Speckstein.

Gegründet wurde der Ort 1794, da er für seinen Robbenreichtum bekannt war. Das älteste Gebäude ist das **Steinhaus B-109**, gebaut 1835. Später lebten die Menschen in erster Linie vom Haifisch- und heute vor allem vom Kabeljau- und Heilbuttfang, der in der örtlichen **Fischfabrik** verarbeitet wird. Die schöne Siedlung wirkt sehr lebendig, was nicht zuletzt an den vielen Kindern und Jugendlichen liegt, die rund 50 % der Einwohner ausmachen.

Ukkusissat war auch der Ausgangsort für Alfred Wegeners große Expedition im Jahr 1930. Im Mai 1930 brachte er 18 Teilnehmer, 100 t Material und zum Erstaunen der Bewohner 25 Islandpferde hierhin. Einer der wichtigsten Expeditionsteilnehmer war der Hundeführer Rasmus Villumsen, der aus der Siedlung stammte. Wegener und Villumsen starben beide auf dem Rückweg von der Station Eismitte. An der kleinen **Kirche** des Ortes, die 1990 geweiht wurde, hängt eine **Gedenktafel,** auf der sowohl in Deutsch als auch Grönländisch steht: »Rasmus Villumsen aus Uvkuigssat, der zusammen mit Alfred Wegener im November 1930 der Kälte und Dunkelheit des Inlandeises erlag, in steter dankbarer Erinnerung.«

Infos

Verkehr
Boot: Bootsausflüge von Uummannaq.

Upernavik und Siedlungen ► C 11

Der grönländische Name bedeutet ›Frühlingsstelle‹ und bezeichnet wohl einen guten Platz für Jäger. In der Tat war die Jagd bis in die 1980er-Jahre auch der Haupterwerb der Menschen in Upernavik, heute ist es vor allem der Fang von Heilbutt, der in der Fischfabrik gleich verarbeitet wird. Die Fläche der ehemaligen Kommune Upernavik ist zwar viermal so groß wie Dänemark, aber hier leben lediglich 2900 Menschen – ungefähr 1100 in der Stadt Upernavik, die übrigen verteilen sich auf elf Siedlungen, die über eine Entfernung von 450 km entlang der Küste verstreut liegen.

Die südlichste Siedlung ist Upernavik Kujalleq auf der Halbinsel Qeqertaq mit rund 200 Einwohnern, die nördlichste Kullorsuaq mit etwa 360 Einwohnern. Deren Bewohner sind mehr mit den Polar-Inuit, den Inughuit, der Thule-Region verwandt als mit denen aus Upernavik. In der Nähe von Kullorsuaq errichtete Knud Rasmussen eine Reisehütte, genannt Bärenburg, die heute noch von Fängern benutzt wird.

Die Kommune erstreckt sich über zwei Klimazonen, die arktische und die hocharktische. Im Fjord Eqalugaarsuit (dän. Laksfjord) trifft man auf eine Vegetation, die man sonst nur im 1500 km entfernten Süden findet. Die Weidenbüsche erreichen hier eine Höhe bis zu 2 m, außerdem zeigen die blühenden Pflanzen eine erstaunliche Farbenpracht. Die Vegetation im hocharktischen Bereich ist wesentlich karger, hier liegt die Schönheit in den kahlen Felsen aus Granit und vielfarbigem Gneis sowie den Gletschern des Inlandeises, die hier unmittelbar ins Meer münden. Die größten Eisberge der nördlichen Halbkugel stammen aus dem Upernavik-Eisfjord nördlich der Stadt. Die Mitternachtssonne taucht in den drei Sommermonaten alles in ein verzauberndes Licht. Drei Monate im Winter herrscht Polarnacht, Sterne, Mond und Polarlicht geben jedoch genug Helligkeit, damit sich die Jäger auf dem Eis gut orientieren können.

Die ersten Siedler kamen mit der Saqqaq-Kultur, also vor rund 4000 Jahren. Auch die Inuit der späteren Einwanderungskulturen ließen sich hier nieder, doch bisher gab es in Upernavik kaum archäologische Untersuchungen, somit sind kaum Zeugnisse dieser Kulturen geborgen worden. Deutlich besser ist die wechselhafte Kolonialgeschichte Upernaviks dokumentiert. Gegründet 1769, bezog der Ort 1772 seinen jetzigen Platz auf der Insel im Eisfjord. 1779 errichtete der isländische Missionar Ólafur Gunlaugsson Dahl die erste Mission. 1790 wurde die Kolonie wieder geschlossen, sechs Jahre später als Außenstelle von Qeqertarsuaq erneut eröffnet. Von 1805 bis 1814 war sie wieder selbstständig, und von 1823 bis 1826 gehörte sie wieder zu Qeqertarsuaq. Erst danach wurde der Ort endgültig eigenständig, sowohl als Mission als auch als Kolonie. Diese vielen Wechsel führten u. a. dazu, dass die meisten ›Heiden‹ erst Mitte des 19. Jh. getauft wurden.

Wenn man mit dem Schiff kommt, fallen zwei Dinge sofort ins Auge. Zum einen hat man für die Flughafenanlage ein künstliches Plateau oberhalb des Ortes geschaffen, zum anderen gibt es seit 2007 eine große Sporthalle in unmittelbarer Hafennähe, die auch als Versammlungshaus genutzt wird. Dieser moderne Bau bietet einen interessanten Kontrast zu den bunten, kleinen Häusern des hübsch gelegenen Ortes, die verstreut auf dem Granit der kleinen Insel liegen.

Kirche

Auf halbem Weg vom Hafen zum Museum fällt die Kirche auf, 1926 von dem Architekten Helge Bojsen-Møller gebaut und 1990 erweitert und restauriert. Das Kreuz stammt ebenso aus der alten Kirche wie das Gemälde »Maria mit dem Christuskind«, das der grönländische Maler Mathias Fersløv Dalager (1770–1842) malte. Die Altarstufen sind mit Robbenfell bedeckt.

Museum in den Kolonialhäusern

Niuertup Ottup Aqq. B 12, Tel. 96 10 85, www.museum.gl, Di–Fr, So 14–16 Uhr, 25 DKK

Upernavik hat das nördlichste Freilichtmuseum der Welt, zu dem fünf Häuser aus der Kolonialzeit gehören, darunter die Schule von 1911, ein neues Sodenhaus und die alte Kirche. Die **alte Kirche** wurde 1839 gebaut und 1882 um einen Kirchturm erweitert. Nach der Gemeindereform von 1925 tagte der neu gegründete Gemeinderat in der Kirche. 1951 beschloss man, in der Kirche ein Museum zu errichten, und in den 1960er-Jahren schickte das Nationalmuseum in Dänemark Forscher, die in der Kommune Material der früheren Kulturen sammeln sollten. In der Kirche sieht man die Ausstattung aus der Zeit der Ratsversammlungen. Der alte **Laden,** den man 1997 anlässlich des 225. Jahrestages der Ortsgründung restauriert hat, zeigt eine Frauenboot- und Kajakausstellung, im ehemaligen **Wohnhaus des Kolonieverwalters** sind wechselnde Ausstellungen zu sehen. Das Logo des Museums geht auf eine kleine Holzfigur zurück, die man am Bootsplatz Qataarmiut im Norden des Ortes gefunden hat. Interessant ist auch ein **Runenstein** aus dem 13. Jh. von der nördlich von Upernavik gelegenen Insel Kingittorsuaq mit einer Inschrift von Bjarne Thordarson und zwei weiteren Männern, die belegt, dass die Nordmänner aus Südgrönland bis in den Norden zur Jagd fuhren. Sehenswert sind auch die Linolschnitte des in Kangersuatsiaq lebenden Künstlers Samuel Knudsen, der sich sehr vielseitig präsentiert. In der alten **Böttcherei** von 1848 ist eine Künstlerwohnung eingerichtet, die Künstlern von außerhalb die Möglichkeit gibt, in Ruhe inmitten dieser einzigartigen Landschaft und Kultur zu arbeiten.

Friedhöfe und Navaranas Grab

Am Hang oberhalb der alten Kolonialhäuser sind die Gräber des **alten Friedhofs** zu sehen. Eines ist das von Navarana, der ersten Frau von Peter Freuchen. Sie begleitete ihren Mann und Knud Rasmussen auf Expeditionen und verstarb 1921 auf dem Weg zur fünften Thule-Expedition. Auf alten Bildern sieht man eine schöne, junge Frau, die ein sanftes Lächeln zeigt. Von ihrem Grab hat man einen fantastischen Blick auf das Meer und die Berge. Doch Peter Freuchen musste lange darum kämpfen, dass seine Frau hier beerdigt werden durfte, denn sie war nicht getauft. Sie wurde weder mit Glockengeläut noch mit Predigt beerdigt und sollte ursprünglich nicht einmal einen Platz auf dem Friedhof bekommen. Man wollte ein Exempel statuieren, um so die allerletzten ›Heiden‹ zur Taufe zu bewegen. Wenige Schritte entfernt liegt der **neue Friedhof** mit seinen bunt geschmückten Gräbern (s. Lieblingsort S. 234).

Wanderungen und Ausflüge

Inselumrundung

Die kleine Insel kann man in sechs Stunden umwandern. Der ehemals höchste Punkt ist leider dem Flughafen

Ruhestätte im Farbenrausch – der Friedhof von Upernavik

▶ C 11

Über dem Ort und und mit einem wunderschönen Blick auf das Meer liegt der Friedhof von Upernavik. Die mit unzähligen Plastikblumen geschmückten Gräber entfalten vor dem tiefblauen Wasser eine herrliche Farbenpracht. Die weißen Kreuze greifen das Weiß der vorbeitreibenden Eisberge auf. Kleine Wege oder besser Trampelpfade führen zu den massiven Betongräbern, die sich oberhalb des Bodens befinden – verständlich, denn ansonsten müsste man jedes Grab heraussprengen. Die Särge werden einfach einbetoniert. Aufgrund der Farbigkeit wirkt der Ort geradezu fröhlich.

geopfert worden, doch lohnend ist der Weg in den äußersten Norden nach **Naajarsuit**, vorbei an dem Bootsplatz **Qataarmiut**. Hier findet man interessante Gesteine, die sehr mineralhaltig sind, und Granate.

Bootstouren

Organisierte Ausflüge werden bisher nicht angeboten, aber in der Touristeninformation erhält man jede Unterstützung, um z. B. Bootsfahrten zu den Siedlungen zu unternehmen.

Der größte Vogelfelsen der Welt – so die Grönländer – ist Apparsuit auf der südöstlich gelegenen **Insel Qaarsorsuaq**. Dort brüten Tausende von Lummen, Eistauchern, Kormoranen und Papageitauchern. Von dem **Berg Qaarsorsuaq** (1042 m), dem höchsten Punkt der Kommune ca. 20 km südlich von Upernavik, hat man einen fantastischen Blick über die Insel- und Fjordlandschaft mit den zahllosen Eisbergen. Ein beliebtes Ausflugsziel für Angler ist der Fluss Eqaluit nordöstlich von **Upernavik Kujalleq**, das wiederum südlich von Upernavik liegt.

Übernachten

Ohne Alternative – **Julianes Übernachtungsplatz:** Unnuisarfik v/ Juliane Olsvig Petersen, Serfat Aqq. B 229, Tel. 96 11 10, 24 77 61, olsvigp@greennet.gl, DZ 650 DKK. Einfache Zimmer in einem alten Haus mit Küche, Bad und Aufenthaltsraum. Sogar eine kleine Terrasse ist vorhanden.

Essen & Trinken

Einfach – Werktags kann man in der **Kantine der Kommunalverwaltung** essen, ansonsten gibt es einen **Grill** oder man muss sich selbst versorgen.

Aktiv & Kreativ

Tourenhilfe – **Upernavik Tourist Information:** Adresse s. Infos unten. Über die Tourist Information kann man Bootsfahrten zu den nahen Siedlungen oder zum Upernavik-Eisfjord organisieren. Im Winter werden Hundeschlittentouren angeboten, u. a. mehrtägige Jagdausflüge, auf denen man Eisbären, Robben oder Walrosse sieht. *Wassersport* – **Kajak of the North:** Tel. 27 08 20, 52 84 05, www.kayak-north.com. Kajaks und entsprechende Ausrüstung zum Mieten. Außerdem gibt es geführte kurze Touren für Anfänger ab 250 DKK und im Winter eine ultimative Tour mit Jagd und Eisfischen.

Infos

Upernavik Tourist Information: im Museum, Tel. 96 17 00, Fax 96 11 12, www.upernavik.org.

Verkehr

Flug: Flugverbindungen mehrmals wöchentlich nach Ilulissat und von dort weiter nach Nuuk, Kangerlussuaq, Uummannaq und Qaanaaq.

Kullorsuaq ▶ C/D 10

Die nördlichste und größte Siedlung, die zu Upernavik gehört, liegt rund 300 km entfernt. Ihr Name bedeutet ›Teufels Daumen‹ und in der Tat sieht der aufragende Felsen über der Siedlung so aus. Kullorsuaq ist ein recht typischer Jägerort, regelmäßig fahren die Jäger mit dem Kajak raus auf Narwaljagd. Entsprechende Versorgungshäuser wie das 1997 errichte Prinz Henrik Servicehaus sind vorhanden. Ab Juli, wenn das Meer wieder eisfrei ist, kommen mehrmals in der Woche kleine Versorgungsschiffe und ansonsten gibt es einen Helikopterplatz. Beim Gang durch die Siedlung fällt das Nebeneinander von alten und neuen Transportmitteln wie Kajaks, Hundeschlitten und Skidoos auf. Rund 25 km weiter nördlich hatte Knud Rasmussen eine Jagdhütte.

Infos

Verkehr
Boot: Charterboot von Upernavik. Einige Kreuzfahrtschiffe halten hier.

Pituffik – Thule ▶ A 7

Thule ist ein Sehnsuchtsland, ein Mythos, der seit der Entdeckung jener geheimnisvollen Insel im Norden durch den griechischen Seefahrer Pytheas ca. 330 v. Chr. in den Köpfen der Menschen existiert. Für die einen sind es die Shetland-Inseln, die anderen glauben, es sei Island, aber ganz ›hoch im Norden‹ in der riesigen Kommune Avannaa, gibt es einen Ort mit diesem Namen: Thule, eine der größten amerikanischen Militärbasen außerhalb der USA. Der grönländische Name des Militärstützpunktes ist Pituffik.

Die amerikanische Air Base
www.thule.af.mil
Nachdem 1941 der dänische Botschafter Henrik Kaufmann den Vertrag mit den USA über die Verteidigung Grönlands im Zweiten Weltkrieg unterschrieben hatte, wurde 1943 zunächst eine meteorologische Station eingerichtet. 1946 kam ein Rollfeld von 1,5 km Länge dazu. Die Menschen, die hier in der Siedlung Uummannaq lebten, wurden 1953 vertrieben – oder wie es in der Sprache der Politiker heißt – umgesiedelt in den neuen,

knapp 150 km entfernten Ort Qaanaaq (s. S. 239 und 241).

Für weitere negative Schlagzeilen über die Air Base sorgte eine Wasserstoffbombe vor der Küste. Am 21. Januar 1968 stürzte ein B-52-Bomber mit insgesamt vier dieser Bomben hier ab. Jahrelang wurde dieser Tatbestand seitens der USA und der dänischen Regierung dementiert. Erst Jahre später zeigten die gehäuft auftretenden Krebserkrankungen der Männer, die bei den Aufräumarbeiten geholfen hatten, dass es doch zutraf. Die Entdeckung der letzten Bombe geschah schließlich zeitgleich mit der erneuten Diskussion der amerikanischen Regierung unter dem damaligen Präsidenten George Bush um einen Ausbau eines neuen Schutzschildes. Doch die Pläne wurden letztlich nicht realisiert. Bis heute haben die USA die letzte Bombe nicht gehoben, und nachweislich ist die Radioaktivität vor der Küste Nordgrönlands hoch, obwohl Washington nach den Aufräumarbeiten 1968 stets erklärt hatte, man habe das Unglücksgebiet vollständig gereinigt.

Neben der Air Base gab es auch noch ein Camp im Eisschild, das aber seit 1966 offiziell geschlossen ist. Heute sind nur noch rund 800 Leute in Pitufik beschäftigt, davon 200 US-Soldaten. Man betreibt – so die offizielle Darstellung – vor allem Beobachtungsaufgaben und unterstützt bei Bedarf auch wissenschaftliche Forschungsprojekte.

Thule
Die alte **Handelsstation** sowie die Relikte der ehemaligen Siedlung **Uummannaq** sind heute von der Air Base getrennt, sodass sie wieder besucht werden können (s. Entdeckungstour S. 238). Eis und einige karge Gebirge prägen die Landschaft rund herum, nur kurze Zeit im Sommer kann das Meer mit Booten befahren werden.

Auf Entdeckungstour

Thule – die verlassene, aber nicht vergessene Siedlung

Die alte Siedlung Uummannaq, in dessen Nähe Knud Rasmussen zusammen mit Peter Freuchen 1910 die Handelsstation Thule gründete, ist heute wieder zugänglich. Ein Ort der Ruhe ist der Friedhof. Dort erinnert eine Gedenktafel an die Vertreibung der Einwohner im Jahr 1953.

Reisekarte: ▶ A 7

Dauer: mindestens 1 Std., doch wer länger Zeit hat, wird noch mehr für sich entdecken.

Ein unendlicher Frieden breitet sich über der Ebene mit ihrem wunderschönen Berg aus. Dass man in der unmittelbaren Nachbarschaft zur Thule Air Base von Frieden spricht, mag befremden, doch wer einmal dort war, wird sicher diese Ruhe empfinden. Ein Spaziergang vor Ort gleicht einer Zeitreise, hier liegen die Reste der Handelsstation Thule, die Siedlung Uummannaq und Ruinen der Thule-Kultur (bis 18. Jh.) nebeneinander.

Gut erhalten – die Häuser der Handelsstation

Vom Anlegeplatz am Strand sieht man schon einige der alten Häuser der Handelsstation wie z.B. Peter Freuchens Laden oder alte Lagerhäuser. Knud Rasmussens Wohnhaus hat man 1986 von hier nach Qaanaaq gebracht, wo es jetzt das Museum beherbergt (s. S. 242). Auffallend sind die größeren, jüngeren Gebäude auf der Ebene, die ehemals zur Militärbasis gehörten. Folgt man den beiden Hauptwegen, gelangt man zu dem Gedenkstein für Knud Rasmussen (s. Foto links).

Die einstigen Bewohner der Siedlung Uummannaq betrieben vor allem Fuchsjagd und verkauften die Felle über die Thule-Handelsstation, die zu diesem Zeitpunkt selbstständig war und nicht wie die übrigen Stationen zu Dänemark gehörte. Rasmussen gründete zusammen mit den Jägern einen Fängerrat, dem zwölf Einheimische angehörten und der u. a. schon damals Fangquoten festsetzte. Mit den Gewinnen der Station konnte Rasmussen die Infrastruktur des Ortes – einen Laden, eine Krankenstation und eine Kirche – sowie seine Expeditionen, die von hier aus starteten, finanzieren. Auch Robert Peary war 1909 von Uummannaq zu seiner bis heute umstrittenen Nordpolentdeckung aufgebrochen (s. S. 58).

Direkt am Wolstonholme-Fjord befinden sich Ruinen aus der Zeit der Thule-Kultur, deren Siedler in der geschützten Bucht einen idealen Kajakhafen hatten. Um dorthin zu gelangen, muss man zunächst auf den Bergzug zuhalten und dann einem Weg hinunter ans Meer folgen.

Trauma Zwangsumsiedlung

1943 endete für die Bewohner von Uummannaq das friedvolle Leben in einer menschenleeren Eiswüste. Die Amerikaner errichteten in Sichtweite ihrer Siedlung eine meteorologische Station – den Vorläufer einer Air Base. Mit dem Bau des Air-Base-Flughafens 1946 verschlechterten sich die Jagdbedingungen dramatisch, als Kompensation erhielt der Fängerrat damals 200 DKK pro Jahr von den dänischen Behörden. 1951 wurde zwischen Dänemark und den USA ein neues Verteidigungsabkommen unterzeichnet, doch schon vor dem endgültigen Vertragsabschluss begannen die USA den Ausbau der Thule Air Base. Tausende amerikanischer Soldaten fielen mit ihren Flugzeugen wie ein Heuschreckenschwarm ein – für die rund 100 Menschen, die damals hier lebten, ein Kulturschock.

Im Mai 1953 wurden die Bewohner von Uummannaq ohne vorherige Anhörung nach Qaanaaq umgesiedelt. Da die meisten Gebäude noch nicht fertig waren, mussten die Menschen in Zelten kampieren. In dem langjährigen Rechtsstreit um Wiedergutmachung gegen den Staat Dänemark ging es vor allem auch um das Recht auf eigenen Boden. 2004 ging der Fall an den Europäischen Gerichtshof für Menschenrechte und zuletzt gab es auch eine finanzielle Kompensation, zumindest vom dänischen Staat, aber nicht von den USA.

Mahnende Erinnerung – die Gedenkstätte am Friedhof

Bevor man zu den Überresten des ehemaligen Uummannaq an der westlichen Küste gelangt, kommt man am Friedhof vorbei. Hier gibt es ein kleines Monument, das an diese Ereignisse erinnert. Im Mai 2001 wurde das 50-jährige Jubiläum des amerikanisch-dänischen Verteidigungsabkommens mit einer Schlittenfahrt von Qaanaaq nach Uummannaq begangen. Am Friedhof gab es eine Kranzniederlegung, und ein kleines Metallschild wurde angebracht. Das Unglück der Menschen wird darin nicht dokumentiert. Für die Nachkommen der Bewohner von Uummannaq von Bedeutung ist heute, dass im September des gleichen Jahres ein Flughafen in Qaanaaq eröffnet wurde, was den Tourismus fördern soll. Entscheidend für eine positive Identität war die Rückgabe der Dundas-Halbinsel im Februar 2003. Seitdem gehört das alte Thule wieder zu Grönland.

Uummannaq und Thule-Berg

Geht man weiter, kommt man zu einigen verfallenen Resten der alten Stein-Soden-Häuser. An vielen Stellen sind nur noch die Grundmauern zu erkennen. Direkt am Strand gelangt man zu Müllresten der Air Base, leider nicht ungewöhnlich. Doch so trostlos der Platz ist, so erhaben ist der Blick auf den Dundas, den Thule-Berg, der wie ein Wahrzeichen direkt an der Küste steht. Seine Form, ein flacher Basaltgipfel, gab ihm den Namen ›Herzberg‹. Der Berggipfel war früher ein Bestattungsplatz, ›Gipfel der Seele‹ nennt ihn Aqqaluk Lynge in einem Gedicht. Auch Peter Freuchen entschied, dass seine Asche über dem Berg verstreut werden sollte, was nach seinem Tod 1957 geschah.

Das neue Nebeneinander

Die Air Base ist seit 1986 auch für die Grönländer ein wichtiger Arbeitgeber, heute sind sogar mehr Dänen und Grönländer dort beschäftigt als Amerikaner. Hin und wieder sieht man Fahrzeuge, die von der Air Base kommen und Besucher begrüßen. Ein friedliches Neben- und Miteinander hat sich teilweise eingestellt. Für den Besucher stehen die politischen und juristischen Fragen rund um Thule nicht unbedingt im Vordergrund, vielmehr ist es der Zauber der Landschaft – das unbeschreiblich klare Blau des Himmels, das Licht, die kargen Berge und das Eis. Thule, der verheißungsvolle Ort des Nordens, das Sehnsuchtsland der Antike und der Polarforscher des 18. und 19. Jh., wird erlebbar bei einem Rundgang zu den alten Plätzen.

Die Umgebung von Thule im Winter

Qaanaaq und Siedlungen ▶ B 6

Die alte Kommune Qaanaaq war flächenmäßig mit 245 000 km² die größte des Landes: Das entspricht etwa der Fläche der ehemaligen BRD. Insgesamt leben hier rund 900 Menschen, davon 650 in dem Ort Qaanaaq, der Rest in den Dörfern Qeqertat, Qeqertarsuaq, Moriusaq und Savissivik, alle südlich von Qaanaaq. Nördlich liegt die Siedlung Siorapaluk, die Berühmtheit erlangte durch Peter Høegs Roman »Fräulein Smillas Gespür für Schnee«, denn die Mutter der Heldin stammt aus dem Ort.

Die Inughuit, die Polar-Inuit, haben eine eigene Sprache, die mehr mit der kanadischen Inuit-Sprache verwandt ist als mit der westgrönländischen. Seit rund 130 Jahren fand hier keine Zuwanderung mehr statt, und seitdem interessieren sich die Forscher für diesen noch sehr ursprünglich lebenden Volksstamm. Selbst heute ernähren sich die Menschen hier noch überwiegend von der Jagd, in erster Linie auf Robben, weniger auf Narwal, Beluga, Walross und Eisbären. Die Männer tragen Anoraks aus Karibou- oder Robbenfell und die Eisbärfellhosen, denn es gibt nichts Wärmenderes und Strapazierfähigeres als diese traditionelle Fellkleidung.

Die Lebensbedingungen im Norden sind hart, und viele junge Leute, die für eine qualifizierte Ausbildung in den Süden ziehen, kommen nicht zurück. Außer Arbeit in einer Fischfabrik und der Verwaltung bleibt als Erwerbsmöglichkeit nur die Jagd. Der Alkoholkonsum ist hier deutlich höher als im übrigen Land, deshalb ist es auch für Touristen verboten, welchen mitzubringen.

Qaanaaq wirkt mit seiner Häuseranordnung wie ein Reißbrettort, dennoch haben seine Lage und die Weitläufigkeit einen gewissen Charme. Die Häuser sehen frisch und farbig aus, fließendes Wasser gibt es das ganze Jahr. Interessant ist auch das Kulturangebot, beispielsweise Trommeltänze oder Auftritte des örtlichen Chors. Die Mitwirkenden tragen dabei die traditionellen Trachten des Nordens. Veranstaltungen finden entweder in der Kirche oder in der Mehrzweckhalle des Gemeindehauses statt. Unmittelbar am Strand etwas stadtauswärts findet man noch die kleinen **Fängerhäuser,** die für die vertriebenen Bewohner von Uummannaq 1953 errichtet wurden (s. S. 239).

Kirche

In der Kirche aus dem Jahr 1954 hängt ein Altarbild aus der alten Kirche in Thule, das der dänische Künstler Ernst Hansen 1930 gemalt hat. Bemerkenswert ist, dass Christus mit den Inughuit-Kindern auf dem Berg Thule sitzt und Socken in seinen Sandalen trägt. Ein barfüßiger Jesus war für die Menschen in dieser klimatisch so unwirtlichen Region völlig unvorstellbar.

Thule-Museum

Tel. 97 14 73, So 13–16 Uhr
Das Lokalmuseum ist im Knud-Rasmussen-Haus untergebracht, das man in den 1980er-Jahren von Thule hierherbrachte (s. Entdeckungstour S. 242).

Übernachten

Klein und freundlich – **Hotel Qaanaaq:** Tel. 97 12 34, Fax 97 10 64, www.hotelqaanaaq.dk DZ 690 DKK. Fünf Doppelzimmer, einfach ausgestattet mit einem Etagenbad. Aufenthaltsraum, Vollpension möglich.

Auf Entdeckungstour

Das Thule-Museum in Qaanaaq

Es ist überraschend, was man alles in dem kleinen ehemaligen Wohnhaus von Knud Rasmussen entdecken und sehen kann. Hier erfährt man anhand der Exponate viel über die Geschichte des Nordens, z. B. liegt dort ein Stück von einem Meteoriten.

Reisekarte: ▶ B 6

Öffnungszeiten: So 13–16 Uhr, andere Besuchszeiten kann man telefonisch vereinbaren, Tel. 97 14 73.

Lesetipp: Kenn Harper, Minik – der Eskimo von New York, Bremen 1999. Die Geschichte von Miniks unglücklichem Leben.

Manch einer kritisiert, dass Knud Rasmussens Haus 1986 von Thule (s. S. 238) nach Qaanaaq transportiert wurde, aber andererseits gibt es wohl kaum ein besseres Gebäude für ein Museum hoch im Norden. Wenn man das kleine weiße Haus sieht, ist man überrascht, wie viele interessante Objekte in den drei Räumen des Erdgeschosses zu sehen sind.

Robert Peary – zweifelhafte Persönlichkeit

Wenn man den ersten Raum betritt, so sieht man zahlreiche Objekte der alten Inuit-Kulturen aus der Region von Qaanaaq: Schneebrillen, Figuren, Nadeln und Werkzeuge. Manches wird einem bekannt vorkommen, doch die Erklärungen und die Präsentation sind durchaus bemerkenswert. Es sind vor allem einige Fotografien, die eine genauere Betrachtung lohnen. Sie zeigen einen besonderen Aspekt der Kulturgeschichte, nämlich den Umgang Robert Pearys (1856–1920, s. auch S. 58) mit den grönländischen Ureinwohnern. Vor allem seine ›Mitbringsel‹ – auf Fotos an den Wänden zu sehen, die er in die USA mitnahm, verdeutlichen seine Rücksichts- und Respektlosigkeit. Um Kap York und bei Savissivik gab es beachtliche Meteoritenvorkommen, die von den Inughuit zum einen genutzt, aber auch als heilige Objekte angesehen wurden. Peary, wenig interessiert an der Spiritualität der Inuit, verfrachtete einen 34 t schweren Meteoriten nach New York und vermachte ihn dem Museum of Natural History. Die Leihgaben verkaufte seine Witwe später für 40 000 Dollar an das Museum.

Das Foto von einem 10-jährigen Jungen hinter der Tür erzählt ebenfalls eine schockierende Geschichte. Beim Lesen der biografischen Daten neben dem Bild erfährt man, dass sein Name Minik war und er zu einer Gruppe von sechs Polar-Inuit gehörte, die Robert Peary dazu überredete, mit ihm in die USA zu reisen. Sein Ziel war es, die Menschen ebenfalls dort auszustellen.

In den USA wurden die Inuit in einem Kellerraum des Naturkundemuseums untergebracht und innerhalb kurzer Zeit starben vier von ihnen an Tuberkulose, darunter Miniks Vater. Da man die Skelette – tatsächlich die Knochen! – für Forschungs- und Ausstellungszwecke behalten wollte, gaukelte man dem Jungen eine Beerdigung vor. In dem Sarg befanden sich nur ein Sack und Holzstücke.

Knud Rasmussen – Polarforscher mit Inuit-Wurzeln

Im zweiten Raum (Foto s. links) steht ein Hundeschlitten und in den Vitrinen rundherum liegen die Dinge, die man bei einer Schlittenfahrt benötigt. Einiges stammt noch aus der Zeit von Kund Rasmussen, anderes wurde später gesammelt. Doch in etwa vermitteln die Gegenstände einen Eindruck von dem, was Rasmussen bei seinen Expeditionen mit sich führte.

Knud Rasmussen (1879–1933) ist der Begründer der Eskimologie, der mit den Ergebnissen seiner sieben Thule-Expeditionen den Beweis erbrachte, dass alle Inuit-Stämme der Arktis miteinander verwandt sind. Rasmussen, der mütterlicherseits Inuit-Vorfahren hatte, war immer stolz auf seine grönländische Herkunft. Er sprach Kalaallisut, Grönländisch, noch bevor er Dänisch lernte. Damals erhielt er seinen grönländischen Namen, Kunuunnguaq, ›der kleine Knud‹. Früh lernte er den Umgang mit Schlittenhunden und die Lebensbedingungen im arktischen Raum kennen. Er beschrieb seine späteren Expeditionen als eine glückliche Fortsetzung seiner Erlebnisse in der Kindheit und Jugend, selbst die anstrengendsten Hundeschlittentouren seien für ihn angenehme Routine. Auch das Interesse Rasmussens an Inuit-Erzählungen reicht bis in seine Kindheit zurück.

Nach Ausbildungen in Dänemark kehrte Knud Rasmussen 1902 nach Grönland zurück, um zusammen mit Ludvig Mylius-Erchsen, Harald Moltke und Jørgen Brønlund auf eine sogenannte literarische Grönlandexpedition zu gehen. Während des Winters 1903/04 lebte er erstmals bei den Polar-Inuit. Hier fand er offensichtlich seine Heimat. Von hier aus startete er seine Thule-Expeditionen, und 1910 gründete er zusammen mit seinem Freund Peter Freuchen die Thule-Handelsstation (s. S. 238). »Kein Jäger hier im Norden, mit dem ich nicht gejagt habe«, schrieb Rasmussen später, »und es gibt hier sicher kein Kind, das nicht meinen Namen kennt.«

Knud Rasmussen war bei seinen Forschungen immer an den Menschen interessiert und nicht an geografischen Entdeckungen. Er lebte mit den Menschen auf seinen Reisen und gewann so ihr Vertrauen; er sprach ihre Sprache, sang ihre Lieder und aß ihre Nahrung. Seine Expeditionen führten ihn nicht nur in den Norden und Osten Grönlands, sondern bis nach Sibirien. Seine berühmte fünfte Thule-Expedition zu den sibirischen Inuit dauerte drei Jahre (1921–1924). Während dieser Zeit sammelte er rund 20 000 Artefakte und schrieb über 1000 Seiten über die arktische Geschichte, Folklore, Kultur und Kleidung nieder. Gleichzeitig veröffentlichte er ein mehrbändiges Kompendium mit Inuit-Erzählungen aus der gesamten Arktis. Mit seinen Dokumentationen legte

Rasmussen den Grundstock für die weitere Forschung, die Eskimologie. Er starb am 21. Dezember 1933 an einer Lebensmittelvergiftung und Lungenentzündung in Kopenhagen, Dänemark.

Aleqasina – Pearys grönländische Geliebte

Eine große Fotografie von Aleqasina (1880–1921), Pearys grönländischer Geliebten, ist im kleinen dritten Raum zu sehen. Mit Aleqasina hatte Peary zwei Söhne. Solange er regelmäßig nach Nordgrönland kam, interessierte er sich für sie, doch später hielt er keinen weiteren Kontakt. Die junge Frau – oder genauer das Mädchen – posiert hier für Aufnahmen, die in der damaligen zivilisierten Welt als durchaus skandalös galten, die aber dennoch gut die Schichten der Bekleidung zeigen. Den Fuchsfellslip trugen die Frauen als einzige Bekleidung in den Häusern, die aufgrund der menschlichen Wärme und der Tranlampen eine durchaus erträgliche Temperatur hatten. Die unteren Anoraks oder Hemden waren oft aus Vogelfedern, im Sommer reichten sie manchmal auch als Bekleidung für draußen aus. Die Kamiks waren aus Robbenfell und in der Beinverlängerung aus Rentierfell gefertigt.

Stätte der Heimkehr – der Friedhof von Qaanaaq

Vom Museum führt ein breiter Weg in südlicher Richtung, über den man in ca. 15 Minuten zum Friedhof von Qaanaaq gelangt. Seit 1993 beherbergt dort ein Grab die Gebeine von Miniks Vater Qisuk sowie von Atangana, Aviaq und Nuktaq, den anderen verstorbenen Begleitern. Auf der Metallplatte stehen ihre Namen und darüber: »Sie sind heimgekehrt.«

Essen & Trinken

Das einzige – **Hotel Qaanaaq:** Adresse s. Übernachten S. 241. Gerichte 150 DKK. Es wird Abendessen serviert.

Einkaufen

Souvenirs – **Ultima Thule:** im Tourist Office (s. Infos unten). Hier findet man schönes Kunsthandwerk und Schmuck von örtlichen Künstlern. Besonders die Tupilaks sind empfehlenswert.
Shoppen – **Pisiffik:** Überraschend ist das große Angebot im Supermarkt.

Aktiv & Kreativ

Natur und Kultur – **Qaanaaq Tourist Office Thule:** Adresse s. Infos unten. Die Touristeninformation gibt Hinweise zu Wanderungen bis zum Inlandeis und hilft bei der Organisation von Bootsfahrten zu anderen Orten, z. B. nach Siorapaluk. Hauptsaison für Hundeschlittenfahrten mit Jägern ist das Frühjahr. Angeboten werden Touren von einem halben Tag bis zu einer Woche (ab 800 DKK), darüber hinaus auch Langlauftouren in Verbindung mit Hundeschlittenfahrten und Eisfischen. Weitere Angebote beziehen sich auf die Kultur der Inuit vom Trommeltanz über Chorbesuche bis hin zum grönländischen Essen in einer Familie.

Infos

Qaanaaq Tourist Office Thule: Tel. 97 14 73, Fax 97 14 74, www.turistqaanaaq.gl, Mo–Fr 11–13 Uhr.

Verkehr
Flug: Zweimal wöchentlich Flug von und nach Ilulissat.

Savissivik und Siorapaluk

▶ B 8 und A/B 6

Die südlichste Siedlung der Kommune, 300 km von Qaanaaq entfernt, ist **Savissivik** mit rund 70 Einwohnern. In Savissivik wurden große Eisenmeteoriten gefunden – daher auch der Name: ›Platz, wo man Eisen findet‹, doch die Meteoriten nahm Robert Peary mit in die USA (s. S. 243), für die Inuit ein herber Verlust, denn sie nutzten das tellurische Eisen für Messer und Waffen. Bis in die jüngste Zeit hat man Meteoriten hier gefunden, den letzten brachte man 2002 nach Nuuk. Die Bewohner des Ortes leben hauptsächlich von der Jagd, sie gelten als die besten Eisbärjäger. Oberhalb der Häuser gibt es schöne, ausgeprägte Polygonböden – ein Charakteristikum des arktischen Permafrosts.

Siorapaluk, ca. 60 km nördlich von Qaanaaq, ist nicht nur malerisch gelegen, hier gibt es auch das nördlichste Postamt der Welt mit einem beliebten Stempel für Sammler. Die 70 Einwohner zählende Siedlung ist ein kleiner Jägerort mit Kirche, Schule und einem malerischen Strand. Die Umgebung bietet schöne Wandermöglichkeiten, so z. B. zum Friedhof. Häufig sieht man Schneehasen und vor allem der Vogelreichtum rund um den Ort ist bemerkenswert. In den Klippen leben zahllose Lummen und Alkarten.

Für längere Aufenthalte sollte man die gesamte Verpflegung mitbringen, denn das Warenangebot reicht nur für die Bewohner.

Infos

Verkehr
Boot: Für die An- und Abreise muss man in Qaanaaq ein Boot chartern.

Ostgrönland

Highlight!

Tasiilaq und Siedlungen: Der größte Ort des Ostens liegt wunderschön auf Hügeln direkt am Fjord. Die alpine Bergwelt bietet eine eindrucksvolle Kulisse und im Ort lässt sich manches entdecken. S. 251

Auf Entdeckungstour

Was blüht denn da? – von Tasiilaq ins Tal der Blumen: Schon eine relativ kurze Wanderung von Tasiilaq entführt in ein geradezu üppiges Blumenreich. Bunt leuchten die Blütenkissen und die vielen Krautpflanzen duften entlang des Weges und an den kleinen Hängen. S. 258

Tiniteqilaaq

Von Tasiilaq ins Tal der Blumen

Tasiilaq und Siedlungen

Kulusuk

Kultur & Sehenswertes

Tasiilaq-Museum: In dem Museum in der alten Kirche sieht man u. a. wunderschöne Masken und Tupilaks aus Ostgrönland. S. 255

Aktiv & Kreativ

Kajaktouren in Tiniteqilaaq: Mit den Tourenführern von Adahnan Travel geht es zwischen Eisbergen hindurch und an Fjordküsten entlang. Equipment kann man ausleihen, etwas Können sollte man mitbringen. S. 264

Genießen & Atmosphäre

Hotel Ammassalik in Tasiilaq: Ob von der Terrasse, dem Restaurant oder aus den Panoramazimmern, hier kann man einen der schönsten Ausblicke auf den Ort genießen. S. 256

Leben bei einer Familie in Tasiilaq: In den kleinen Siedlungen von Tasiilaq vermittelt Destination East Greenland Unterkünfte mit Familienanschluss. S. 260

Abends & Nachts

Gemeinschaftshaus in Kulusuk: Am Wochenende schwingt der Ort hier das Tanzbein – und alle sind herzlich dazu eingeladen. S. 250

Der eisumschlungene Osten ist mit den steilen Bergen, den zerklüfteten Küsten und der überwältigend schönen Gletscherwelt ein ideales Ziel für Wanderer und Alpinisten. Die herbe Schönheit und ein Lebensrhythmus, der sich allein nach Wetter und Eis richtet, haben schon manchen Reisenden so fasziniert, dass er immer wiederkommt.

Ein dichter, selbst in den Sommermonaten nur schwer passierbarer Pack- und später Treibeisgürtel liegt vor der Ostküste. Meist reichen die Gletscher vom Inlandeis bis zum Meer,

Infobox

Reisekarte: ▶ D–O 2–18
Karte: S. 252

Touristeninformation
Destination East Greenland: Tasiilaq, Ujuaap Aqq. B48, Tel. 98 15 43, 59 82 43, Fax 98 12 43, Sommer Mo–Mi 9–16, Do–Fr 9–17, Sa 10–14, Winter Mo–Fr 9–16 Uhr.

Internet
www.eastgreenland.com: Das ist die allgemeine Internetseite für den Osten, Links zu weiterführenden Seiten, z. B. über den Nationalpark.

Anreise und Weiterkommen
Flug: Die Maschinen von Air Iceland fliegen sowohl nach Kulusuk als auch nach Constable Point. Air Greenland fliegt lediglich Kulusuk an. Hubschrauberanschlussflüge nach Tasiilaq und Ittoqqortoormiit.
Regionaltransport: Die kleinen Siedlungen können mit gecharterten Booten angefahren werden. Im Winter ist der Hundeschlitten das ideale Transportmittel.

nur zwei Regionen sind gletscherfrei. Dort liegen die ›Nachbarorte‹ Tasiilaq und Ittoqqortoormiit rund 800 km voneinander entfernt, die direkte Flugverbindung zwischen ihnen führt über Island.

Tunu, so die Bezeichnung für Ostgrönland, bedeutet so viel wie die ›Rückseite‹, und die rund 3500 Menschen sehen sich vom Westen oft als Grönländer ›zweiter Klasse‹ behandelt, als diejenigen, die den Anschluss noch nicht so richtig geschafft haben; dabei wurden hier lediglich Traditionen länger bewahrt. Seit Januar 2009 gehört der Osten genauso wie Nuuk zu der großen Kommune Sermersooq. Etliche Ziele hat sich die Bürgermeisterin Asia Chemnitz gesetzt: Die Kinder und Familien sollen unterstützt werden, ein Wirtschaftsentwicklungsplan wird erstellt und die Umwelt soll geschützt werden. Außerdem möchte sie die Lebensverhältnisse von Nuuk und dem Osten angleichen, ein äußerst ehrgeiziger Plan, denn bisher zählte die Region zu den ärmsten des Landes mit den zahlreichen Problemen der eher traditionellen Jägergemeinschaften.

Die Menschen entlang der rund 2700 km langen Küste leben in zwei größeren Orten und sieben kleinen Siedlungen. Etliche Siedlungen wurden in den letzten Jahrzehnten schon aufgegeben. Vielleicht gelingt es ja in der Zukunft, in Kombination mit der Hauptstadt den Osten besser anzuschließen. Um einen Eindruck vom traditionelleren Leben und auch den damit verbundenen Schwierigkeiten zu erhalten, lohnt der Besuch in den kleinen Siedlungen. Doch es geht sicher nicht nur um soziologische Studien, denn wenn man die Schönheit der Natur, die großartigen Landschaften und die Eiswelt sieht, versteht man, warum die Menschen trotz aller Probleme hier so gerne leben.

Der Nationalpark im Nordosten genießt einen Sonderstatus und von daher kommen nur wenige mit entsprechender Erlaubnis dorthin. Das ist sicher gut so, denn so haben wir alle doch noch das Gefühl, dass es einen fast noch unberührten Platz auf der Erde gibt.

funden, die den ach so niedlichen Kindern unüberlegte Geschenke machen.

In den 1990er-Jahren hat sich die Situation in sozialer Hinsicht in Kulusuk positiv verändert. Das Dorf wurde erfolgreich aufgeräumt und verschönert und wirkt heute mit seinen bunten Häusern äußerst einladend.

Kulusuk ▶ K 18

»Ich war auch schon in Grönland, und da ist alles so furchtbar primitiv und schmutzig.« So klangen in früheren Jahren die anmaßend vernichtenden Urteile über ein Land, in dem sich die Reisenden gerade vier Stunden aufgehalten und lediglich die Siedlung Kulusuk auf der gleichnamigen Insel kennengelernt hatten. Und in der Tat hatte der Ort mit gravierenden Problemen zu kämpfen. Seit den 1950ern gibt es einen Flughafen, dessen Rollbahnlänge für Militärflugzeuge ausreicht. Von 1959 bis 1991 befand sich hier eine amerikanische Radarstation. Deren Mitarbeiter und auch hier tätige Dänen haben die Frauen von Kulusuk als Prostituierte missbraucht. Man erwartete lange Zeit nichts Positives von den Fremden, abgesehen davon, dass sie Geld brachten, doch in Wahrheit führte ihr menschenverachtendes Verhalten zu vermehrten Alkoholproblemen, in deren Folge es nicht selten zu Gewalttätigkeiten kam. Seit den 1960er-Jahren gibt es während der Sommermonate Tagestouren vom nur 700 km entfernten Reykjavík (Island) aus. Dieser Tagestourismus ist insofern problematisch, als viele Reisende eher die ›Exoten‹ bestaunen und sich nicht mit dem Land und seinen Menschen auseinandersetzen. Störend wurde – und wird – die ›wohlmeinende‹ Haltung des guten Onkels oder der guten Tante aus dem reichen Europa emp-

Rundgang

Vom Flughafen führt ein breiter Weg vorbei an dem malerisch gelegenen **Friedhof,** von dem man einen guten Blick auf Kulusuk hat. Das Warenangebot des **Ladens** direkt am Ortseingang hat schon manchen überrascht, gehören doch auch Waffen dazu. Aber schließlich leben die Menschen an der Ostküste noch überwiegend von der Jagd auf Eisbären. Im Winter zieht manche Familie für längere Zeit in die Jagdgebiete Hunderte von Kilometern südlich der Ammassalik-Insel und Kulusuk. Groß ist das Angebot an geschnitzten Figuren, Tupilaks, Fellwaren und anderem Kunsthandwerk. Kulusuk ist vor allem für seine guten Maskenschnitzer bekannt. Das Holz liefert ihnen das Meer, es stammt überwiegend aus Sibirien.

Die **Kirche** von 1924 bietet Platz für 80 Menschen – relativ viele für einen Ort mit 340 Einwohnern – und ist das Geschenk einer Schiffsmannschaft, die bei Kulusuk havarierte.

Wanderungen und Ausflüge

Die Wandermöglichkeiten auf der Insel sind zwangsläufig begrenzt (s. Karte S. 252). Zum einen gibt es den schon erwähnten Weg vom Flughafen in den Ort, zum anderen die Schotterpiste auf den **Berg Isikajia** (336 m).

Hier findet man noch **Reste der ehemaligen Radarstation,** vor allem aber genießt man einen fantastischen Blick über den Ammassalik-Fjord bis nach Tasiilaq. Weitere Ausflüge werden mit dem Boot oder Helikopter vom Hotel Kulusuk angeboten. Das Hotel unternimmt auch Jeepfahrten zu der 8 km entfernten ehemaligen amerikanischen Radarstation, von der man einen tollen Blick auf die steil aufragenden Berge der Ostküste hat. Im Winter stehen organisierte Hundeschlittenfahrten auf dem Programm, so z. B. zum **Apusiaajik-Gletscher** auf der Nachbarinsel.

Übernachten

Blaues Haus im Nichts – **Hotel Kulusuk:** Tel. 98 69 93, Fax 98 69 93, www.arctic wonder.com, DZ 1085 DKK. Liegt zwischen Flughafen und Ort und bietet 34 funktional ausgestattete Zimmer. Außerdem Transportservice und Toureninformation.

Im Dorf – **Servicehaus:** an der Straße zum Flugplatz, Tel. 98 68 80, Schlafsackbett 200 DKK. Hier gibt es einfache Unterkünfte, Dusche und Waschmaschinenbenutzung möglich. Kiosk vorhanden.

Bei Familien – **Privat:** Buchung über Destination Eastgreenland s. Infobox S. 248, Schlafsackbett 200 DKK. Einfache, aber saubere Unterkünfte, kein fließendes Wasser, Chemietoiletten. Verpflegung möglich (drei Mahlzeiten 150 DKK).

Essen & Trinken

Das einzige – **Hotel Kulusuk:** Adresse s. Übernachten oben, Gerichte ab 180 DKK. Es wird internationale und grönländische Küche serviert.

Einkaufen

Kunsthandwerk – Tupilaks, Masken und vieles mehr erhält man im **Hotel Kulusuk,** am **Flughafen** und im **Souvenirshop** in der Nähe des Gemeinschaftshauses (Mai–Sept.).

Aktiv & Kreativ

Outdoor-Touren – **Arctic Wonder Tours:** im Hotel Kulusuk, Adresse s. Übernachten links. Bieten im Sommer (Mai–Sept.) Bootsfahrten zum Apusiaajik-Gletscher (395 DKK), Jeep-Fahrten (295 DKK) sowie einen Spaziergang nach Kulusuk (195 DKK). Im Winter (Feb.–Mai) sind es Hundeschlittentouren unterschiedlicher Länge ab 400 DKK.

Trommeltanz – **Anna Thastum:** Tel. 98 69 50, 750 DKK pro Auftritt. Einzelauftritt oder Tanz mit Kindern.

Abends & Nachts

Dorfdisko – **Gemeinschaftshaus:** Fr und Sa 22–3 Uhr, 15 DKK. Disko bzw. Dansemik, sehr lebendiger Ort, gut besuchtes Wochenendvergnügen. Alkohol wird nicht ausgeschenkt, aber man kann welchen mitbringen.

Infos

Hotel Kulusuk: Adresse s. Übernachten links. Das Hotel ist die Informationsstelle des Ortes.

Verkehr

Flug: www.airgreenland.com, www.airiceland.is. Kulusuk wird von Air Greenland von Nuuk und von Air Iceland Mo–Sa von Reykjavík aus angeflogen. Wer keine Arrangements buchen will, sollte sich rechtzeitig um ei-

Im Kong Oscars Havn bei Tasiilaq spiegeln sich Eisberge im ruhigen Wasser

nen Flug im Sommer kümmern. Weiterflug nach Tasiilaq mit einem Anschlusshelikopter, auch diese Flüge unbedingt rechtzeitig buchen.

Boot: Bootsfahrten und -transporte können mit Bewohnern organisiert werden.

Tasiilaq und Siedlungen! ▶ J 18

»Wir haben viele Namen für die Dinge, die wir lieben«, besagt ein altes Sprichwort, und Tasiilaq gehört offensichtlich zu diesen Dingen. Die wohl liebevollste Bezeichnung lautet ›Perle Ostgrönlands‹, und wenn man den Ort das erste Mal sieht, umgeben von den Bergen mit den weitläufig hingestreuten Häusern an den Hängen und am Fjord, stimmt man dem sofort zu. Der ost-

grönländische Name für die einzige Stadt des Ostens auf der Insel Ammassalik bedeutet ›See‹ und bezieht sich auf den **Kong Oscars Havn,** der in der Tat eher an einen See als an einen Fjord erinnert. Auf Grönländisch trägt der Fjord denselben Namen. Ammassalik, der alte Ortsname, der noch in vielen älteren Veröffentlichungen steht, bedeutet ›der Platz mit den Lodden‹, eine kleine Lachsfischart, die die Menschen in früheren Zeiten vor allem in den langen Wintermonaten vor dem Verhungern bewahrte, und war somit eine positive Bezeichnung. Dennoch wurde der Name geändert, weil – so erzählt es eine Geschichte – ein alter Mann namens Ammassalik gestorben war und entsprechend der religiösen Vorstellungen der Inuit der Name eines Toten nicht mehr erwähnt werden sollte. Deshalb benannte man die Fische um in *kersakkat,* und der Ort hieß fortan Ta-

Map labels:
Sermilik · Tiniteqilaaq · 1270 m · 1080 m · Qinngertivaq · Kuummiut · Ikaasatsivaq · Qoornip Qaqqartivaa 1038 m · 1326 m · 1054 m · 810 m · Ammassalik · Ammassalik Fjord · Qernertivartivit · Mittivakkat · Vegas Fjeld 1096 m · Qolortoq · 855 m · 1003 m · Apusiaajik · Ikkatteq · Kiittertivaq 813 m · Ymers Bjerg 830 m · Tasiilaq · Kong Oscars Havn · Blomsterdalen · Amitsivartik · Kulusuk · Kulusuk · Qaqqartivakajik 679 m · Akinnatsiaat · Isikajia 336 m · Isortoq

0   5   10 km

siilaq. Wahrscheinlicher ist aber, dass die Menschen in Ostgrönland diesen Namen als Stück ihrer Identität betrachten, verweist er doch auch darauf, dass hier eine eigene Sprache gesprochen wird, die von den Westgrönländern nur schwerlich verstanden wird.

Siedlungsgeschichte

Die ersten Inuit gelangten zur Zeit der Saqqaq-Kultur vor rund 4500 Jahren in die Region, doch sie starben vermut-

lich wegen klimatisch schlechter Bedingungen aus. Die nächste Einwanderungswelle kam 600 v. Chr. Ausgrabungen am Sermilik-Fjord belegen, dass dort die Menschen wohl am längsten gesiedelt haben. Die letzten Einwanderungen erfolgten im 14. oder 15. Jh. Anders als die Bewohner der Westküste hatten die Inuit der Ostküste keinen weitreichenden Kontakt zu Europäern. Hans Egede, der davon überzeugt war, dass die Ostsiedlung der Nordmänner auch an der Ostküste liegen müsste, hatte selbst keine Gelegenheit, auf diese Seite Grönlands zu gelangen. Die Packeisverhältnisse ließen eine Schifffahrt nicht zu. Im 18. Jh. gab es entlang der Ostküste Siedlungen, die meist nur aus einem Gebäude bestanden.

Der erste Europäer, der in den Osten kam, war 1752 Peder Olsen Walløe. Er wollte sich die »sonderbaren Wesen« einmal selbst ansehen und reiste zum Lindenow-Fjord. 1829/30 erkundete eine dänische Expedition unter der Leitung von W. A. Graah die Küste von Kap Farvel bis zu einer Insel rund 100 km südlich von Tasiilaq. Obwohl Graah von den ungewöhnlichen Bewohnern berichtete, sollte es noch über 50 Jahre dauern, bis Gustav Holm mit seiner Frauenbootexpedition nach Tasiilaq kam, wo er an der Ostseite der Ammassalik-Insel überwinterte. Mit den wendigen Umiaks konnte er sich nahe der Küste zwischen den Eisschollen hindurchbewegen. Er fand heraus, dass 413 Menschen im Distrikt lebten, doch als sich 1892 eine weitere dänische Expedition hierhin aufmachte, waren es nur noch 294 Menschen. Um das Überleben der Bevölkerung zu sichern, gründeten die Dänen im Jahr 1894 die Handels- und Missionsstation Angmagssalik – so die alte Schreibweise von Ammassalik – am heutigen Standort Tasiilaqs. Der Naturhafen und der nahe Lachsfluss beeinflussten die Wahl des Standortes. Johan Petersen (1867–1960), der als Dolmetscher für Holm während der Expedition gearbeitet hatte, wurde Kolonialverwalter, Pastor Frederik Carl Peter Rüttel (1859–1915) der erste Missionar. Beide haben das Leben und die Menschen fotografisch dokumentiert. Rüttel blieb bis 1904 im Ort, Petersen bis 1915.

Am 26. August 1894 landete das erste Schiff mit Baumaterial und Handelswaren. Tasiilaq lag rund 8 km von der nächsten Siedlung Amitsivartik

entfernt, erst ein Jahr später zogen die ersten Inuit in die neue Kolonie: die Familie des in Kuummiut geborenen Künstlers Kârale Andreassen, dessen Vater Mitsivarniánga ein *angakoq* (Schamane) war und nach seiner Taufe 1901 den Namen Andreas annahm.

Nachdem sich der Gesundheits- und Ernährungszustand der Bewohner verbessert hatte, stieg die Bevölkerungszahl innerhalb kurzer Zeit wieder an, 1914 lebten schon 599 Menschen in dem Distrikt. 1925 waren es sogar zu viele Einwohner für die relativ kleinen Jagdgründe. Der Däne Einar Mikkelsen zog mit rund 70 Inuit 900 km Richtung Norden und gründete eine neue Kolonie, Scoresbysund, das heutige Ittoqqortoormiit (s. S. 265).

Die Gemeinde Ammassalik wurde am 1. Januar 1963 gegründet. Ostgrönland mit seiner eigenen Sprache und Kultur nahm genauso wie der Norden eine Außenseiterposition ein. Hin und wieder wurde sogar überlegt, die Menschen Ostgrönlands in den Westen umzusiedeln, da die Versorgung aufgrund der Entfernung und der Eisbedingungen, die eine geregelte Schifffahrt nur in der Zeit von Juli bis Oktober ermöglichen, äußerst schwierig ist. Heute spielen diese Überlegungen keine Rolle mehr.

Einen gewaltigen ökonomischen und sozialen Einschnitt erlebte die Region in den 1980er-Jahren, als für Robbenfelle nur noch wenige Kronen gezahlt wurden. Vorausgegangen war eine undifferenzierte Kampagne gegen das Robbenschlachten (s. S. 65). Für eine Fängergesellschaft eine Katastrophe! Die soziale Verelendung war enorm, der Alkoholkonsum stieg drastisch an. Die Situation hat sich seitdem verbessert, auch wenn man hier immer noch häufiger Betrunkene sieht als im Westen, vor allem in den kleineren Siedlungen. Besonders die Kinder litten und leiden unter den Wochenendexzessen, so wurden sie manchmal einfach auf die Straße gesetzt und sind dort fast erfroren. Seit Anfang der 1990er-Jahre gibt es ein Haus, wo die Kinder Zuflucht finden.

Neben dem Fischfang, der überwiegend für den regionalen Markt bestimmt ist, ist die Jagd immer noch der Haupterwerb der Menschen. Andere Arbeitgeber sind die Kommunalverwaltung, eine Nähstube, die Filatelia und ein Bauunternehmer.

Rundgang

Filatelia

Di, Do 13–14 Uhr

Nicht nur für Briefmarkensammler lohnt sich ein Besuch in der Filatelia, der grönländischen Briefmarkenstelle in einem modernen roten Gebäude im Zentrum. Es sind schon kleine Kunstwerke, die viermal im Jahr erscheinen, für Sammler natürlich mit entsprechenden, auf das Motiv abgestimmten Ersttagsstempeln. Zu den jeweiligen Serien gibt es weiterführende Literatur, sodass man auch als Nicht-Sammler ein ausgesprochen typisches grönländisches Souvenir hat. Interessierte Besucher können an Führungen teilnehmen und sich die zahlreichen Jahresmarken, Kontrollstationen und Versandstellen ansehen. Außerdem erfährt man viel über die Herstellung der Briefmarken.

Kolonialhäuser

Die wenigen alten Häuser aus den ersten Jahren der Handelsstation liegen etwas verstreut. Gegenüber der Filatelia steht das älteste Haus, die 1894 errichtete sogenannte **Zitadelle.** Hier wohnten alle Dänen während des ersten Winters. Etwas westlich davon steht **Skæven,** die örtliche Nähstube und Touristeninformation, wo man sehr schöne Fellwaren und handwerklich hochwertigen Schmuck erhält. Das Haus wurde zwischen 1904 und 1908 erbaut und sollte als Sitz des Kolonieverwalters dienen. Seinen Namen ›Das Schiefe‹ erhielt es, weil sich der Sockel auf einer Seite um 10 cm gesenkt hat. In den 1920er-Jahren wurde es 4 m nach Norden verlegt. 1958–1977 war hier das Büro der Königlich Grönländischen Handelsgesellschaft untergebracht und anschließend die Nähstube.

Nicht weit entfernt steht ein weiteres staatliches **rotes Haus,** 1928 von dem Architekten Helge Bojsen-Møller entworfen, ehemals Wohnstatt des Inspektors für Ostgrönland. Später wohnte auch Einar Mikkelsen hier. Heute ist es das Haus des Handelschefs. Etwas nordwestlich davon steht das erste, 1895 fertiggestellte **Pfarrhaus.** Es erlebte diverse Ausbauten und Veränderungen und ist seit 1977 das Haus des Kommunaldirektors. Etwas oberhalb des Inspektorenhauses sieht man ein **gelbes Haus,** ebenfalls 1895 für den Handelsverwalter Johan Petersen erbaut. Im Verlauf der Jahre war es

---

Mein Tipp

Beliebte Ortsansicht

Für einen Blick über Tasiilaq und den Fjord lohnt sich der Weg auf den **Aussichtspunkt,** wo ein Gedenkstein an die Ankunft der Frauenbootexpedition von Gustav Holm am 31. August 1884 erinnert. Eine andere Steinwarte von 1944 gedenkt der Gründung der Kolonie vor 50 Jahren. Ein idealer Platz, um auch die Umgebung zu genießen – die Bewohner lieben ihn!

Gäste- und Krankenhaus, hier hatte die erste Krankenschwester Signe Vest ihre Wirkungsstätte, als sie 1931 an die Ostküste kam. 1952 war das Tuberkulosekrankenhaus hier untergebracht, und 1957/58 wohnten darin die Krankenpflegeschüler. Jetzt ist es ein Ärztehaus.

Neue Kirche

Mi–Fr So–Mo 10–12, 14–16, Gottesdienst So 10–11 Uhr

Fast wie ein Wahrzeichen ragt der Turm der fünfeckigen Kirche aus den Häusern heraus. Sie ist nicht nur als Gebäude quasi qua Funktion dem Himmel am nächsten, sondern vor allem wegen ihres wunderschönen Innenraums (s. Lieblingsort S. 257). Der Entwurf des 1985 eingeweihten Gotteshauses stammt von dem Architekten Holger Jensen, die Deckenmalerei sowie das Taufbecken und das Kreuz aus bemaltem Treibholz mit aufgenagelten Walknochen stammen von Aka Høegh (s. S. 76). Das Taufbecken besteht aus einem ausgewaschenen Pinienstumpf, angetrieben in Südgrönland. Treibholz war in den alten Zeiten für die Inuit ein wirklicher Schatz. Die Fellarbeiten mit ostgrönländischen Motiven stammen ebenso wie der Umiak, das Frauenboot, von Künstlern der Region.

Tasiilaq-Museum

In der alten Kirche, Tel. 98 13 11, 23 36 79, Sommer tgl. 10–12,13–16, Winter Mo–Do Sa 13–16 Uhr

Von der neuen Kirche blickt man auf die alte Kirche mit dem Lokalmuseum. Das Gebäude wurde 1908 nach dem Entwurf des Architekten P. A. Cortsen gebaut. Bemerkenswert ist ihre schöne Lage am Hang über der Hafenbucht. Aufgrund der exponierten Position hat man die Kirche mit entsprechenden Ketten verankert. Zunächst war darin

Treffpunkt für Abenteurer – das ›Rote Haus‹

Das ›Rote Haus‹ gehört dem Italiener Robert Peroni, der hier seit Jahren ein vielseitiges Tourenangebot zusammen mit Jägern aus der Kommune entwickelt hat. Sein Ziel ist ein verantwortungsvoller Tourismus mit und für die Bevölkerung. So ist auch das ›Rote Haus‹ nicht nur ein gemütlicher Übernachtungsplatz für Reisende, sondern vor allem eine Begegnungsstätte. Mitarbeiter sind sowohl Europäer als auch Inuit, und Verständigungsschwierigkeiten sind spätestens nach der ersten gemeinsamen Bootsfahrt oder einem Jagdausflug überwunden. Informationen über das Leben an der Ostküste sowie über jede Art von Touren – von der Bergbesteigung bis zur Inlandeisdurchquerung – erhält man hier. Das ›Rote Haus‹ gehört zu den weltweit zwölf ›No Limits Centern‹, die Extremtouren unter professioneller Führung anbieten. Die Idee ist, die physischen und mentalen Grenzen der Teilnehmer zu verändern. Außerdem werden auch Unterkünfte in Siedlungen organisiert (Naparngumut B-1025, in Richtung Heliport, Tel. 98 16 50, 59 83 40, Fax 98 10 24, www.tuning-greenland.com, DZ 730 DKK, DZ mit Schlafsack 560 DKK, Verpflegung möglich).

die Schule untergebracht. Heute zeigt hier das sehr sehenswerte Lokalmuseum Exponate wie z. B. Masken oder Tupilaks aus Ostgrönland. Außerdem sind Bilder von Kârale Andreassen und Büsten von Eigil Knuth zu sehen. Im großen **Sodenhaus** direkt neben dem

Museum, dem sogenannten Kartoffel-haus, werden über den Winter die Kartoffeln für den Ort eingelagert. Es wurde 1993 errichtet und hätte in früheren Zeiten bis zu vier Familien, also 15–25 Personen, Platz bieten müssen.

Hafen

Um das Leben in Tasiilaq kennenzulernen, lohnt es bis zum Hafen zu gehen. Regelmäßig fahren die Jäger und Fischer raus, man fährt zu und kommt aus den Siedlungen. Wenn die Versorgungsboote anlanden, herrscht reges Treiben am Pier. Für den kleinen Hunger holt man sich was aus der nahen Bäckerei und setzt sich wieder auf die Steine.

Wanderungen

Wanderern und Alpinisten bietet die Ammassalik-Insel ausreichend Touren (s. Karte S. 252). Markierungen gibt es nur bedingt, aber dafür ist eine sehr gute Wanderkarte in der Touristeninformation erhältlich.

Einfache Wanderungen in der nahen Umgebung

Ein reizvoller Spaziergang führt am Friedhof vorbei ins sogenannte **Blomsterdalen** (s. Entdeckungstour S. 258). Längere Touren führen rund um die verschiedenen **Seen in der Nähe** Tasiilaqs. Der Aussichtsberg mit Blick in Richtung Kulusuk und weiter hinaus auf den Packeisgürtel ist der südlich von der Stadt gelegene **Berg Qaqqartivakajik** (679 m), der sich von der Nordseite besteigen lässt.

Einwöchige Wanderung zum Gletscher Mittivakkat

Eine längere Wanderung geht zunächst entlang dem **Kong Oscars Havn,** bis man im Norden die Ausläu-fer des **Vegas Fjeld** (1096 m) erreicht. Weiter am Ufer des **Sees Qorlortoq** in nördlicher Richtung kommt man zu einem kleineren See (See 2 auf der Wanderkarte) und weiter bis zu See 5. Hier in westlicher Richtung umrundet man den **Gletscher Mittivakkat.** Auf dessen Südseite kommt man zum sogenannten **Sermilikvejen,** einer Hundeschlittenspur, die wieder zum **Kong Oscars Havn** führt. Für diese Strecke sollte man in jedem Fall eine Woche einplanen, einfach auch, um die Landschaft zu genießen.

Übernachten

Über der Stadt – **Hotel Ammassalik:** Tel. 98 12 93, Fax 98 13 93, www.arctic wonder.com, DZ 695–1495 DKK. Das große, blaue Hotel hat eine hervorragende Lage etwas oberhalb des Ortes, und von luxuriösen Panoramazimmern genießt man einen entsprechenden Blick über den Fjord. Auch die anderen Zimmer sind komfortabel ausgestattet, nur die Standarddäume sind sehr schlicht. Vom Pool-Billard bis zur Sonnenterasse bietet das Haus einiges.

Mein Tipp – **Rotes Haus:** Naparngumut B-1025, in Richtung Heliport, Tel. 98 16 50, 59 83 40, www.tuning-greenland. com, DZ 730 DKK, DZ mit Schlafsack 560 DKK (s. S. 255).

Ferienwohnung – **Robert Apartments:** 500 m vom Heliport, Robert Christensen, B-811 Ittimini, Tel. 98 10 52, 59 81 52, clubverl@greennet.gl, 500/600 DKK. Zwei kleine Apartments mit Mini-Küche bieten Unabhängigkeit. Funktional und ausreichend ausgestattet.

Camping – **Zeltplatz:** in der Nähe des Heliports mit Waschgelegenheit und Toilette. Buchung über das Rote Haus, s. oben, pro Pers. 60 DKK. Außerhalb des Ortes gibt es schöne und ruhige Plätze.

Lieblingsort

Dem Himmel nahe – die neue Kirche von Tasiilaq ▶ J 18
Betritt man die Kirche, steht man auf einem Mal in einem hellen licht-
durchfluteten hohen Raum. Die Kombination aus Moderne und Tradition, zu sehen in der Verwendung von Naturmaterialien wie Treibholz
beim Taufbecken oder Fell an den Bänken, ist ein Sinnbild des heutigen
Grönland. Bei einem Gottesdienstbesuch muss man nicht die Worte verstehen, allein Gesang und Orgelmusik hier zu erleben ist ein Genuss.

Auf Entdeckungstour

Was blüht denn da? – von Tasiilaq ins Tal der Blumen

Schon eine relativ kurze Wanderung von Tasiilaq entführt in ein geradezu üppiges Blumenreich. Bunt leuchten die Blütenkissen und die vielen Krautpflanzen duften entlang des Weges und an den kleinen Hängen.

Karte: S. 252

Start: am Friedhof

Dauer: 3 Std., inkl. Gang zur Seenkette 2 Tage

Wanderkarte: Eine Wanderkarte der Region im Maßstab 1 : 100 000 ist in der Touristeninformation erhältlich.

Blomsterdalen – Blumental, so heißt das kleine Tal, durch das der Fluss nach Tasiilaq fließt. Natürlich lieben auch die Bewohner das nahe Flusstal, wo sie im Sommer spazieren gehen, zelten oder Grillabende veranstalten.

Vor den Toren des Ortes

Der Weg beginnt am westlichen Ortsausgang und führt zunächst am Friedhof vorbei. Hier stehen weiße Kreuze mit farbenprächtigen Kränzen aus Kunstblumen. Man bleibt auf der Nordseite des Flusses und schon bald sieht man neben dem leuchtend gelben Löwenzahn, der in den Sommermonaten überall wächst und blüht, etliche andere Blumen. Auffallend ist z. B. das Läusekraut mit seinen pinkfarbenen Blüten. Eine besonders zart schimmernde Blume ist der hellgelbe Mohn, der je nach Sonneneinfall zu leuchten scheint. Wenn man genau hinschaut, sieht man auch den kleinen Enzian mit seinen intensiv blauen Blüten, ein wirklicher Winzling.

Etwas oberhalb auf der Nordseite des Flusses gelegen befinden sich einige kleinere Seen, und an besonders warmen Tagen trifft man sich hier zum Baden. Die Seen sind nicht sehr tief und so kann sich das Wasser wohl bis zu einer erträglichen Temperatur erwärmen. Das Einzige, was die Idylle etwas trübt, ist der hier und dort herumliegende Abfall.

Essbares am Wegesrand

Im Spätsommer reifen im Blomsterdalen zahlreiche Beeren, vor allem Blau- und Krähenbeeren. Dann ziehen die Bewohner hinaus zum Sammeln, um daraus Marmelade und Grütze zu machen. Beliebt ist auch Rosenrot, eine gelb blühende Pflanze mit fleischigen Blättern. Diese sollen sehr schmackhaft und vitaminreich sein. Der wilde Thymian wird zum Würzen von Lammfleisch und geräuchertem Lachs verwendet. Zum Räuchern werden dann ganze Krautsträucher benutzt. An einigen Stellen sieht man auch Pilze, z. B. Bovisten, die in der grönländischen Küche aber keine Verwendung finden.

Leuchtende Nationalblume

Der weitere Weg durch das blumenreiche Tal führt zu einem größeren See, und auf den sandigen Ebenen sieht man dann Grönlands Nationalblume niviarsiaq, übersetzt ›die Jungfrau‹, mit ihren intensiv purpurnen bis violetten Blüten. Der deutsche Name der Pflanze ist arktisches Weidenröschen. Auch ihre Blätter wurden zumindest früher roh gegessen. Hat man den See hinter sich gelassen, kann man entscheiden, ob man noch einen Abstecher auf den 830 m hohen Ymers Bjerg machen möchte. Von der Nordwestseite aus lässt er sich bis zum Höhenpunkt 643 recht gut besteigen. Ab dort gestaltet sich der Aufstieg steiler und schwieriger, die letzten Höhenmeter muss man sogar klettern. Doch auch wenn man nicht ganz hinaufgeht, so hat man einen sehr schönen Blick auf Tasiilaq und das Eis im Fjord.

Nach diesem Abstecher wandert man über einen Pass bis zu einer Seenkette. Entlang den Seen führt eine ein- bis zweitägige Wanderung bis zum Fjord Sermilik, auf dem zahllose Eisberge treiben. Man kann auch um den See 168 zurück auf dem Sermilikvejen (Sermilikweg) wieder nach Tasiilaq wandern. Für diese landschaftlich reizvolle Route sollte man noch 4–6 Std. zusätzlich einplanen. Kürzer ist der Weg von der Seenkette in östlicher Richtung vorbei an einem wasserreichen, bei Anglern beliebten Fluss wieder bis zur Küste. An der Küste entlang geht es zurück nach Tasiilaq.

Essen & Trinken

Grönländisch-italienisch – **Red House:** Adresse s. Übernachten S. 256, abends Gerichte um 220 DKK. Anmeldung notwendig. Es wird so viel wie möglich mit grönländischen Produkten gekocht.

Panorama – **Hotel Ammassalik:** Adresse s. Übernachten S. 256, Gerichte ab 180 DK. Im Restaurant bekommt man europäische und grönländische Gerichte, z. B. Robben- oder Walfleisch, und hat dazu noch einen hervorragenden Blick über den Fjord.

Imbiss – **Sporthalle:** Gerichte ab 80 DKK, Mo–Sa 12–19 Uhr. In der Cafeteria im 1. Stock gibt es die beliebten Fastfood-Gerichte.

Literarisch – **Café:** in der Buchhandlung, Neriusaaq, tgl. 14–18, 19.30–22 Uhr. Interessanter Treffpunkt.

Einkaufen

Kunsthandwerk – Tupilaks, Steinfiguren und Schmuck sind an der Ostküste besonders schön. Eine Auswahl bieten der **Museumsshop** und der **Souvenirladen im Hotel Ammassalik.** Die Näherinnen der **Nähstube Skæven** fertigen Taschen oder Westen nach Wunsch.

Für Sammler – **Filatelia:** Ujuaap Aqq B 184, Tel. 98 11 55, Fax 98 14 32, www.stamps.gl. Handliche Souvenirs sind Briefmarken. Außerdem kann man sie weitersammeln und direkt bestellen.

Bildbände – **Buchhandlung Nerriusaaq:** Nappartsimavimmut B 156. Gebrauchte und neue Bücher über Grönland, außerdem ein beliebter Treff.

Aktiv & Kreativ

Tourenservice – **Hotel Ammassalik:** Adresse s. Übernachten S. 256. Der Veranstalter Arctic Wonderland Tours gehört zum Hotel (www.arcticwonder.com). Auf dem Programm stehen Bootsfahrten zu Eisbergen und der Siedlung Ikateq, Wanderungen ins Tal der Blumen, Helikopterflüge auf den Gletscher und im Winter vor allem Hundeschlittentouren.

Für Grönlandbegeisterte – **Red House:** Adresse s. Übernachten S. 256. Bietet außer Bootsfahrten Wanderungen jeder Länge an, auch mehrtägige Trekkingtouren, Kajakfahrten, Bergbesteigungen und im Winter Skitouren und Hundeschlittenfahrten. Außerdem kann man einheimische Jäger auf der Jagd begleiten.

Urlaub bei einer Gastfamilie – **Destination East Greenland:** Adresse s. Infos & Termine rechts. Für einige Tage werden Touristen zu Familienmitgliedern: Die von Destination East Greenland vermittelten Inuit-Familien in einer Siedlung schließen die Gäste in den Alltag mit ein. Sie nehmen sie mit zur Robbenjagd, lassen sie die Schlittenhunde versorgen oder den frisch gefangenen Fisch kochen. Außerdem kann man hier die gängigen Touren buchen und Ausrüstung leihen, z. B. Kajaks, sowie einen Hundeschlittenführerschein machen. Eisfischen, Hochseeangeln oder Walbeobachtungen sind zudem möglich. DEG unterhält ein Camp in der Nähe des Sermilik-Fjords mit abwechslungsreichem Programm. Inlandeistouren oder andere Extremtouren können hier besprochen und vorbereitet werden. DEG arbeitet vor allem mit örtlichen Guides zusammen.

Wintersport – **Skilaufen:** Die Möglichkeiten für Langlauf und Abfahrtsski sind vielfältig. Im Ort ist ein Skilift.

Abends & Nachts

Tanzen – **Klubben:** Nielsen-ip Aqq B 151. An einem Drink nippen und Bil-

lard spielen, vor allem am Wochenende ein äußerst beliebter Disko-Treff.

Infos

Destination East Greenland: im Skæven, Ujuaap Aqq. B48, Tel. 98 15 43, 59
82 06, Fax 98 12 43, www.eastgreen
land.com, Sommer Mo–Mi 9–16, Do, Fr
9–17, Sa 10–14, Winter Mo–Fr 9–16 Uhr.

Verkehr
Flug: von Kulusuk mit dem Helikopter
nach Tasiilaq.
Boot: im Sommer verkehren Regionalboote zu den Siedlungen.

Kuummiut ▶ K 18

In den Siedlungen der Kommune leben
die Menschen hauptsächlich von der
Jagd, und ein Ausflug mit dem Regionalboot dorthin – vorausgesetzt die Eisbedingungen auf den Fjorden lassen
das zu – ist ein Erlebnis. Die größte
Siedlung ist das nordöstlich gelegene
Kuummiut mit knapp 370 Einwohnern.
Auf der Fahrt dorthin kommt man an
der Insel Qernertivartivit mit einer aufgegebenen Siedlung vorbei.
   Kuummiut wurde 1915 als Missionsstation gegründet und war zuvor eine
Inuit-Siedlung. Der berühmteste Sohn
ist der 1890 hier geborene grönländische Künstler und Lehrer Kârale Andreassen. Sein Vater war der Schamane
Mitsivarniánga und den Einfluss der
spirituellen Welt auf den Sohn kann
man gut an seinen Bildern sehen.
   In dem geradezu verzaubernd schön
gelegenen Ort an drei Fjorden mit einer beeindruckenden Bergkulisse leben die Menschen hauptsächlich von
der Jagd und dem Fischfang. So sieht
man viele Robbenfleischteile an den
Trockengestängen hängen und soge-

nannten Blubber, Robbenspeck, vor
den Häusern liegen, an den die ange-
ketteten Hunde nur zu gerne heran-
kommen würden. Als einzige Siedlung
hat Kuumiut auch eine kleine **Fischfabrik.** Während der Arbeitsstunden
kann man sie besuchen (Tel. 98 40 10,
Mo–Fr 8–12, 13–17 Uhr).
   Kuummiut ist ein sehr guter Ausgangsort für Bergtouren, Wanderungen entlang der Fjorde und Ausflüge
auf das Inlandeis.

Wanderung nach Tiniteqilaaq
▶ J/K 18
Eine schöne 7-tägige Wanderung kann
man vom **Qinngertivaq,** einem Seiten-
arm des Ammassalik-Fjords, aus nach
Tiniteqilaaq am Sermilik-Fjord unternehmen. Besonders reizvoll ist der
Weg entlang dem **Sermilik-Fjord** mit
seinen zahllosen Eisbergen. Man läuft
in Küstennähe, umgeben von einer
grandiosen Bergwelt, und muss Zelt
und ausreichend Proviant mitnehmen.

Ausflug nach Old Ikateq ▶ K 18
Von Kuummiut kann man in ca. fünf
Tagen nach Old Ikateq wandern. Die
einzige Schwierigkeit ist die Überwin-
dung des Gletscherflussdeltas, man
kann aber auch über den Gletscher gehen. Einfacher und bequemer ist die
Fahrt mit dem Boot.
   Zwischen Kuummiut und der Siedlung Sermiligaaq, weiter nordöstlich
am gleichnamigen Fjord gelegen, errichteten die Amerikaner während des
Zweiten Weltkrieges die Militärbasis
Bluie East 2, Ikateq, von manchen auch
Old Ikateq genannt. Entlang dem Ika-
teq-Fjord mit seinen Eisbergen zieht
sich die 2,5 km lange **Landebahn** und
endet in einem Tal von malerischer
Schönheit. Der kleine **See** darin ist umgeben von steil aufragenden Bergen,
deren schroffe Gipfel aus Schneefel-
dern aufragen. Am Horizont schim-

Bei Kajaktouren kommt man den Eisbergen in den Fjorden sehr nahe

mert in metallischem Weiß das Inlandeis. Gefurchte, grau-weiße Gletscherzungen mit blau scheinenden Spalten fließen in den Fjord. Tausende rostigbraune Kerosintonnen säumen die alte Straße neben dem Rollfeld, der Wind entlockt ihnen geheimnisvolle Geräusche. Nebeneinander, übereinander, aufgeschichtet und durcheinander liegen sie dort von arktischen Weiden teilweise überwuchert. Auf der anderen Seite der Straße erstrecken sich Müllhalden mit Glasscherben zerbrochener Coca-Cola-Flaschen und noch erkennbaren Corned-Beef-Dosen. Ausgeschlachtete LKWs versinken langsam im Boden. Am Ende der Landebahn steht die Skelett-Ruine eines **Hangars,** Fundamentreste lassen noch die Umrisse früherer Gebäude erahnen.

Old Ikateq wurde als Auftankstation genutzt, außerdem pflegte man im Krankenhaus die Schwerstverletzten. Innerhalb weniger Stunden verließen die Amerikaner Anfang der 1950er-Jahre die Basis und ließen alles zurück. Die Inuit aus den benachbarten Siedlungen holten sich alles Brauchbare, wie Kerosin, Ersatzteile und ganze Häuser, so stammt der Klubben in Tasiilaq aus Old Ikateq. Welche Spätfolgen der militärische Müll für die Umwelt haben könnte, interessierte die Amerikaner genauso wenig wie die sozialen Auswirkungen der Basen für die Bevölkerung: übermäßiger Alkoholkonsum, Prostitution und Krankheiten.

Übernachten

Einfach – **Servicehaus:** Tel. 98 40 53, Bett 200 DKK. Hier gibt es vier Schlafplätze, ansonsten kann man im Haus der Bewohner duschen und Wäsche waschen. Ein Kiosk ist vorhanden.
In der Familie – **Privatunterkünfte:** Vermittlung über Destination East Green-

land, Adresse s. Infos S. 261. Zimmer bei Familien, Bett 200 DKK. Gut wäre es natürlich, Dänisch zu sprechen.
Gemütlich – **Travel Lodge Kuummiut:** Lars Anker-Møller, Tel. 25 17 46, www.travellodge.dk, Haus 2 Pers./400 DKK, 3 Pers./600 DKK. Das hübsch eingerichtete Haus bietet Platz für max. drei Personen. Küche und Wohnzimmer mit Internetanschluss.

Aktiv & Kreativ

Boot und mehr – **Travel Lodge Kuummiut:** Adresse s. oben. Bietet Bootsfahrten, Angeltouren, Ausflüge nach Old Ikateq. Alle Fahrten können auch von Tasiilaq gestartet werden. Jagdausflüge und im Winter eine mehrtägige Hundeschlittentour.
Jagd und Fisch – **Siggi Tours:** Siggurdur Pettursson, Tel. 98 40 31, siggip@greennet.gl. Bootstouren, Jagdausflüge und Angeltouren. Der gebürtige Isländer bietet auch Unterkünfte an.

Infos

Verkehr
Flug: www.airgreenland.gl. Helikopterflüge von und nach Tasiilaq.
Boot: Die erwähnten Tourenanbieter bieten auch Bootsfahrten von und nach Tasiilaq und zu anderen Siedlungen der Kommune.

Sermiligaaq ▶ K 18

Rund 100 km nordöstlich von Tasiilaq liegt die Siedlung Sermiligaaq, was so viel wie ›wunderschöner Eisfjord‹ bedeutet. Der Ort mit 215 Einwohnern liegt an dem gleichnamigen Fjord, in den die beiden **Gletscher Kârale** und **Knud Rasmussen** kalben, entspre-

chend zahlreich sind die Eisberge. Hier sind die Bedingungen für Robbenjagd und Fischfang gut, und der Fang wird zum Teil in die Fischfabrik nach Kuummiut verkauft. Auch Eisbären kommen regelmäßig hierhin, immerhin ist die Siedlung die nördlichste des Distrikts. Sermiligaaq ist aufgrund seiner schönen Lage und Umgebung sehr beliebt bei Kajakfahrern.

Übernachten

Schlicht, aber praktisch – **Privatunterkünfte und Servicehaus:** Vermittlung über Destination East Greenland, Adresse s. Infos S. 261, Übernachtung pro Pers. 200 DKK. Einfache Zimmer in kleinen Häusern.

Wohnen in den Siedlungen
Privatunterkünfte und auch die Betten in den Servicehäusern sind einfach und sauber. In einigen Häusern gibt es kein fließendes Wasser, sondern nur Wasser in Kanistern, z. B. zum Kochen oder Händewaschen. Duschen ist nur in den Servicehäusern möglich. Die Toiletten in den Häusern sind entweder Chemietoiletten (Luxus) oder einfache Plumpsklos. Bevor man ein Haus betritt, sollte man grundsätzlich die Schuhe ausziehen. Die Wege in den Siedlungen sind nicht befestigt und entsprechend schlammig. Außerdem gilt ein striktes Rauch- und Alkoholverbot in den Häusern. Die wenigsten Bewohner der Siedlungen sprechen etwas Englisch, Dänisch ist hilfreich und einige Wörter oder Begriffe in Grönländisch schaffen eher Kontakt. Jeder wird irgendwie bemüht sein, also bemühen Sie sich auch, und alle werden reichlich Spaß dabei haben. In den Orten ist Bargeld notwendig.

Infos

Verkehr

Flug: Helikopterflüge von und nach Tasiilaq.

Boot: An- und Abreise entweder mit dem Regionalboot oder mit einem Tourenanbieter aus Kuummiut s. S. 263 oder Tasiilaq s. S.260.

Tiniteqilaaq und Isortoq

▶ J 18

Nordwestlich von Tasiilaq liegt die Siedlung **Tiniteqilaaq** mit 130 Einwohnern direkt an dem eisbergreichen Sermilik-Fjord. Für Europäer ein schier unaussprechlicher Name, für den die Inuit die Kurzform Tinit verwenden. Gegründet in den 1920ern, ganz genau weiß man es nicht, leben die Bewohner heute von der Jagd, dem Fischfang und auch dem Tourismus. 50 km von Tinit entfernt fließt der Helheim-Gletscher mit einer Geschwindigkeit von 12 km im Jahr in den Fjord. Im Winter ist die Anreise in den Ort einfach, denn dann fährt man mit dem Hundeschlitten über den zugefrorenen Meeresarm. Im Sommer ist es manchmal aufgrund des vielen Eises etwas schwierig, dennoch zählt die Bootsfahrt hierhin zu den beliebtesten Ausflügen von Tasiilaq. Tiniteqilaaq ist ideal für Eisbergbeobachtungen und kleinere Wanderungen in der Umgebung. Gerade im Sommer besteht die Möglichkeit, Narwale zu sehen, die das kalte Wasser sehr mögen.

80 km südwestlich von Tasiilaq liegt **Isortoq**, die kleinste Siedlung der Region Ammassalik, zudem die südlichste und auch entlegenste. Nur gut 100 Menschen leben auf der Insel, umgeben von Eisbergen und einer oft wilden See. Gerade 5 km entfernt beginnt die Eiskappe. Mancher Europäer mag sich fragen, was Menschen bewogen hat, auf dieser geradezu am Ende der Welt liegenden Insel zu siedeln, doch die Antwort ist für die Inuit einfach: die hervorragenden Jagdbedingungen. Eisberge und die Fjorde bieten den Robben einen idealen Lebensraum. Nicht von ungefähr kommen die erfahrensten Jäger und Hundeschlittenführer von dieser Insel.

Die Nähe zum **Inlandeis** macht Isortoq zu einem bewährten Ausgangsoder Endpunkt für Eisexpeditionen. Anbei: Der Name bedeutet ›nebeliges Meer‹, denn nicht selten verschwinden Eisberge und Umgebung in den Wolken.

Übernachten

In der Gemeinschaft – **Privatunterkünfte und Servicehaus:** Vermittlung über Destination East Greenland, Adresse s. Infos S. 261, Übernachtung pro Pers. 300 DKK. Einfache Zimmer in kleinen Häusern bei Familien in beiden Orten. Verpflegung ist möglich (drei Mahlzeiten 250 DKK).

Aktiv & Kreativ

Kajaktouren – **Adahnan Travel:** in Tiniteqilaaq, Audibert Michel, audibert@greennet.gl, Tel. 98 64 72, 98 64 08. Bietet Bootsfahrten, geführte Wanderungen in der Region sowie Kajaktouren an. Beim Kajakfahren kann man die Eisberge aus nächster Nähe betrachten. Außerdem Verleih von Equipment. Audibert Michel ist Franzose.

Touren – **Destination East Greenland:** Adresse s. Infos S. 261. Vermitteln Kontakt zu Jägern in Isortoq, die man begleiten kann. Auch Bootsfahrten, Angeltouren oder im Winter Hundeschlittenfahrten sind arrangierbar.

Infos

Verkehr

Flug: Helikopterflüge von Tasiilaq zu beiden Siedlungen.

Boot: Zu beiden Siedlungen entweder mit dem Regionalboot oder einem Tourenanbieter von Tasiilaq, s. S. 263, bzw. von Kulusuk mit Booten von Adahnan Travel, s. links.

Ittoqqortoormiit

▶ O 12

Ittoqqortoormiit ist mit den beiden kleinen Siedlungen Ittajimmiut (Kap Hope) und Uunartoq (Kap Tobin), die aber nicht mehr permanent bewohnt werden, der kleinste und entlegenste Distrikt Grönlands, hier leben nur 550 Menschen, Tasiilaq im Süden liegt 800 km, die nächste Siedlung an der Westküste 1200 km entfernt. Island ist rein geografisch der unmittelbare ›Nachbar‹, und so überrascht es nicht, dass ein isländisches Unternehmen den Tourismus in diesem Gebiet aufgebaut hat. Der dänische Name Scoresbysund für den Ort geht auf den englischen Walfänger William Scoresby jr. zurück, der als erster Europäer 1822 an diese Küste gelangte. Der grönländische Name Ittoqqortoormiit bedeutet so viel wie ›der Wohnplatz mit den großen Häusern‹ und stammt aus den 1920er-Jahren.

Ausgrabungen belegen, dass hier die ersten Inuit schon vor 4500 Jahren gesiedelt haben. 1983 fand man zahlreiche Werkzeuge und Perlen aus der Zeit der Thule-Inuit in Jameson-Land. Die Vorfahren der heutigen Bevölkerung kamen jedoch erst um 1925 hierher. Zu Beginn des 20. Jh. war die Bevölkerungszahl an der Westküste und in Tasiilaq so stark gestiegen, dass man

überlegte, eine weitere Kolonie an der Ostküste zu gründen. Auf Initiative von Einar Mikkelsen segelten 87 Menschen auf der ›Gustav Holm‹ nach Norden, 70 stammten aus Tasiilaq, die übrigen kamen von der Westküste. Außerdem hatten sie ihre Kajaks, Umiaks und 65 Hunde dabei. Während eines Stopps in Isafjördur (Island) erkrankten viele an einer Grippe, vor allem die Alten starben, sodass letztlich nur 70 Menschen am 4. September 1925 in Ittoqqortoormiit landeten. Schnell erkannten sie, dass die Jagdbedingungen wesentlich besser waren als erwartet, allein im ersten Jahr konnten sie über 1000 Robben erlegen. Tasiilaqs früherer Kolonieverwalter Johan Petersen wurde der Verwalter der neuen Siedlung und Sejer Abelsen der erste Pfarrer. 1928 wurden eine Telegrafenstation und eine seismologische Station errichtet.

Noch immer ist die Jagd der Haupterwerb der Bevölkerung, zumal das Gebiet um Scoresbysund bzw. Kangertittivaq zu den besten Jagdgebieten Grönlands gehört. Die Mündung des riesigen Fjordsystems, das sich über eine Fläche von 38 000 km^2 ausbreitet und bis zum Inlandeis 350 km lang ist, bleibt ganzjährig eisfrei. Während des Winters sammeln sich hier Ringelrobben und Walrosse, im Frühjahr kommen die Eisbären und im Sommer die Narwale. Die Moschusochsenpopulation in dem Gebiet ist riesig. In einer Fabrik wird die Jagdbeute für den Transport nach Westgrönland verarbeitet. Dennoch ist die finanzielle Situation der Jäger nicht gut, seitdem die Robbenfellpreise aufgrund der europäischen Anti-Robben-Kampagnen so dramatisch gesunken sind (s. S. 58). Die kommerzielle Nutzung der reichen Fischvorkommen ist nicht möglich, da der Fjord nur von Juli bis September packeisfrei ist. Heute ist ein weiterer

Wirtschaftszweig der Tourismus. Das Angebot für Individualreisende wurde ganzjährig erweitert. Zudem landen auch regelmäßig Kreuzfahrtschiffe hier im Nordosten an.

Kirche

Besichtigung nach Vereinbarung mit dem Pfarrer

Die hübsche, rot gestrichene Kirche mit Pfarrwohnung und Schulzimmer wurde 1929 eingeweiht und war ein Geschenk des Großhändlers Valdemar Uttenthal. Sie überrascht im Inneren hinsichtlich ihrer lichten Gestaltung in Blau, Weiß und Gold.

Museum

info@ittkom.gl, ansonsten nach Absprache in der Schule

Das Museum ist in dem ältesten Haus des Ortes beheimatet. 1930 erbaut, wurde es zunächst als Laden der Königlich Grönländischen Handelsgesellschaft (KGH) genutzt und dann von der Greenland Technical Organization (GTO) übernommen. Seit 1997 ist es nun Museum. Die permanente Ausstellung besteht aus der Einrichtung von Eleonoras Haus, einem ehemaligen Jägerhaus in Ittajimmit, die zeigt, wie die Lebensumstände in den 1950er- und 1960er-Jahren aussahen. In einem anderen Zimmer im Erdgeschoss sind Fotografien aus der gleichen Zeit, aufgenommen von Ib Tøpfer, der damals im Telegrafenamt der kleinen Siedlung arbeitete. Hin und wieder wird der Raum auch für Kunstausstellungen genutzt. In der 1. Etage sind weitere Fotografien aus den Gründungsjahren des Ortes von 1924–1925 sowie ein Kajak und Ölbilder eines ehemaligen Arztes zu sehen.

Walross-Bucht

Die wunderschöne Bucht mit fast endlosem Strand ist bekannt für die Tiere, die man dort antreffen kann, wie z. B. das Wappentier von Ittoqqortoormiit, den Moschusochsen. Doch Vorsicht, wenn einzelne Tiere auftauchen – sie können unter Umständen angreifen. Auch Eisbären können sich hier blicken lassen, deshalb möglichst mit einem erfahrenen Jäger dorthin gehen. Harmlos sind dagegen Füchse und Schneehasen. Den Namen erhielt die Bucht von den früher hier lebenden Walrosskolonien. Eine Straße verbindet die Bucht mit dem Ort, und im Sommer halten sich die Bewohner hier sehr gerne auf, um zu angeln oder nach Robben Ausschau zu halten.

Wanderungen und Ausflüge

Für den Reisenden ist das Gebiet von Ittoqqortoormiit faszinierend. Hinter dem Ort erheben sich die vergletscherten Gebirge, die sich auch südlich des Kangersuttuaq entlang der Küste ziehen. Nördlich von Ittoqqortoormiit befinden sich die höchsten Gipfel Grönlands, ein Paradies für Alpinisten. Lediglich Jameson-Land ist eisfrei und relativ flach. Innerhalb des Fjordsystems findet man eine reiche Vegetation. Zwar liegen die Temperaturen im Sommer durchschnittlich nur bei 6 °C, dennoch haben die langen stabilen Wetterabschnitte mit 24-stündigem Sonnenschein diesem Teil Grönlands den Namen ›arktische Riviera‹ eingebracht. Der Tierreichtum ist sehr groß, nicht zuletzt weil die Kommune unmittelbar an den Nationalpark (s. S. 269) grenzt. Auf Bootsfahrten innerhalb der Fjorde sieht man Tausende von Seevögeln und natürlich Robben. Ittoqqortoormiit ist ein ideales Ziel für Touristen, die bereit sind, neue Wege zu gehen, und nicht nur das immer Planbare erleben wollen. Aufgrund der Schneebedingungen kann man sogar noch im Frühsommer Hundeschlittenfahrten unternehmen. Die Jäger von Ittoqqortoormiit fahren viel über Schnee, deshalb spannen sie ihre Hunde paarig vor die Schlitten. Sie schmelzen auf ihren Touren auch den Schnee und nicht wie im Norden das Eis, um Trink- und Kochwasser zu erhalten. Im Winter gibt es gekennzeichnete Langlaufstrecken von unterschiedlichem Niveau und diversen Längen für alle, die aktiv durch den Schnee stürmen möchten.

Heiße Quelle von Uunartoq ▶ O 13

Ein markierter Wanderweg führt zu dem rund 7 km entfernten verlassenen Dorf Uunartoq. In der Nähe der Siedlungsreste (Kap Tobin) befindet sich eine der wärmsten Quellen Grönlands mit gut 35 °C. In Südgrönland gibt es

Eldorado für erfahrene Bergsteiger: die Region um Ittoqqortoormiit

übrigens einen Ort desselben Namens, auch dort ist eine warme Quelle (s. S. 137). Die Region um Ittoqqortoormiit birgt einige warme Quellen, was sicher überraschend ist. Ein besonderes Vergnügen ist ein kurzes Bad im Winter auf einer Hundeschlittentour. Wem das Wasser zu warm ist, der schüttet einfach Schnee hinein.

Übernachten

Allein und fein – **Ittoqqortoormiit Gästehaus:** Tel. 99 10 18, 59 91 18, Fax 99 11 18, www.simonsen-holtz.dk, DZ 550 DKK. Kleines nettes Haus mit drei Doppel- und vier Einzelzimmern, voll ausgestatteter Küche zur Selbstversorgung sowie Badezimmer und Waschmaschine. Zuvorkommender Besitzer.

Aktiv & Kreativ

Vor Ort – **Nanu Travel:** B-186, Tel. 99 12 80, 23 12 60, Fax 99 10 70, www.nanutravel.dk. Der Tourenveranstalter des Nordostens. Kajaktouren, Bootsfahrten, Touren in den Nationalpark z. B. mit ehemaligen Angehörigen der Sirius-Patrouille, Fischen, Jagen, geführte mehrtägige Wanderungen, Hundeschlittentouren von 3 Std. bis 10 Tagen (März–Mai), Bootsfahrten (Ende Juli-Mitte Sept.). Die Guides sind überwiegend Grönländer. Bieten auch Unterkunft in einer Hütte in Kap Tobin, Verleih von Equipment und Kleidung sowie Logistik bei Extremtouren. Es wird auf Wunsch ein Schießtraining durchgeführt und man kann Gewehre ausleihen.
Anreise von Island – **Nonni Travel:** www.nonnitravel.is, Sitz in Akureyri (Island). Bietet im Sommer und Winter Touren von Reykjavík nach Ostgrönland mit bis zu 7 Übernachtungen an.

Island-Grönland-Trip – **HL Adventure:** www.iceland-greenland.com, Sitz in Kópavogur (Island). Besonderes Highlight: Iglutour im Winter.

Infos

Nanu Travel: Adresse s. Aktiv & Kreativ links, Mo–Fr 9–13 Uhr. Der Tourenveranstalter ist gleichzeitig Touristeninformation.

Verkehr
Flug: Bei Nanu Travel können Anschlussflüge mit dem Helikopter von Constable Point (s. u.) nach Ittoqqortoormiit gebucht werden.

Constable Point – Nerlerit Inaat ► N 12

1985 erbaute die Ölgesellschaft ARCO den Flughafen Constable Point, Nerlerit Inaat, 50 km nordwestlich von Ittoqqortoormiit, und suchte nach Bodenschätzen. Doch in fünf Jahren stieß man auf keine so verlockenden Öl- bzw. Mineralienvorkommen, dass sich eine Förderung gelohnt hätte. 1990 gab die Gesellschaft das Vorhaben auf und überließ den Flughafen der Selbstverwaltung. Auch wenn kein reger Flugverkehr herrscht, ist doch die Anbindung an die Westküste jetzt während des ganzen Jahres besser gewährleistet.

Das Gebiet um Nerlerit Inaat ist historisch und geologisch interessant. Wissenschaftler fanden hier Fossilien, die 250 Mio. Jahre alt sind. Sie stammen sowohl von Dinosauriern als auch von Bäumen, z. B. Palmen. 2004 verlegte das Dänische Polarzentrum seinen Stützpunkt von Mestersvig hierhin. Somit ist der Flughafen jetzt das Tor zum Nationalpark.

Infos

Verkehr

Flug: www.airiceland.is. Ganzjährig Flüge von Reykjavík (Island) nach Constable Point/Nerlerit Inaat. Von hier geht es per Hubschrauber nach Ittoqqortoormiit. Es gibt keine weiteren direkten Inlandsverbindungen.

Nationalpark ▶ D–O 2–13

Der größte Nationalpark der Welt wurde am 22. Mai 1974 in Nordostgrönland gegründet, umfasst eine Fläche von 972 000 km², mehr als ein Drittel des gesamten Landes, und untersteht heute dem UNESCO-Programm »Mensch und Biosphäre«. Der Park wurde nicht nur eingerichtet, um die einzigartige Natur zu erhalten – hier leben alle acht Landsäuger Grönlands und 40 % der gesamten Moschusochsenpopulation der Welt –, sondern auch zu Forschungszwecken. Hier fand man die ältesten Spuren der Besiedlung und vor allem Fossile, die belegen, dass Peary-Land, der nordöstlichste Teil Grönlands, vor 1–2 Mio. Jahren eine waldreiche Landschaft war. Der Besuch des Nationalparks ist streng reglementiert und setzt eine Genehmigung des Dänischen Polarzentrums voraus. Die Einzigen, die uneingeschränkten Zutritt haben, sind die Jäger aus Qaanaaq und Ittoqqortoormiit. Der Nationalpark ist aufgrund seiner Landschaft, seiner Flora und Fauna ein Eldorado für Forscher, für Touristen wird er weiterhin ein Sehnsuchtsland bleiben – und das ist auch gut so.

Im August 1997 richtete das Dänische Polarzentrum eine Forschungsstation in Zackenberg ein, die eng mit dem Institut in Nuuk zusammenarbeitet. Gerade im Rahmen der Klimaer-

wärmung wird hier mit internationalen Teams geforscht.

Sirius-Patrouille

1950 setzten die Dänen die Sirius-Patrouille ein, um – während des Sommers mit Boot und Flugzeug, im Winter mit Hundeschlitten – ein Gebiet von 160 000 km² zu kontrollieren und vor unliebsamen Besuchern zu schützen. Die Männer der Sirius-Patrouille unterstehen Dänemark, seit Gründung des Nationalparks sind sie auch Parkwächter. Ihr Hauptstützpunkt ist das 1944 als Wetterstation eingerichtete **Daneborg.** Ein weiterer bemannter Stützpunkt im Nationalpark ist **Danmarkshavn,** seit 1948 Wetterstation und eine von weltweit 200 zur ICAO (International Civil Aviation Organization) gehörenden Stationen, die zweimal täglich automatisch meteorologische Daten weitergeben. Diese liefern dem Luft- und Schiffsverkehr die notwendigen Informationen für Wettervorhersagen. Die dritte und nördlichste Station ist **Station Nord,** die 1952 als Annex der Thule Air Base geschaffen wurde. 1972 wurde sie geschlossen, 1975 von den Dänen als Wetterstation wieder geöffnet. Die Sirius-Einheiten und wissenschaftliche Expeditionen benutzen sie und die dazugehörige Landebahn.

Infos

www.eastgreenland.com: Hier findet man ausführliche Informationen zum Nationalpark auf Englisch mit entsprechenden Links.
www.nanoq.gl/expeditions: Informationen zu Nationalparkaufenthalten.
www.zackenberg.dk: Internetseite der Forschungsstation mit Informationen für Wissenschaftler.

Sprachführer Kalaallisut

Grönländisch (Kalaallisut) gehört zur Familie der ostinuitischen Sprachen. Es ist eine polysynthetische Sprache, d. h. einzelne, z. T. sehr lange Wörter stehen für ganze Sätze. An den Wortstamm werden weitere Suffixe angehängt. Grönländisch hat eine eigene Melodie und gutturale Laute, die es in Deutsch gar nicht gibt. Die Aussprache kann man nur durch Zuhören erlernen.

Hinweis: Da die meisten Grönländer zweisprachig mit Grönländisch und Dänisch aufwachsen, kommt man fast überall mit Dänisch weiter. In den Städten wird in Restaurants, Hotels oder Touristeninformationen auch Englisch gesprochen. Dennoch sind einige grönländische Vokabeln hilfreich, besonders in den Orten, wo fast alles auf Grönländisch beschriftet ist.

Deutsch	Kalaallisut

Alltagsbegriffe

Deutsch	Kalaallisut
Guten Tag	kutaa
Guten Morgen	kumoorn
Auf Wiedersehen	baaj
Danke	qujanaq
Nein danke	naamik qujanaq
Wie heißen Sie?	qanoq ateqarpit?
Ich heiße	...-mik ateqarpunga
Wie bitte?	qanoq?
ja	aap/suu
nein	naamik
Bis bald	takuss
Montag	ataasinngorneq
Dienstag	marlunngorneq
Mittwoch	pingasunngorneq
Donnerstag	sisamanngorneq
Freitag	tallimanngorneq
Samstag	arfininngorneq
Sonntag	sapaat

Zeichen und Begriffe in Orten

Deutsch	Kalaallisut
Ausgang	anisarfik
Eingang	isertarfik
rechts	talerpimmut
links	saamimmut
(Tür) drücken	ajallugu
(Tür) ziehen	nusullugu
Frauen	arnat
Männer	angutit
geschlossen	matuvoq
geöffnet	ammavoq
außer Betrieb	ajorpoq
Laden	pisiniarfik
Schule	atuarfik
Sporthalle	timersortarfik
Museum	katersugaasivik
Touristen-information	takornarissanut allaffik
Post	allakkerivik
Bank	aningaaserivik
Bushaltestelle	bussit unittarfiat
Öffnungszeiten	ammasarfii
Restaurant	neriniartarfik
Hotel	hoteli
Wo finde ich ein Restaurant?	nerisarfik sumiippa?

Geografische Begriffe

Deutsch	Kalaallisut
Gletscher(zunge)	sermeq
Inlandeis	sermersuaq
Berggletscher	sermertaq
Gletscherfjord	sermilik
Wasserfall	qorlortoq
Fluss	kuuk, kuua
See	taseq
Insel	qeqertaq
Halbinsel	qeqertaasaq
Berg	qaqqaq
Tal	qooroq
Fjord	kangerluup, kangerluk
Felsen	innaq

Unterwegs

Deutsch	Kalaallisut
Flugzeug	timmisartoq
Hubschrauber	helikopteri
mit dem Hubschrauber	helikopterimik

Dänisch

Heliport	heliporti
Flughafen	mittarfik
zum Flughafen	mittarfimmut
Ticket	billettit
Abflug	aallartussat
Ankunft	tikittussat
Schiff	umiarsuaq
offenes Boot	umiatsiaq
Hund	qimmeq
Schlitten	qamutit
über das Eis	sikukkut
auf dem Land	nunakkut

Einkaufen

Brot	iffiaq
Gemüse	naatitat
Walfleisch	arfrup neqaa
Robbenfleisch	puisip neqaa
Rentierfleisch	tuttup neqaa
Moschusochsen- fleisch	umimmaap neqaa
Lammfleisch	savap neqaa
Kartoffeln	naatsiiaq
Erfrischungsgetränke	sodavandi
Kaffee	kaffi
Tee	tii
Wasser	imeq

Unterkunft

Kann ich ein Zimmer	Inissamik
bekommen?	pisinnaavunga?
ein Einzelzimmer	ini kisimiittariaq
ein Doppelzimmer	ini marluuttariaq
mit Bad	uffarfilik
eine Nacht	unnuk ataaseq

Zahlen

Ab 12 wird auf Dänisch gezählt (s. S. 272).

1	ataaseq	7	arfineq marluk
2	marluk	8	arfineq pingasut
3	pingasut	9	qulingiluat
4	sisamat	10	qulit
5	tallimat	11	aqqaneq/aqqanillit
6	arfineq/ arfinillit	12	aqqaneq marluk

Das Dänische besitzt die Sonderzeichen Æ/æ, Ø/ø und Å/å, die ihren Platz noch hinter XYZ haben. Das Å bzw. das Aa wird wie ein offenes O in Oldenburg, Æ/æ wie Ä und Ø/ø wie Ö, z. B. im dänischen øl (›Bier‹) wie im deutschen Öl, nur etwas kürzer ausgesprochen. Außerdem werden einige Buchstaben anders als im Deutschen ausgesprochen: das Y immer wie Ü, das S immer stimmlos, das G gelegentlich wie J.

Deutsch   Dänisch

Alltagsbegriffe

Guten Morgen	god morgen
Guten Tag	goddag
Auf Wiedersehen	farvel
Danke	tak
Entschuldigung	undskyld
geschlossen	lukket
geöffnet	åbent
zu mieten	til leje
Montag	mandag
Dienstag	tirsdag
Mittwoch	onsdag
Donnerstag	torsdag
Freitag	fredag
Samstag	lørdag
Sonntag	søndag
Morgen	morgen
Nachmittag	eftermiddag
Abend	aften
Nacht	nat
täglich	dagligt

Unterwegs

Flugzeug	flyvemaskine
Hubschrauber	helikopter
Heliport	heliport/helikopter- flyveplads
Flugplatz	flyveplads
Flughafen	lufthavn
Ticket	billet
Abflug	afgang

271

Ankunft	ankomst
Schiff	skib
Kabine	kahyt
offenes Boot	båd
Hundeschlitten	hundeslæde
Schneescooter	snescootere
Weg	vej
geradeaus	ligeud
Touristeninfor-mation	turistkontor

Unterkunft

Ich möchte bitte ein Einzelzimmer haben.	Jeg vil gerne have et enkelt-/dobbelt-værelse.
Mit Frühstück?	med morgenmad?
mit/ohne Bad	med/uden bad
fließend Wasser	indlagt vand
eine Nacht	en nat
Decke	tæppe
Bettzeug/-wäsche	sengetøj/-linned
Frühstück	morgenmad
Mittagessen	frokost
Abendessen	aftensmad
Bereich zum Zelten	områder for teltover-natninger

Im Restaurant

Speisekarte	menukort
Tagesgericht	dagens ret
grönländische Spe-zialitäten	grønlandske specia-liteter
Suppe	suppe
Hauptgericht	hovedret
Nachspeise	dessert
Glas Weiß-/Rotwein	et glas hvid-/rodvin
Wasser	vand
Messer	kniv
Gabel	gaffel
Löffel	ske
Glas	glas
Flasche	flaske
Salz/Pfeffer	salt/peber
Zucker	sukker
Kellner/Kellnerin	tjener

Trinkgeld	drikkepenge
Bitte zahlen!	Jeg vil gerne betale!
Wo sind die Toiletten?	Hvor er toilettet?

Im Krankheitsfall

Apotheke	apotek
Ärztehaus	lægehus
Krankenhaus	sygehus
Unfallstation	skadestue
Ich/Er/Sie hatte	Jeg/Han/Hun har haft…
Herzinfarkt	blodprop
Durchfall	diarré
Erbrechen	opkastning
Fieber	feber
Kopfschmerzen	hovedpine
Schmerzen	smerter
Blinddarm	blindtarm
Herz	hjerte
Kopf	hovede
Zahn/Zähne	tand/tænder

Zahlen

Bis zwölf wird in Grönland in der Regel auf Kalaallisut gezählt, danach erst in Dänisch (s. S. 270). Die dänischen Zahlen werden wie im Deutschen zusammengesetzt, z. B.:

21	en-og-tyve
254	tohundredefireog-halvtreds

1	en	15	femten
2	to	16	seksten
3	tre	17	sytten
4	fire	18	atten
5	fem	19	nitten
6	seks	20	tyve
7	syv	30	tredive
8	otte	40	fyrre
9	ni	50	halvtreds
10	ti	60	tres
11	elleve	70	halvfjerds
12	tolv	80	firs
13	tretten	90	halvfems
14	fjorten	100	ethundrede

Aappilattoq 143
Aasiaat 184
– Aasiaat-Museum 186
Aids 34
Aktivurlaub 28
Aleqasina 244
Alluitsoq 136
Alluitsup Paa 137
Aluminiumproduktion 50, 63
Amerikaner 61, 109, 157, 239
Ammassalik 251
Amulette 72
Andreassen, Kârale 261
Angakoq 71
Angeln 28
Annaa's Haus 102
ANNA-Notpaket 34
Anreise 22
Apusiaajik 250
Apussuit, Sommerskigebiet 179
Arctic Circle Race 173
Arctic Circle Trail 161
Arktisches Weidenröschen 259
Arsuk 147
Arsuk-Fjord 148
Ärztliche Versorgung 34
Assaqutaq 168
Ataa Summer Camp 207
Atammik 178
Attu 183
Ausrüstung 18
Austmannadalen 104, 105
Avannarleq 146

Bergsteigen 28
Blæsedalen 215
Block Grant 63
Blomsterdalen (Tasiilaq) 259
Bluie West 8 157
Bluie West One 109
Bodenschätze 49
Bojsen-Møller, Helge 167, 199, 213, 223, 233, 254
Brattahlid 115, 116
Brededalen 215
Brønlund, Jørgen 196

CO^2-Reduzierung 63
Constable Point 268
Cook, Frederick 59

Dänemark 43, 44, 61
Diplomatische Vertretung 34
Disko-Bucht 180
Disko-Insel 210
Disko-Region 19
Dorset-Kultur 42
DYE II 161
Dyrnæs 124

Egede, Hans 44, 83, 85, 90, 165
Einreisebestimmungen 22
Eisbär 51
Eisgolf-Weltmeisterschaften 228
Eiskernbohrung 47
Eqaloorutsit Kangilliit Sermiat 115
Eqaluit 146
Erdöl 49
Erik der Rote 42, 56, 116, 143, 211
Essen gehen 28
Essen und Trinken 27
EU-Importverbot für Robbenprodukte 65, 130
Evighedsfjord 179
Expeditionen 29

Farserk, Thorkel 133
Feiertage 34
Feste 32
Frederiksen, Otto 114, 115
Fremdenverkehrsämter 14
Freuchen, Peter 233, 238

G-60-Plan 45, 62, 221
Gardar, Bischofssitz 43, 57, 120
Geld 34
Getränke 28
Gewächshaus 135
Glasperlen 73
Gold 50, 138
Great Greenland 130
Grönländische Spezialitäten 27
Grønnedal 147

Herjolfsnes 56, 142
Herrnhuter-Mission 44, 83, 94, 105, 136
Herrnhuter-Mission Lichtenau 136
Høegh, Aka 76, 131, 255
Høegh, Pavia 128
Hotels 24
Hundeschlitten 64, 68, 162
Hundeschlittenfahrten 29, 162
Hütten 26
Hvalsø 56, 57, 133

Ice Patrol 110
Icecamp Eqi 207
Igaliku 43, 57, 119, 130
– Gardar, Bischofssitz 120
Igaliku Kujalleq 122
Ikerasak 230
Ikka-Fjord 148
Ilimanaq 193, 194
Ilimmaasaq 125
Illerfissalik 122
Ilulissat 59, 195
– Ilulissat-Museum 199
– Kunstmuseum 199
– Zionskirche 199
Independence-I-Kultur 42
Independence-II-Kultur 42
Informationsquellen 14
Inlandeis 46, 110, 111, 161, 193
Internet 35
Internetadressen 14
Inughuit 232, 241
Isikajia 249
Isländer 42, 56, 117, 105, 136, 142, 147
Isortoq 264
Itilleq 173
Itinneq Killeq 215
Ittoqqortoormiit 55, 265
Iviangiusat 176
Ivittuut 147
– Bergbau- und Mineralien-Museum 148

Jagen 29
Jäger 64
Johan-Dahl-Land 111
Jugendherbergen 26

Register

Kaffemik 33
Kajak 66, 167
Kajaktouren 30
Kangaamiut 179
Kangaatsiaq 182
Kangeq 131
Kangerluk 217
Kangerlussuaq 55, **152,** 170
– Elvfossen 155
– Museum zur Geschichte der Air Base 154
– Ravneklippen 155
– Sugar Loaf 155
Kangerlussuatsiaq 179
Kangia, Eisfjord 193, 194, **206,** 208
Kapisillit 102, **104**
Kiattuut Sermiat 110
Kinder 35
Kirkeby, Per 188
Kleidung 18
Kleinschmidt, Samuel 44, 129, 136
Kleist, Kuupik 63, 77
Klima 16
Klimawandel 46, 63, 65
Kong Oscars Havn (Tasiilaq) 251, 256
Kreuzfahrtschiffe 69
Kryolith 147
Kuannersuit 124
Kullorsuaq 236
Kulusuk 249
Kunst 71, 75
Kunsthandwerk 71
Kuummiut 261
Kvanefjeld 50, **124**
Leif Eriksson 42, 115, 117
Lesetipps 15

Lund, Henrik 123
Lyngmarksbræn 215

Malmbjerg 50
Maniitsoq 50, **174**
– Maniitsoq-Museum 175
Marmor 230
Marmorilik 230
Mattak 27
Medien 35
Meereis **47,** 64, 65
Mikkelsen, Havsteen 117

Minik 243
Moschusochsen 55, 147, 153, 174
Motzfeldt, Niels 91
Mücken 35
Musik 77

Nalluarsuup Tasia 200
Nanortalik 50, **138**
– Nanortalik-Museum 139
– Handelsstation Sissarissoq 142
Nansen, Fridtjof 58
Napassoq 178
Narsaq 115, **122**
– Narsaq-Museum 123
– Steinmuseum 124
Narsaq Bræ 125
Narsarmijit 142
Narsarsuaq 108
Nasaasaaq 168
Nationalpark 269
Nationalsozialisten 44
Nationaltracht 73
Navarana 233
Nerlerit Inaat 268
Nigerlikasik 146
Nipisat 171
Niviarsiaq 259
Nordenskjöld 183
Nordgrönland 218
Norwegen 43, 44
Notruf 35
NUNAOIL 49
Nuuk 80
– Atlantikhafen 97
– Altes Krankenhaus 85
– Amisut 94
– Aqqusinersuaq 95
– Arktischer Garten 90
– B-74 85
– Die Warte – Inussuk 91
– Fisch- und Fleischmarkt – Brædtet 91
– Grönländische Institut für natürliche Ressourcen 97
– Hans-Egede-Denkmal 90
– Hans-Egede-Haus 85
– Hans-Egede-Kirche 94
– Herrnhuter-Missionskirche 94
– Kajakclub 85

– Katuaq 91
– Kolonialhafen 84
– Lehrerseminar 90
– Mutter des Meeres 90
– Nationalbibliothek 94
– Nationalmuseum 84, 86
– Nuuk Kunstmuseum 95
– Parlament 91
– Poststation vom Weihnachtsmann 84
– Qinngorput 97
– Rathaus 95
– Samuel Kleinschmidts Laternenpfahl – Qullerfik 94
– Skulptur Kaassassuk 91
– Universität von Grönland 97
– Unser-Erlöser-Kirche 90
Nuuluk 120
Nuussuaq 229

Öffnungszeiten 35
Old Ikateq 261
Oqaatsut 200
Ostgrönland 246
Outfitter 31

Paakitsup Nuuna 200
Paamiut 145
Palasip Qaqqaa 170
Pamialluk 143
Peary, Robert 58, 243
Petersen, Emanuel A. 199
Pituffik (Thule) 237
Polarfuchs 55
Polar-Inuit 232, 241
Polarlicht 17
Polarwolf 55
Preise 36
Privatunterkünfte 26

Qaanaaq 55, 59, **241**
– Thule-Museum 242
Qaarsorsuaq 236
Qaarsuarsuk 223
Qaarsut 230
Qaqaarssuasik 142
Qaqortoq 120, **127**
– Lokalmuseum 129
– Radiomuseum 129
– »Stein und Mensch« 131

Qaqqarsuaq (Südgrönland) 124
Qaqqarsuaq (Disko-Bucht) 193
Qaqqarsuatsiaq 200
Qaqullussuit 225
Qarajaq 230
Qasigiannguit 190
– Qasigiannguit-Museum 191
Qassiarsuk 57, 111, 114, 125
– Brattahlid 115, 116
Qeqertaq 207
Qeqertarsuaq 210
– Museum 213
Qeqertarsuatsiaat 105
Qilakitsoq 87, **229**
Qingartarsuaq 225
Qooqut 102
Quassussuaq 102
Quervain, Alfred de 59
Qullissat 50, **220**

Radio 35
Rasmussen, Knud 59, 168, 196, 233, 237, 238, **243**
Reiseinfos 34
Reisekasse 36
Reisen mit Handicap 36
Reisezeit 16, 18
Rentiere 55, 153, 174
Rink, Heinrich 129
Rob 147
Robben 53, 65
Robbenprodukte 65
Rodebay 201
Rosing, Naja 94
Rundreisen 19
Russels-Gletscher 161

Sagaland 108
Salliaruseq 224
Sandhavn 142
Saqqaarsik 130
Saqqaq 207, 221
Saqqaq-Kultur 42, 122, 165, 174, 191, 210, 231, 232, 252
Saqqarliup Nunaa 187
Sarfannguit 173
Savissivik 245
Schafzucht 135

Schamanen 71
Schlittenhunde 36, 163
Scoresbysund 265
Selbstregierung (Self Governance Act) 45, 49
Selbstverwaltung 45, 62
Sermermiut 209
Sermilinnguaq 177
Simpson, Myrtle 59
Siorapaluk 245
Sirius-Patrouille 269
Sisimiut 62, 63, 161, **165**
– Sisimiut-Museum 166
Sissarluttoq 122
Sissarissoq 142
Skilaufen 30
Sommerhaus des Weihnachtsmannes 224
Sondrestrom Incoherent Scatter Radar 154
Sonnenschutz 36
Souvenirs 36
Spartipps 36
Speckstein 73, 167
Sport 28
Storch, Mathias 196
Südgrönland 20, **106**

Tasermiut-Fjord 138, **143**
Tasersuaq 130
Tasigaaq 124
Tasiilaq 251
– Filatelia 254
– Tasiilaq-Museum 255
– Rotes Haus 255
Telefonieren 36
Thule (Pituffik) 221, **237**, 238
Thule Air Base **237**, 239
Thule-Inuit 265
Thule-Kultur 42, 185
Tier- und Pflanzenwelt 51
Tiniteqilaaq 261, 264
Trinkgeld 37
Trommeltanz 74
Tupilak **71**, 167
Tuttutuup Isua 126

Übernachten 24
Uglespils Hule 130
Ukkusissat 102, **231**
Umgangsformen 37

Umiak **67**, 129, 224
Unterhaltung 32
Upernaviarsuk 132, 134
Upernavik 56, **232**
– Museum 233
Upernavik Kujalleq 236
Uummannaq (bei Thule) 238
Uummannaq 59, **222**
– Museum 223
Uunartoq (Ostgrönland) 267
Uunartoq (Südgrönland) 131, **137**
Uunartukasik 187

Vatnahverfi 137
Verkehrsmittel 23
Villumsen, Rasmus 59, 231

Waffen 22
Walbeobachtung 31
Wale 53, 147
Walfleisch 27
Walrosse 53
Wanderkarten 31
Wandern 31
Wasserkraft 50
Wegener, Alfred 59, 231
Westgrönland 150
Wetter 16

Zeitungen 35
Zeltplätze 26
Zentrum für arktische Technologien, ARTEK 63, 166
Zollbestimmungen 22

Abbildungsnachweis/Impressum

Danksagung der Autorin: Mein herzlicher Dank geht an die Mitarbeiter von Greenland Tourism und ihre vielfältige Unterstützung. Im Besonderen danke ich Mads Nordlund für seine unerschöpfliche Geduld und Hilfsbereitschaft.

Umschlagfotos

Titelbild: Häuser mit blühender Wollgraswiese in Uummannaq
Umschlagklappe vorn: Gletscherabbruchkante bei Narsaq

Hinweis: Autorin und Verlag haben alle Informationen mit größtmöglicher Sorg-falt geprüft. Gleichwohl sind Fehler nicht vollständig auszuschließen. Alle An-gaben erfolgen ohne Gewähr. Bitte, schreiben Sie uns! Über Ihre Rückmeldung zum Buch und über Verbesserungsvorschläge freuen sich Autorin und Verlag:
DuMont Reiseverlag, Postfach 3151, 73751 Ostfildern,
info@dumontreise.de, www.dumontreise.de